乡村振兴战略
齐鲁样板的寿光探索

十八位哲学青年眼中的"寿光模式"

王立胜◎主编

中央党校出版集团
国家行政学院出版社

图书在版编目（CIP）数据

乡村振兴战略齐鲁样板的寿光探索：十八位哲学青
年眼中的"寿光模式"／王立胜主编．—北京：国家
行政学院出版社，2023.10

ISBN 978-7-5150-2820-0

Ⅰ.①乡…　Ⅱ.①王…　Ⅲ.①农村—社会主义建设—
寿光—文集　Ⅳ.①F327.524-53

中国国家版本馆 CIP 数据核字（2023）第 177070 号

书　　　名	乡村振兴战略齐鲁样板的寿光探索——十八位哲学青年眼中的"寿光模式"	
	XIANGCUN ZHENXING ZHANLUE QILU YANGBAN DE SHOUGUANG TANSUO	
	——SHIBA WEI ZHEXUE QINGNIAN YAN ZHONG DE "SHOUGUANG MOSHI"	
作　　　者	王立胜 主编	
统筹策划	刘韫劼	
责任编辑	王　莹　马文涛	
出版发行	国家行政学院出版社	
	（北京市海淀区长春桥路 6 号　100089）	
综 合 办	（010）68928887	
发 行 部	（010）68928866	
经　　销	新华书店	
印　　刷	中煤（北京）印务有限公司	
版　　次	2023 年 10 月北京第 1 版	
印　　次	2023 年 10 月北京第 1 次印刷	
开　　本	185 毫米×260 毫米　16 开	
印　　张	19.5	
字　　数	325 千字	
定　　价	76.00 元	

本书如有印装问题，可联系调换，联系电话：（010）68929022

编 委 会

主　　编　王立胜

编委会主任　鉴　成

编委会成员　王立胜　鉴　成　妮　莎　高　莉

　　　　　　　胡　楠　王　红　原　露

序言

PREFACE

习近平总书记要求科研工作者"把论文写在祖国大地上"。呈现在各位读者面前的就是这样一本源于实践、扎根于土地、生长于田野的论文集，是中国社会科学院哲学研究所（以下简称哲学所）的学者在山东省寿光市挂职调研期间形成的研究成果。

寿光久负盛名，被誉为"中国蔬菜之乡"，这基本上成为世人对寿光不约而同的"刻板印象"。寿光因蔬菜而兴，时至今日，将近 1000 亿元的 GDP 规模，超过 100 亿元的一般公共预算水平，却不是仅仅用蔬菜产业发达可以解释的。寿光是中央确定的改革开放 30 周年全国 18 个重大典型之一，也是纪念改革开放 40 周年集中宣传和推广的典型，是"壮丽 70 年·奋斗新时代"全国 3 个典型被采访县市之一。可以说，这些极高的评价、极其难得的荣誉，肯定与蔬菜产业的发展有着非常直接甚至是本质的关系，但是，如果要追根究底地问"仅凭蔬菜产业就能成就今天的寿光吗？"似乎又没有现成的答案。

习近平总书记两次肯定"寿光模式"，事实上是从认识论和方法论的层面上向我们提出了这个问题，需要我们以更宽广的视野、更全面的角度，更加科学理性地回顾寿光过去的历程，总结现在的成就，展望未来的路径。

哲学所的学者长期在书斋中做案头研究工作，学理学养深厚，理性思维和逻辑思维能力强大，在概念的辨析、分析框架的建立完善方面高度专业，这种学术素养、思维方式和思维能力本身是很强大的理论武器，在完成书斋的修养修为的同时，完全可以也必然应当在服务现实、推进发展的实践中发挥应有的作用。为了能够更好地践行理论联系实际的优良学风，从实践中来，到实践中去，让学者的所学、所研与现实的所需、所盼很好结合，同时推动学术研究和发展实践的进步，在寿光市委、市政府支持下，哲学所党委决定派一些学术骨干到寿光挂职，到实践一线做蹲点调研。2019年开始，第一批5人，第二批8人，第三批5人，目前均已挂职结束。

18位学者，从本专业出发，又不囿于专业，根据在寿光的挂职体验和深入调研，从经济发展、文化振兴、社会建设、行政管理等方面进行了深刻阐发，有理论层面的探讨，也有政策层面的建议，言之有物，言之有理，言之有据，我在审稿过程中时常感到心潮澎湃，激动不已。这些学者长期的学术积累与深入的现实调研产生的"化合反应"，创造了优秀的研究成果，焕发出炫目的光彩。从学者本人研究水平提高、知识结构完善、党性修养增强、综合能力提升等方面来说，挂职锻炼作用极大。根据寿光市委、市政府的反馈，这些同志在挂职期间，恪尽职守、勤恳认真，不但发挥智力学术优势，促进工作开展，而且尽其所能地为寿光导入各种资源，为寿光发展作出了很大的贡献。事实证明，这种挂职锻炼、蹲点调研的方式是成功的。

我个人和所在的学术研究团队，长期对"寿光模式"做追踪式连续研究，有一些心得，在审读挂职学者的研究成果时又受到很大启发，想谈一点认识和看法，也算是对这18篇报告的读后感吧。

一、对传统"寿光模式"的认识理解

传统"寿光模式"的核心是农业产业化。对农业产业化的总结已经相当充分，无须从"回顾"的角度再多花费精力。但正如习近平总书记"打造乡村振兴齐鲁样板"的重要指示具有高度的认识论和方法论意义，是指导我们认识新时期城乡发展全局的思想体系和方法准则。同样，也应当从认识论和方法论层面理解习近平总书记肯定"寿光模式"的精神内涵，从底层逻辑和本质含义上进行理性总结。目的不在于总结过去，而是更好地建设未来。

（一）"寿光模式"较好回答了"时代之问"，创造了中国北方地区"现代化起飞"阶段的典型模式

1982年党的十二大通过的《中国共产党章程》指出："我国社会的主要

矛盾是人民日益增长的物质文化需要同落后的社会生产之间的矛盾。"这是那一时期最重要的"时代之问"。

农业产业化发端于 20 世纪 80 年代中期。一方面，随着联产承包责任制成果的显现，农民温饱问题得到解决，对轻工业产品的需求旺盛起来，因此产生了较强的货币收入需要。而单纯的粮食生产无法实现较多的货币收入，因此调整农业产业结构、多种经营成为必然；另一方面，随着党的十二届三中全会召开，城市改革启动，城市居民收入有了较快增长，消费水平和消费结构升级，对多元化、高品质农产品的需求旺盛起来。这样，供给侧和需求端同时发力，潍坊的"贸工农一体化、产加销一条龙，商品经济大合唱"也就有了现实基础。潍坊农民在农业产业化过程中获得较高货币收入，在提高生活水平的同时，产生大量县域内存款，形成信贷规模，为县域第二、第三产业发展提供了资金基础。一二三产同步迭代，实现县域经济规模膨胀和结构升级。苏南地区乡镇企业的"离土不离乡、进厂不进城"模式，以及珠三角地区的"两头在外、大进大出"的"三来一补"模式，也都是在这一时期萌芽的。潍坊和苏南、珠三角地区同时开启了"现代化起飞"阶段，实现了差异化的发展路径。这也许可以理解为习近平总书记肯定"三个模式"的重要原因，也是下一步提升拓展"三个模式"的认识论根基。

遗憾的是，山东和潍坊此前基本将重点放在农业产业化和农业发展领域，没有注意从现代化模式层面加以总结，因而未能形成像"苏南模式""珠三角模式"那样的整体影响力。

（二）"三个模式"可以理解为一组形成闭环的商业模式，创造了农业现代化 2.0 时代的基本样貌

传统"寿光模式"以农业产业化为核心，通过生产关系变革促进生产力发展，通过有为政府激活有效市场，通过体制机制创新激励群众首创，集小胜为大成，在农业现代化的实现方式和实践路径上为全国提供了系统性的解决方案。

小农户与现代农业相衔接是习近平总书记最为关注的问题之一，是农业

农村领域本质性的核心问题。长期以来，无论是马克思主义政治经济学还是西方经济学理论，都认为小农户很难与大市场相衔接，因而产生了两种截然相反的理论和政策主张。一种是取消市场，以人民公社化为极端；一种是取消小农，以美国的大农场为极端。"寿光模式"超越了这两种将小农与市场极端对立起来的认识和主张。寿光仍然是小农经济的"汪洋大海"，蔬菜生产主体仍然是一家一户的小农，"家家包地、户户务农"，但是却和大市场实现了无缝对接。小农户是通过完善发达的农业社会化服务体系与市场实现的对接，是挂在农业社会化服务体系上对接的市场。这个农业社会化服务体系主要是发挥政府职能的结果，是党委和政府在各个时期制定符合实际的地方产业政策的结果。

积极有为的地方政府主导建立了完善的农业社会化服务体系，并将政府信誉注入地方农产品品牌中去，极大降低了农户经营者资本形成的门槛和市场风险，使小农户作为分散经营主体与市场销售体系、科技研发体系、质量标准体系实现了很好对接，较好解决了小农户与现代农业发展衔接的问题。实现了有为政府和有效市场结合，避免了很多地方在农业发展中出现的"政府失灵"和"市场失灵"现象。

更具体地看，在寿光从事蔬菜种植业的小农户，由于其主导生产品类是鲜食蔬菜，加工深度不深，因此更加需要政府主导建立完善的产前、产中、产后社会化服务体系，沿着生产链条进行水平整合，更加强调政府直接功能的发挥；在诸城，畜牧业作为主导产业，产业链条长、加工深度深，因此更加强调"贸工农一体化、产加销一条龙"，强调资本沿着产业链条进行垂直整合，更加强调政府扶持龙头企业作用。无论是寿光还是诸城，种植业或畜牧业都是构建和匹配了一组系统化的商业模式，使分散的小农户挂在完善的社会化服务体系上，与大市场实现了紧密联结。

当然，潍坊和寿光在传统农业 2.0 时代"赛道"上的巨大成功也容易产生"路径依赖"，"只知大势将至，不知未来已来"。应当尽快切入 3.0 时代，建立标准，引领潮头，完成新的商业模式闭环，讲好"新的故事"。

（三）"寿光模式"是重大的生产关系变革，为寿光城乡均衡发展提供了坚实基础

第一产业不具备扩大再生产条件，农民仅仅依托第一产业很难实现收入持续增长，必须拉长农业生产经营产业链条，实现三产一体发展，使农民能够分享二三产业利润利益。在恩格尔系数的不断下降和第一产业在区域生产总值中的比重不断下降的条件下，实现农民收入持续增长，一般而言，必须不断降低农民在总人口中的比重，以提高农业生产者在社会财富分配中的人均份额。正如刘易斯所说，传统农业中的隐性失业者应该从农村解放出来到城市中去，因此也就有了"刘易斯拐点"等理论观点。但是这样就必然要求农村人口大量流出，在导致农村衰败的同时，给城市发展和就业带来巨大压力，在我国人口和土地等基本国情条件约束下，这一过程不可持续。这也是习近平总书记提出"在人口城镇化问题上，我们要有足够的历史耐心"、城镇化与逆城镇化要相得益彰重要指示的现实基础。

寿光在达成第一产业内部较高劳动生产率的基础上，大力推进农业、农产品加工业、涉农生产性服务业三次产业融合。通过产业链条整合，吸纳大量分散农业生产经营者，提供充足就业机会，在社会总财富水平增加的同时，使农民可以分享到整个涉农产业链条的利润，实现农民收入持续增长；形成各具特色的发达县域经济，在保证合理城镇化水平的前提下，农村没有出现衰败；三次产业融合形成完整闭环，保证了经济的持续稳定增长。这种城乡一体、三次产业融合的发展模式，在一定程度上超越了"巴特利特－刘易斯过程"，在经济发展理论和政策设计上具有很重要的意义。

"寿光模式"事实上形塑了寿光农业生产经营组织形式，形塑了农业农村社会化服务体系特点，形塑了基层党委和政府行为模式，形塑了县域经济结构和产业结构，形塑了城乡关系结构。因此，"寿光模式"并不仅仅是产业发展方面的意义，而是构成了寿光工农城乡关系的基本底色，形成了潍坊均衡发展的特点，为实现"城乡融合"打下很好的基础。

二、提升拓展"三个模式"的时代背景和理论认识

（一）新时代"三个模式"的定位

传统的"三个模式"是特定历史发展阶段的产物和必然，脱胎于城和乡相分离、工与农相脱节的客观时代背景，更多着眼于农业现代化的单一任务，针对农村经济发展的局限性目标，与乡村振兴的"农业农村现代化"的总目标任务要求还存在较大差距。

新时代的"三个模式"是包含"诸城模式""寿光模式"在内的农业农村现代化的"潍坊模式"，是乡村振兴齐鲁样板的典型代表和重要组成部分，要在解决"不平衡不充分的发展"方面交出满意答卷，要回答"实现共同富裕"的"时代之问"。

2018 年 9 月 21 日，习近平总书记在十九届中央政治局第八次集体学习时的讲话中指出："在我们这样一个拥有 13 亿多人口的大国，实现乡村振兴是前无古人、后无来者的伟大创举，没有现成的、可照抄照搬的经验。我国乡村振兴道路怎么走，只能靠我们自己去探索。"要着力从习近平总书记强调的"聚焦农民和土地的关系、农民和集体的关系、农民和市民的关系，推进农村产权明晰化、农村要素市场化、农业支持高效化、乡村治理现代化，提高组织化程度，激活乡村振兴内生动力"等方面出发，克服解决这些在全国普遍存在、在潍坊表现也十分突出的农业农村发展深层次矛盾问题，实施开创性实践，进行理性化提炼，形成政策性范例，在深化农村改革上走在前，奋力蹚出一条实现农业农村现代化的新路子来，用这条路子更好实践我们党的创新理论，更好体现中国特色社会主义本质特征和制度优势。

（二）需要关注的"四个定位"变化和认识进步

习近平总书记指出："党的十九大提出实施乡村振兴战略，就是为了从全局和战略高度来把握和处理工农关系、城乡关系。"他还指出："在现代化进程中，如何处理好工农关系、城乡关系，在一定程度上决定着现代化的成败。""这里面更深层次的问题是领导体制和国家治理体制问题。"这就说明，

乡村振兴战略是着眼于工农之间、城乡之间的关系，着眼于领导体制和治理体制而提出的，不能就农村谈农村、就村庄谈村庄。

一是从"农村"到"乡村"内涵的丰富完善。从指称含义上讲，农村与城市相对应，主要是经济概念，强调的是物质方面的内容差异；而乡村所指称的是一个内涵更丰富、内容更综合，更有情感色彩和人文关怀的生产生活共同体，更加强调精神价值、生活方式和归属感。《国家乡村振兴战略规划（2018—2022年）》指出："乡村是具有自然、社会、经济特征的地域综合体，兼具生产、生活、生态、文化等多重功能，与城镇互促互进、共生共存，共同构成人类活动的主要空间。乡村兴则国家兴，乡村衰则国家衰。""乡村振兴战略"而非"农村振兴战略"，是要强调说明，乡村不是暂时的栖居地，乡村的本质含义是"家园"。

二是从"农业现代化"到"农业农村现代化"目标的进步发展。新中国成立初期，党中央就明确将农业现代化作为"四个现代化"的组成部分，确保了农业在国民经济和社会发展中的基础地位并始终坚持。党的十七届五中全会提出"在工业化、城镇化深入发展中同步推进农业现代化"，党的十八大提出"坚持走中国特色新型工业化、信息化、城镇化、农业现代化道路，推动信息化和工业化深度融合、工业化和城镇化良性互动、城镇化和农业现代化相互协调"。党的十九大首次提出"农业农村现代化"，习近平总书记要求"新时代'三农'工作必须围绕农业农村现代化这个总目标来推进"，意蕴深邃，意义重大。

应当承认，对于什么是农业现代化，以及怎样推进农业现代化，我们有比较深切的体会，有比较丰富的实践，也积累了很多成功经验。但是对于农村现代化，我们的认识体会还不深，实践积累还不多，理论认识和相应的政策储备还相当不完备。必须从习近平总书记明确指出的"农村现代化既包括'物'的现代化，也包括'人'的现代化，还包括乡村治理体系和治理能力的现代化"三方面同时进行深入思考，深刻认识农村生产力水平提高对农村生产关系的巨大影响，深入分析农村生产方式、农民生活方式和思维方式、农村治理方式同步演化的内在规律，积极探索农业农村现代化的实现方式和实践路径，并不断丰富其政策含义，尽快构建农业农村现代化政策体系。

三是从"以城带乡、以工促农"到"农业农村优先发展"原则的深化提升。改革开放以来，我们党先后提出"统筹城乡经济社会发展""工业反哺农业、城市支持农村""促进城乡经济社会发展一体化""以城带乡、以工促农"等一系列重要论断。在这些政策语境中，虽然已经对农业农村给予了高度重视，但农村始终还是被定义为落后的、被动的、消极的、弱势的一方，与作为先进的、主动的、积极的、强势的城市相对应。在这种城乡关系条件下，农村仍然是作为城市的附属而存在，处于"先进－落后"的二元对立状态。农村工作的重心必然还是指向城市和工业发展的目标，服从服务城市和工业发展的阶段性特点，农村更多只是手段，不构成目的本身，这种状态可以称之为农村的"无主体性"或"去主体性"。

习近平总书记指出，"把农业农村优先发展作为现代化建设的一项重大原则，把振兴乡村作为实现中华民族伟大复兴的一个重大任务"，历史性地把农业农村工作摆在党和国家工作全局的优先位置。

把握农业农村"优先发展"原则，就不能理解为片面强调以城市带动农村、以工业带动农业，而是要改变对农村地位性质的定义，使农村建设发展成为目的本身，要赋予农村与城市平等、对等的主体地位，将农村地区作为独立的而非附属的战略区赋予发展优先权，在干部配备上优先考虑，在要素配置上优先满足，在资金投入上优先保障，在公共服务上优先安排，加快补齐农业农村短板。

四是从"统筹"城乡到城乡"融合"体制的创新升华。党的十六大提出"统筹城乡经济社会发展，建设现代农业，发展农村经济，增加农民收入，是全面建设小康社会的重大任务"。党的十九大首次提出"城乡融合"，习近平总书记明确要求"重塑城乡关系，走城乡融合发展之路"，要求建立健全城乡融合发展体制机制和政策体系。

统筹城乡政策的导向在于"统筹"，即城和乡都要兼顾，不可偏废；乡村振兴战略的政策导向在于城乡"融合"，即城与乡要水乳交融、混为一体、互为内在。城乡融合是"总体论"，统筹城乡是"两块论"。事物之间总有矛盾性和统一性两个方面，"统筹"的前提在于承认并首先考虑其矛盾性，从矛盾性出发进行统筹兼顾；"融合"的本意是承认并首先考虑其统一性，从统一性出发进行创新发展，形成新的形态和样貌。因此，城乡融合不是就城市谈城市、就农村谈农村，更不是城市"吃掉"农村的城市化，而是城乡结成一种新的融合状态。这种融合状态不是传统的农村，也不是传统的城市，而是兼具城乡要素性质的新的生产生活方式和新的生产生活共同体，新的社会组织运行方式，新的治理方式和治理体制。

（三）需要注意理顺的几个重要关系

一是理顺农村社会治理单元、行政管理单元和经济发展单元的关系。长期以来，在村庄层面上高度重合的农村社会治理单元、行政管理单元和经济发展单元，在很多地方已经出现错位。一方面，随着土地、劳动力、资金等生产要素流动以及生产经营活动范围越来越突破村庄的界限，村庄越来越难以单独完成基本经济发展单元的任务职责；另一方面，村庄范围小、经济体量小、产业链条短、产业层级低，应对市场风险和政策风险能力很弱，效益必然比较差。

当前，既要发挥村民自治功能，夯实村一级作为基本社会治理单元的堡垒作用，又必须在重视挖掘村一级经济发展潜力的同时，超越村庄层面构建新的农村集体经济实现形式。因此，必须打破行政村界限，进行社会空间重构，探索建设新型农村生产生活共同体，通过多种纽带达成农民的再组织化，形成农民之间、农民与市场之间、农民与集体组织之间的新型联系，消除城市和农村在性质上非此即彼的对立，实现实质意义上的城乡融合。

二是理顺农村行政区划与功能区划的关系，创设城乡融合基本单元。乡村振兴战略强调的是建立健全城乡融合发展体制机制和政策体系，不宜简单理解为公共服务均等化和基础设施建设城乡一体问题。必须将村庄充分纳入到更广阔的城乡融合体系中去，以更大的物理空间、容纳和承接空间，对接市场体系、服务体系、管理治理体系，对接各种政策资源、政策工具和治理手段，在原有的"县-乡-村"行政区划体系基础上创新"融合支撑点"。

实践中应当超越村庄层级，更加强调强化功能区划，以功能规划区为相对整体，实现资源整合互补、要素集聚投入，形成承接资金、人才、技术的经济发展平台，从而解决"钱、地、人"三个关键问题。摆脱几十户、百余人的小村庄"各自为战"的被动局面，构建新型农村生产生活共同体，全面综合进行城乡布局，克服长期以来城市与农村割裂、工业与农业脱节、城乡非此即彼的被动局面，为实现乡村振兴整县推进、实现县域全域振兴创造条件。

三是理顺中心城区和县域发展的关系，创造乡村振兴整县推进的条件机制。自实施郡县制以来，无论从行政层级设置来讲还是从地域管辖范围来讲，县一直是中国最稳定的行政单元。推进乡村振兴，县一级居于特殊重要的位置。"三产一体"，事关产业布局、链条延伸、完备的社会化服务体系建设和资源大规模筹集调配，关键在县；融合城乡，事关基础设施投入、公共产品统筹和社会空间、物理空间重构，关键也在县。必须大力推进"县-乡-村"体系化布局，以县域为单元整合资源、统筹力量、整体推进。

《中国共产党农村工作条例》要求，要压实县一级在乡村振兴中的责任，2023年中央1号文件也指出"推进县域城乡融合发展"。这也就必然意味着未来要进一步给予县域发展更充分的优先权，要在财力分配、指标分配、审批权限等方面使县一级能放手发展，从领导体制层面上、从制度上保障"整县推进"的实现，为实现"全域振兴"创造条件。要以县为单位，设立"五大振兴"协同推进机制、工作抓手和实施平台，统筹各种要素资源，形成体系配套，综合使用多种政策工具，实现经济布局、人口结构、空间布局协调统一。

三、创新拓展县域农业农村现代化的"寿光模式"

习近平总书记指出，实施乡村振兴战略的总目标是农业农村现代化。如前所述，对"寿光模式"的定位，提升拓展"寿光模式"的方向，都应当超越农业产业化的分析框架，不能局限在农业现代化一个方面。习近平总书记同时指出："在我们党的组织结构和国家政权结构中，县一级处在承上启下的关键环节，是发展经济、保障民生、维护稳定、促进国家长治久安的重要基础"，"县一级工作做好了，党和国家全局工作就有了坚实基础"，要坚持五级书记抓乡村振兴，县委书记要当好"一线总指挥"。《中国共产党农村工作条例》明确要求"县委书记应当把主要精力放在农业农村工作上"。县域既是乡村振兴的主战场，又是推进乡村振兴的基本单元，山东省县域经济体量、人口体量比重大，县域经济发达、城乡发展均衡，改革创新经验也大多来自县域。寿光在县域农业农村现代化方面，理应以习近平总书记"要准确把握县域治理的特点和规律，把强县和富民统一起来，把改革和发展结合起来，把城镇和乡村贯通起来"的指示要求为遵循，走在全省全国最前列。

山东省第十二次党代会明确提出"拓展三个模式"，我们认为可以从两个方面进行理解：一是在内容的深度和广度上进行拓展，即进行创新提升，力争做到生产力领域和生产关系领域同步创新；二是从推广和辐射范围上进行拓展，即从省内到省外、从国内到国际进行模式输出。

拓展"寿光模式"的实践由来已久。寿光农民早已走出寿光、走出山东，甚至走出国门，指导各地农业生产者种植蔬菜；寿光企业也早已在全国各地"开疆拓土"，帮助建设和经营蔬菜产业园区；寿光蔬菜的种植技术、质量标准已成为引领全国蔬菜生产的领跑者，全国蔬菜质量标准中心就设在寿光。但是长期以来，似乎始终侧重于输出产品、输出人才、输出技术，输出标准的工作虽然在大规模进行，但也是局限在种植技术、园区运营、产业管理等操作性、微观性的生产力要素层面，而在输出机制、输出体系等制度性、模式性层面还比较欠缺。这与长期以来，将"寿光模式"的认识定位于农业现代化有关，与对"寿光模式"全面深入研究的缺乏有关。

正如对"中国道路"的认识一样。同样是人口大国，印度并没有实现中国这样的成就；同样是领土和资源大国，巴西也没有获得中国这样的成功。

资源禀赋的优势，不会自动成为竞争优势和成功保障。中国的成功，是中国特色社会主义制度的成功，是"中国道路"的成功。寿光以蔬菜著名，但是蔬菜只是寿光成功的载体和表现形式，寿光今天的成就，绝不仅仅依托蔬菜产业发达这一个方面。假设一下，国内其他地方，完全学习复制寿光蔬菜种植、经营、管理的经验，就可以获得寿光这样的成就吗？或者说，没有整体性的体制框架和各种具体实施机制作为保障，其他地方有可能复制并且接近寿光蔬菜产业的成功吗？寿光蔬菜产业的成功是综合因素结构性优化的成果，"寿光模式"当然还要比寿光蔬菜产业这一个方面复杂很多。对"寿光模式"真正的内在机理、逻辑机制和制度含义、模式意义的探究，似乎还比较薄弱。如果假借"术、法、道"的表述方式，目前对"寿光模式"的研究大概还停留在"术"的阶段水平。

这是学术界和政策研究界的缺憾，也是下一步研究的重点和方向。

必须明确，"寿光模式"不是特指蔬菜产业发展的模式，而是中国县域经济社会发展的模式，在当前背景下，是在县域范围内正确处理城乡、工农关系的样板，是县域农业农村现代化的模式。因此，拓展"三个模式"，可以理解为包括农户个体、企业（社会组织）和政府三个层级，涵盖产业进步和县域发展的技术、管理、机制、体制、制度各个层面，具有总体性和整体性的含义。应当在这种研究的基础上，将其进一步显性化、指标化、数字化甚至指数化，成为一整套县域农业农村现代化发展的案例库、说明书、规则体系和操作指南。

这样，拓展"三个模式"就有了明确的依据，其他地方学习借鉴"三个模式"也就有了从感性认知、实践案例到理性认识、路径指引、政策集成的清晰明确的范本，农户个体之间、各类企业之间、地方政府之间，几个层面各自都有了学习复制的明确样板。从操作层面到制度层面，从战术层级到战略层级，从技术领域到运营领域，涵盖"五大振兴"，协同推进县域乡村发展、乡村建设、乡村治理的全面系统经验的集成才是真正的"寿光模式"。

无论是企业经营还是县域发展，"一招鲜，吃遍天"的时代已经过去了，靠一个点子、一个主意就能异军突起的现实条件已不存在。犹如从游击战转入阵地战,越来越依靠综合性、集成性、合成性的经验制度体系和规则体系作为达成必然性的依托和保障。华为花费 40 亿美元和 5 年时间,系统学习 IBM 模式所取得的巨大成功,值得我们深入思考,这是我们对"寿光模式"最大的期望,对寿光最大的祝福,也是我们作为研究者的努力方向。

是为序。

王立胜

2023 年 9 月

目 录

CONTENTS

第三编　社会治理 ❤

第四编　产业经济 ❤

第一编

哲学理念

"组织化驱动"的实践与理解：
从《齐民要术》到"寿光模式"

胡士颖

一、《齐民要术》中的"太守治理"

《齐民要术》是中国现存最早最完整的综合性农学全书，它不仅是我国农业科学技术的重要著作，也是世界农学史上最早最有价值的名著之一。该书作者署名"后魏高阳太守贾思勰撰"，由于史书缺传、文献失载，后人对贾氏难知其详，唯有通过"后魏高阳太守"的记录及与其相关的《魏书》、墓志碑文等资料考略一二。一般认为，贾思勰是南北朝时期北魏人，系北魏齐郡益都县钓台里人，在今寿光市城关镇一带，为官于当时青州齐郡高阳县（今山东临淄高阳）。他不仅是农业研究方面的"专家"，也是具有务实精神、组织能力和治理思想的"指挥官"，《齐民要术》一书就是他围绕"平民的重要谋生方法"所进行的知识梳理、经验总结。作为一部农学著作，《齐民要术》十卷九十二篇记录了从农作物栽培到制醋造酱，几乎包括生产、经营、技术在内的所有项目，可谓"资生之业，靡不毕书"；卷前有《序》和《杂说》两篇，《杂说》是作者存疑，而《序》则提纲挈领、总纲全书，包括撰著的缘起、目的、思想、体系、方法、范围、取舍等等，体现了作者对农业知识、生产活动的深入了解，而对粮食意义、生产组织、技术革新、工具运用、社会管理、人性特点等诸多方面的阐述，表明贾思勰对宏观社会生产、社会治理也有深刻认识。尽管他的这些表述不够系统、翔实，但结合历史背景、相关人物和文献资料可以勾勒出贾氏治理思想的脉络与特征，这不仅能够加深理解其人其书，也为传统农业和社会的现代转化研究提供历史视角与理论思考。

据学者统计，《齐民要术》全书引用、参考的图书文献多达180余种，包括经书、纬书、史书、诸子、诗文、志书、方技等等，足见贾思勰博闻强识。这些典籍不光是他直接获取农业知识的对象、工具，在很大程度上也是其知识结构、学问思想、历史理解、社会认知的重要文化资源。通过序文可作概观：贾氏思想是以儒家为主，兼采道家、法家等诸家，具有鲜明的经世致用取向；能够从民生、国富的角度认识到粮食生产的重要性，凸显"重农"在儒家治理思想和实践中的核心意义；而实现善治的途径是自上而下、行之有效的社会治理，尤其是地方官员为民兴利、组织得法、措施得当；此外，贾氏认为技术改进、乡贤表率、民众习性等，也对农业生产有不可忽视的影响。

自古以来，农业就是国民经济的基础，尤其在农耕文明时代，其重要性在世界各地都不言而喻。中国是农耕文明的主要发源地，早在西周时期，"民之大事在农"的思想已经提出，而"重农"几乎成为历代王朝的执政方略。《齐民要术·序》的首段表彰了神农、尧、舜、禹的治世功业，"盖神农为耒耜，以利天下；尧命四子，敬授民时；舜命后稷，食为政首；禹制土田，万国作义"，以及商周盛世成就，"殷周之盛，诗书所述，要在安民，富而教之"。贾思勰回溯上古圣王在农业生产上取得的不世之功，而安民、富民、教民则是商周兴盛的重要表现，这也是北魏鲜卑族政权进入北方和中原地区后文化转化和发展社会经济的核心，《魏书·食货》记载了当时发展农业的情况："太祖定中原，接丧乱之弊，兵革并起，民废农业。方事虽殷，然经略之先，以食为本，使东平公仪垦辟河北，自五原至于栒阳塞外为屯田。初，登国六年破卫辰，收其珍宝、畜产，名马三十余万、牛羊四百余万，渐增国用。既定中山，分徙吏民及徒何种人、工伎巧十万余家以充京都，各给耕牛，计口授田。天兴初，制定京邑，东至代郡，西及善无，南极阴馆，北尽参合，为畿内之田；其外四方四维置八部帅以监之，劝课农耕，量校收入，以为殿最。又躬耕籍田率先百姓。自后比岁大熟，匹中八十余斛。是时戎车不息，虽频有年，犹未足以久赡矣。太宗永兴中，频有水旱，诏简宫人非所当御及非执作伎巧，自余出赐鳏民。神瑞二年，又不熟，京畿之内，路有行馑。帝以饥将迁都于邺，用博士崔浩计乃止。于是分简尤贫者就食山东。敕有司劝课留农者曰：'前志有之，人生在勤，勤则不匮。凡庶民之不畜者祭无牲，不耕者祭无盛，不树者死无椁，不蚕者衣无帛，不绩者丧无衰。教行三农，生殖九谷；教行园圃，毓长草木；教行虞衡，山泽作材；教行薮牧，养蕃鸟兽；教行百工，饬成器用；教行商贾，阜通货贿；教行嫔妇，化治丝枲；教行臣妾，事勤力役。'自是民皆力勤，故岁数丰穰，畜牧滋息。"尽管这些记载较为简略，但从中已经能够看到一些社会治理和农业管理的思想，如农业生产结构、劳动力、土地、技术、水利、赋税、荒政等，体现出国家的组织、干预在农业生产的宏观管理和微观调节方面都起到主导作用，这种农业管理模式对当时社会经济、政治、文化发展水平而言具有必然性，即便在现代农业发展中也有极为明显的表现。

国家主导下的农业发展模式，最直接体现于地方首脑的设立及其发挥的作用。在贾思勰的序文中，也较多列举了九真太守任延、庐江太守王景、桂阳县令茨充、颍川太守黄霸、渤海太守龚遂、南阳太守召信臣、不其县令僮种、京兆尹颜斐、河东太守杜畿等人为官时因地制宜发展当地农业生产的典型案例，尽管这些人所处的时代不同，但都体现出州县官员上承天子的重要责任和下临百姓的核心角色。据《汉书·百官表》载，郡守、县令均掌治一方，担负辖区内的教化、户籍、赋税、徭役、保卫、刑讼、赈恤、供应、农桑、垦田、水利等等重要职责。[①] 由此可见，"在上者之亲民，尤莫切于牧令"，"天下之治乱系乎民，民之治乱系乎牧令"，地方长官的重要性不言而喻，而中央政府选拔地方官员时也往往极为谨慎。除太守、县令、郡守等地方长官外，还有很多维系地方农业生产的组织者，据学者统计，先秦到明清时期的农业职官词有 249 个，涉及农田生产、仓储管理、水利兴建、劝课农桑等，其中农田生产类所占比重最大。[②] 一般而言，古代官职中州县官员已是最基层的行政长官，故而大多农业职官位阶较低或无品阶，故而《魏书·官氏》和很多正史职官志一样都记载不详。然而，太守、县令扮演了"指挥官"的角色，主导的地方治理体系，对基层的稳定、发展、繁荣具有举足轻重的作用。

---

① 瞿兑之、苏晋仁：《两汉县政考》，中国联合出版公司，1944。
② 翟桐桐：《古代农业职官词研究》，硕士学位论文，河北师范大学，2021。

贾思勰的"太守治理"思想，一方面是古代社会普遍治理观念，另一方面与其当过高阳太守有关，对太守在地方治理、农业生产中的作用有亲身阅历和丰富经验，由于文献资料缺失，我们难知其详。不过，贾氏家族在北魏、东魏多有出仕为官、建立功业之人。据《魏书》记载，贾思勰的族兄贾思伯、贾思同均为朝官，有许多文治武功之举，其中，贾思伯以儒为业，年少时就开始学习儒家经典，当官后延请儒生昼夜讲授，谦和礼士，为肃宗讲授《杜氏春秋》，被时人视为具备仁勇节义的儒者，还上书阐说明堂之制，起到平息争论的效果；贾思同曾与国子祭酒韩子熙并为侍讲，教授静帝《杜氏春秋》，并就该书与时人辩难，集成10卷。贾思勰族人的经历，应该也对其理解国家政治、地方施政等方面有一定的帮助。

概括地说，所谓"太守治理"是在先秦以来宗法社会形态和郡县制度普遍实行的基础上的中央集权管理体系的地方治理模式、运行机制，是整合了政治体制、族群、文化建构、社会认同等在内的有效的政治统治、社会管理和生产组织结构体系，是中国古代基层社会治理最为核心、稳定、有效的基本制度。尽管中国古代政治文明有其严密、发达的一面，形成了较为完备的法治、德治、礼治体系，但专制君主与士大夫结合下的治理体系仍时常走向失控、震荡、灭亡，尤其在基层治理上除暴力手段外，主要利用宗族、家族伦理关系，统治阶级与广大百姓是统治与被统治、剥削与被剥削、主人与奴仆的关系，其矛盾的激化是必然和不可调和的。

恩格斯说过，"农业是整个古代世界的决定性的生产部门"[①]。中国古代农业发展与官方治理的关系、历史也甚为复杂，来自中央政府、地方政府的组织、干预始终发挥着主导作用，但农业发展除来自自然环境的灾害、变迁之外，还受到诸如王朝更迭、战争的威胁和破坏，而来自同一政权内部的国家政策、社会秩序、治理得失对农业生产的影响更是不一而足，凸显在以中央集权支配下的基础社会控制和经济生产的必然性同时，始终难以解决危害农业生产乃至社会良性发展的风险。贾思勰在《齐民要术》中提出的治理思想，应纳入古代农业社会发

---

① 《马克思恩格斯选集》（第四卷），人民出版社，2012，第145页。

展的历史背景，丰富和促进了现代学者的认识、研究，也应置于古今农业发展的兴废得失历程中予以深入思考。

二、寿光发展中的"组织驱动"

作为寿光人的贾思勰撰写了著名的《齐民要术》，留下了丰富的农业知识、技术和管理思想，这些宝贵的经验融入了中国灿烂的农耕文化、文明，但自人类社会进入工业文明以来，传统的农业发展格局一度被打破、整合到新的大生产革命中，一次次经历现代社会、文明、生产的冲击和调适。中国传统农业生产也随着近代的百年国运而兴衰浮沉，而中华人民共和国成立便是新的契机、希望，"寿光模式"正是在这一历史背景下中国农业、社会发展的标志性成果，它既是传统农业与文明的延伸，同时也实现了新的超越。

寿光今天的成就，无论是在微观上还是在宏观上值得思考、挖掘的地方都有很多，与其他地方的对比也更能提供新的观察视角和研究意义，然而就像寿光人艰苦创业一样，研究好寿光的发展也不容易做到。寿光的发展条件在国内并非得天独厚，它的地理区位、土壤植被、自然资源、经济基础都有"先天不足"，天灾人祸相比很多地方也不少见，仅从《寿光县志》的大事年表就可看到，近代以来的寿光动乱不止、灾害连连、饥荒频仍，即便是新中国成立后的几十年里也是远近闻名的贫困县。改革开放后的几十年里，寿光创造了历史的辉煌，蔬菜产业大致经历了从试验成功冬暖式蔬菜大棚，推动蔬菜生产走向商品经济舞台，到引领全国掀起一场"绿色革命"，到搭建起农民与高新技术、农产品与市场对接的桥梁，再到向全国输出标准和集成解决方案四个发展阶段。在这个过程中寿光实现了整体性的跨越式发展，"由农业起步，以农业培养工业，靠工业提升农业，实现了工农互助、三产互融，城市与农村均衡协调发展，各项事业全面进步；推动形成了现代农业生产经营体系，并不断向全国输出技术、人才、标准、农业问题解决方案，带动全国农民共同增收致富；实现了由传统蔬菜种植向科技引领转变，由增产导向向提质导向转变，由分散生产向适度规模经营转变，由一产独秀向三产融合转变，由技术输出向标准模式输出转变"①。可以说，现在的寿光，是千年未有之寿光，放在中国大发展的今天也仍然极具典型性，它成功的经验、原因无疑是多方面的，来自中国共产党领导下的寿光党委和政府的组织驱动无疑是最核心、最关键、最精髓的部分，其中最引人注目的是"改革先锋"王伯祥。

考察"寿光模式"的历史发展过程，尤其通过与山东地区乃至全国范围的县域治理情况比较研究发现，尽管中国幅员辽阔，几千个县级行政单位存在很多客观差异，但在改革开放初期，寿光的发展基础、环境、条件并不理想，却仍然从贫穷落后到迅速崛起，并始终保持锐意进取的发展态势，以王伯祥为代表的寿光市（县）党委和政府领导起到了带动、发动、能动作用。王伯祥的先进事迹已经闻名全国，他对寿光的贡献得到了寿光人民和党中央的充分肯定，他在地方发展中的作用显而易见又难能可贵，值得我们不断认识、发掘和总结。从组织驱动的视角，体现在以下四个方面。

（一）战略驱动

一般而言，基层行政组织的设置、职能、任务是基本相同的，如履行基本的业务职责、维系地方的管理等，但如果不是战略驱动型组织，中央政府提出的战略目标难以落实，人民群众的迫切需求也得不到根本满足。王伯祥于1986年担任寿光县委书记，如何当好县委书记是他反复思考的问题，他的目标就是践行中国共产党代表最广大人民的根本利益，让寿光老百姓从旧时的苦难和贫困中走出来，过上更好一点的日子。这个目标很朴实，又很直接、明确、真诚，是普通百姓的共同心声和地方组织系统应尽的责任。于是，凭借对寿光的全面了解，他在任期内带领全县人民打响了寿光历史上著名的"三大战役"——推进蔬菜产业化、"决战寿北"、"打造工业巨舰"。在温室大棚试点与推广的过程中，首先，王伯祥凝聚并发挥县、乡、村三级组织领导作用，创造条件，说服群众，培训技

---

① 《"寿光模式"发展历程》，寿光市人民政府网，http://www.shouguang.gov.cn/sgszsj/tzsg/fwzn/202106/t20210604_5893431.html。

能，摸索和总结出实际可行的群众动员、"建设—种植—销售"流程及政府支持与保障措施；其次，他不失时机、千方百计在全县组织宣传和大力推广试点成果，实现"典型引路、全面开花"；最后，他解放思想，打破地方保护和封闭发展思想，放眼全国建立、培育、发展蔬菜市场，为寿光蔬菜产业建立可持续发展能力，从而形成内外合一的蔬菜产业。由此，经过王伯祥的努力，不仅实现了最初的朴实目标，同时锻炼出一支敢于干事创业的干部队伍，在寿北开发、工业建设等一系列工作中发挥了先进模范作用。

（二）决策驱动

作为县委书记，王伯祥全面主持寿光的工作，不光要克服在发展寿光的"三大战役"过程中的重重困难，还要随时对各种问题、突发事件做出快速反应，不仅要有效决策，还要执行到位。从而整个组织系统不再是消极、被动和满足于"控制"，而是敢于负责、勇于开创，使得战略驱动型组织兼具决策驱动性。通过研究王伯祥在任期间大大小小的决策，可以发现他善于分析问题、提出解决方向、发挥组织能动作用来解决问题，赢得了寿光干部、群众的信赖，增强了个人与组织的威信和领导力；他在解决问题的过程中，调动干部工作积极性的同时做到分工明确、责任明确，无论是重大决策还是日常小事，都要落实到位、保质保量完成既定目标；重视以王乐义和韩永山等为代表的技术人才、干部人才，他们是王伯祥屡次形成决策、有效实施和完成目标过程中最为得力的干将；加之合理的流程、科学的标准、切实的目标和激励机制，寿光党委和政府的决策在一线工作中往往具有强大的号召力、执行力。

（三）能动性驱动

战略驱动型、决策驱动型组织的重要特点是高度自觉、积极主动和敢于创造。这样，王伯祥才能发挥出对寿光党委和政府的整体性和全局性的领导、组织和号召作用，从而在群众中起到引领、示范、模范效果，进而重视、调动、激发人民群众的主动性、自主性和创造性。经过寿光发展的"三大战役"，寿光人民的综合素质显著提升，积极投身脱贫致富、创业发展的实践，重科技、学技术成为自觉行动，敢于尝试新产品、致力技术革新、探索新模式成为自主行为，研发产品、驾驭市场、提升竞争力成为自发追求；尤其值得研究的是，除各级党政组织外，合作社、协会、公司及联合组织如雨后春笋般涌现出来，发挥了特有的自治、灵活、多元特点，构建起集约化、专业化、组织化、社会化相结合的新型三大产业相互支撑、城乡协调、区域联通的经营体系。

（四）市场经济驱动

任何事业都不会是一帆风顺的，寿光在改革开放之初就开始探索脱贫致富的道路，也于1983年发生过菜烂滞销的"白菜悲剧"，这次事件深深触动了王伯祥，他反思其中的根源，认识到生产和市场的辩证关系，"只抓生产不抓市场，种出的菜卖不出去，会抑制生产的发展；抓好市场，才有销路，就能刺激农民的积极性，促进生产的发展"[①]。寿光九巷蔬菜批发市场的发展是王伯祥启动市场发动机的典型案例，从建设到兴盛、从小到大、从探索到规范、从大批发市场连接路边小市场、从寿光市场连接国际市场、从有形市场主体到无形市场经济，这个地方见证了蔬菜市场、市场经济如何在政府的管理、协调下快速成为最有效、最具活力的载体。不仅如此，寿光发展市场经济的探索，让人们认识并坚定了发展社会主义市场经济的正确方向，尤其培育了人民群众在经济建设中的主体性、主动性和创造性，也为政府对市场经济进行合理协调、宏观调控实践出一些有效方法、经验，这些因素共同促进了经济向高质量发展。

2018年12月18日，党中央、国务院授予王伯祥"改革先锋"称号，颁授"改革先锋"奖章，并获评"打造寿光蔬菜品牌推动农业产业化的典型代表"。2019年9月，王伯祥被授予"最美奋斗者"。这是对以王伯祥为代表的寿光党员干部、群众努力建设一个繁荣新寿光的充分肯定。实际上，寿光治理的辉煌成就，既有中国千年农业生产、组织、文化的历史背景，又是中国人民近代以来不断斗争、奋斗、发展的阶段性胜利，改变了传统治理弊端，在根本上站稳人民立场，坚持人民主体地位，尊重人民首创精神，践行以人民为中心的发展思想，通

---

① 王良瑛、李登建、展恩华：《大地为鉴》，山东文艺出版社，2008，第13页。

过组织化驱动发挥内生性力量，通过组织化驱动实现"接续奋斗"，最终做到顺应时代潮流，回应人民要求，勇于推进改革，准确识变、科学应变、主动求变，永不僵化、永不停滞。

三、"寿光模式"与"组织化驱动模式"

2018 年，习近平总书记在参加十三届全国人大一次会议山东代表团审议和视察山东时都指出，改革开放以来，山东创造了不少农村改革发展经验，贸工农一体化、农业产业化经营就出自诸城、潍坊，形成了"诸城模式""潍坊模式""寿光模式"。有学者指出，"'潍坊模式'是中国经验、中国道路的有机组成。'潍坊模式'是中国特色农业农村现代化道路的鲜明体现。'潍坊模式'形成发展完善的过程，是一个地方依靠党的领导和地方政府的积极作为、强力推动，主要发挥内生性力量，通过体制机制创新，迅速成为较发达经济体的过程，是一个由落后经济体向较发达经济体转化的典型发展经济学过程，具有重要的发展经济学意义，也是构建中国特色社会主义政治经济学理论体系的重要实践依据和灵感来源。"包括"寿光模式"在内的农业农村现代化发展的"潍坊模式"，"形塑了潍坊农业生产经营组织形式、形塑了农业农村社会化服务体系特点、形塑了基层党委政府行为模式、形塑了县域经济结构和产业结构、形塑了城乡关系结构，也形塑了农村空间结构、社会结构和人口结构"①。由此可见，"潍坊模式"的成功是组织驱动的结果，形成了集政治、经济、哲学、文化为一体的"组织化驱动模式"；通过寿光发展的历程可以深刻认识到组织驱动的作用与意义，从组织理论而言，"寿光模式"也是"组织化驱动模式"，具有丰富的政治哲学、经济思想、组织管理、文化传统、思维方式、地理环境、个体与群体性格等多方面的解读空间。

（一）"组织化驱动模式"是现代政治理论与实践的重要成果

关于"组织"的理论和实践可以追溯至古代，贾思勰的"太守治理"已是

---

① 王立胜、刘岳：《整县推进：农业农村现代化的"潍坊模式"》，《文化纵横》2021 年第 2 期。

中国古代郡县制的确立、推行和逐渐完善的结果，现代组织理论也是人类文明发展到一定阶段的产物。1881年5月，恩格斯在为《劳动旗帜报》撰写的社论中强调："在阶级对阶级的政治斗争中，组织是最重要的武器。"① 中国共产党自创建之初便开始了对组织路线的探索、总结，逐步认识到党的力量源自党的组织，推进党的社会革命需要党的组织作支撑，围绕党的政治路线与政治任务不断进行调整当下的组织路线，形成了以坚持和加强党的全面领导为要旨，以严密党的组织体系、健全党的组织制度、加强党的执政骨干与队伍建设为基础，以全面从严治党为抓手的新时代党的组织路线，有力指导了中国共产党组织建设的具体实践。② "在历史的转折点产生了现代政党组织，并在革命和战争中逐渐发展壮大。政党当然不能简单等同于某种社会阶级力量，但它作为社会阶级力量的代表，足以承担本来应由某个新兴阶级力量承担的历史转型使命。中国革命和建设的历史实践证明了这一点。正是中国共产党用它强大的组织力，取得了中国革命的胜利，并在中华人民共和国成立后支持了国家建设进程。基于中国国家建设的这种组织化特征，我们将其归结为'组织化驱动模式'。"中国共产党通过发动革命和建设来推动国家建设进程，从一开始就将国家力量与社会力量联结在一起，"自觉将国家与社会当成一个整体来推动现代化进程，更注重社会的整合、民众的团结、政策执行的集约化。使整个国家建设进程，都是在国家与社会互动的条件下有序推进"③。

寿光的发展历程表明，寿光党委和政府的组织驱动对其从贫穷走向繁荣的巨大作用，组织建设、组织引领是国家建设、基层治理的重要保障。当然，组织驱动并不仅仅是党政组织，而是存在于社会各个层面，但党政组织一直是寿光各类社会组织中组织力、领导力、战斗力最高的，从社会整体出发，代表了最广大人民的根本利益，具有强大的整合功能。"寿光模式"是中国国家建设与政党建设发挥联合、互动、整合作用的缩影，在"组织化驱动模式"下，"这种互动主要

① 《马克思恩格斯全集》（第二十五卷），人民出版社，2001，第449页。
② 戴俊剑、张振：《中国共产党组织路线的百年演进及其基本经验》，《广西社会科学》2021年第8期。
③ 陈周旺：《政党"组织化驱动"与国家建设》，《南京大学学报》（哲学·人文科学·社会科学）2019年第5期。

表现在以下几方面：第一，体制上的相互借鉴。由于中国国家建设是一条前人没有走过的道路，在制度设计、体制运作上都要进行探索。党在革命和建设斗争中形成的一些成功经验，经过检验是有效的，就可以移植到国家体系的顶层设计之中，包括民主集中制、干部制度、监督制度、民主生活制度，等等。第二，治理功能上的相辅相成。党组织的有效运作，依赖于自上而下的组织化和自下而上的动员化，在政府治理功能还处于不成熟发展的条件下，党组织的动员模式可以在一定程度上弥补政府行政的不足，从而达成政策目标。第三，能力建设上的相互促进。国家能力建设包括法治能力、制度能力、再分配能力，等等，这些能力建设都有助于政党的政治领导走向合法化和合理化；政党能力建设将进一步提高政党的执政水平和组织化水平，可以更有效地引领和支持国家能力建设"①。由此可见，这种集合现代体制、治理功能和能力的组织化运转——"组织化驱动模式"是现代政治理论与实践的重要成果，一定程度上克服了传统政治组织的人治、法治、德治、礼治常有的关系失衡和结构缺陷。

（二）"组织化驱动模式"是生产力和生产关系的统一

组织化驱动不仅仅指个人或群体组成、有共同目标和一定边界的社会实体的运行形态，从马克思主义唯物史观和马克思政治经济学而言，"组织化驱动模式"的内涵更加丰富，它隶属于生产的组织方式或生产各要素的结合方式，是人类进行现实的生产活动或改造世界活动的生产方式；作为生产方式的"组织化驱动模式"是生产力和生产关系的统一。

马克思认为，在现实的生产活动中，"任何生产力都是一种既得的力量，是以往的活动的产物"②。生产力是在现实的生产活动中实现和产生的推动社会发展的客观力量，是现实的生产活动中实现和产生的力量之合力，③它与作为社会现实生产活动中人与人之间发生之实际关系的生产关系相互制约。生产力、生产

---

① 陈周旺：《政党"组织化驱动"与国家建设》，《南京大学学报》（哲学·人文科学·社会科学）2019年第5期。

② 《马克思恩格斯选集》（第四卷），人民出版社，2012，第408页。

③ 马文保：《重新理解马克思的生产力思想》，《哲学研究》2014年第5期。

关系、生产方式三者都是马克思唯物史观的关键范畴，"将生产关系、生产力、生产方式三者置于'现实的生产活动'中把握，即为遵循历史唯物主义来论述三者之间的关系，以'现实'为前提和基础，探究'现实的个人''现实的生产活动''现实的感性世界'，全面地、完整地理解生产力、生产关系、生产方式"。具体而言，"生产活动只有通过一定的方式才能组织起来，才是现实的；运用一定的方式组织生产活动，其实就是运用一定方式实现生产要素的结合；生产的组织方式或生产要素的结合方式就是生产方式。也就是说，生产活动只有通过一定的生产方式组织起来，才能是现实的。事实上，正是在以一定的生产方式组织起来的社会再生产活动中，潜在于劳动者、劳动对象和劳动资料中的可能的力量才实现为现实的力量，通过这三个要素的实际结合又产生新的共生力量，这两股力量的合力构成现实的生产力。同时，劳动者（宏观的劳动者，包括所有者）之间在社会再生产活动中自然发生了各种关系，包括劳动者（中观）之间（管理者之间、被管理者之间、管理者与被管理者之间）、所有者之间（若不是一个所有者）、劳动者（中观）与所有者之间在现实的生产活动中的分工协作和劳动交换以及按比例配置关系、分配关系、交换关系和消费关系，这些关系构成现实的生产关系。正是在这种意义上，生产方式才被看作生产力和生产关系的统一。只要用一定的生产方式组织的生产活动一旦开始，生产力和生产关系就水乳交融在一起，而且一刻也不能分离，一方面生产力在生产活动中实现和产生，另一方面生产关系在这同一生产活动中发生。生产力和生产关系始终内在统一于生产方式或现实的生产活动之中。这种统一是在生产方式内部通过生产力和生产关系相互作用实现的"①。简言之，生产力与生产关系相互作用、相互影响、相互制约，生产力决定生产关系，生产关系要适应生产力发展水平，生产力与生产关系的对立统一性推动生产方式的发展。生产方式的发展规律是历史唯物主义认识和把握社会发展规律的基础，寿光社会经济发展模式是当前生产力和生产关系相适应的结果，实际也是当前生产组织、生产要素结合创造性发展的生产方式，是决定社会发展的力量，在这个意义上"组织化驱动模式"可以说是以"寿光模式"为

---

① 马文保、刘曦：《生产方式在何种意义上是生产力和生产关系的统一》，《现代哲学》2021年第6期。

体现的生产组织方式的特点，它从小生产方式走向了社会化大生产，把传统的、落后的小农生产方式纳入发达健全的农业社会化服务体系，实现了小农户和现代农业发展的有机衔接，实现了各生产要素、资源的有效配置，完成了产业升级、产业融合，推进产业链相加、价值链相乘、供应链相通。

（三）"组织化驱动模式"与人的发展

马克思主义认为，劳动创造了人本身，人类在劳动中实现人与自然之间的物质交换、人与人之间的活动的互换，结成一定的社会联系和社会关系，形成了复杂的人类社会生活与结构。社会的形成，在一定意义上，就是"组织化驱动模式"的形成。

生产方式不仅是社会发展的决定力量，同时是人的存在方式。原始生产、游牧文明、农耕文明、工业文明等，在各个阶段中，人的生存状态、交往活动、社会关系等诸多方面都有很大差异，这些差异构成了"组织化驱动模式"的不同，也是人和人类社会发展的历史阶段性表现。

马克思主义认为，人的发展经历了以人的依赖关系和以物的依赖关系为基础的人的独立性的历史形态后，终将走向自由个性的历史形态，向扬弃异化、全面发展、实现自由个性的社会迈进。马克思指出，人的发展经历了三种历史形态，"人的依赖关系（起初完全是自然发生的），是最初的社会形态，在这种形态下，人的生产能力只是在狭窄的范围内和孤立的地点上发展着。以物的依赖性为基础的人的独立性，是第二大形态，在这种形态下，才形成普遍的社会物质变换，全面的关系，多方面的需求以及全面的能力体系。建立在个人全面发展和他们共同的社会生产能力成为他们的社会财富这一基础上的自由个性，是第三个阶段"①。其中"人的依赖"的历史形态，主要是以自然经济为特征的生产组织方式；"人的独立性"的历史形态，是以商品经济为特征的生产组织方式；"人的自由个性"的历史形态，是以时间经济为特征的生产组织方式，每个人都能具有发展自由个性的自由时间，人与人的社会关系不再以异化的物的形式存在，这种历史形

---

① 《马克思恩格斯全集》第四十六卷（上），人民出版社，1979，第104页。

态即共产主义社会。"人的依赖""人的独立性""人的自由个性"三者，既是人的解放，又是生产方式的进步，因此"组织化驱动模式"是要走出"人的依赖"模式，从"人的独立性"模式过渡到"人的自由个性"发展模式。

从人的历史形态理解"组织化驱动模式"的核心，即是以人为本，以人的解放为目的。在这个过程中的"组织化"是以人的最全面发展为方向，建立"自由人的联合"的共同体，这种共同体对个人而言不再是"虚假的集体"，而是"真实的集体"。"寿光模式"的出现，是新中国成立以来逐渐改变了旧社会普遍存在的依附性社会关系，通过发展商品经济、市场经济形成普遍的社会物质变换、全面的关系、多方面的需求及全面的能力的体系，达到人的发展与生产组织方式的发展统一。

综上，《齐民要术》是古代农书撰著的典范，并深受国内外农学专家的重视，不仅在于其撰述简明、严谨、系统，全面涉及农、林、牧、副、渔等知识门类和农业、手工业技术，反映当时农业发展的精耕细作、多种经营、丰富经验等特点，还在于贾思勰表现出对农业知识收集整理的重视，对知识背后关乎民生国富的深刻认识，以及如何切实组织生产活动、管理社会和教化人性的整体思考。由此便超出了书名寓意的民众生产指南，成为阐述农业技术、生产发展、县域治理乃至国家施政等在内的创新性巨著；其所凝结、传承与发展的生产实践、治理之道、文明道路，继续获得历史性的沉淀，作用于现代农业生产、乡村建设、社会综合治理的各个方面，"寿光模式"也由之化生、默运以成。运用马克思主义政治经济学、辩证唯物主义哲学和唯物史观，能够对"寿光模式"有更为深刻的理解，对其中的"组织化驱动"特点的把握也更加深入、全面、立体。

"寿光模式"的迭代嬗变及其哲学理念

韩 骁

　　党的二十大报告擘画了全面建成社会主义现代化强国的宏伟蓝图和实践路径，为党和国家的各项事业指明了前进方向。全面推进乡村振兴，全力促进共同富裕是实现中华民族伟大复兴的重大任务。山东寿光作为"中国蔬菜之乡"，是"贸工农一体化、农业产业化经营"的先行者。近年来，寿光不断探索农业农村改革和城乡一体化创新发展经验，为全国实施乡村振兴战略提供了可复制、可推广、可示范、可带动的先进模式。2018 年 3 月，习近平总书记在参加全国两会山东代表团审议和考察山东时提出，改革开放以来，山东创造了不少农村改革发展经验，"贸工农一体化、农业产业化经营"就出在诸城、潍坊，形成了"诸城模式""潍坊模式""寿光模式"，并要求山东扎实实施乡村振兴战略、打造乡村振兴的齐鲁样板。同年 6 月，习近平总书记在视察山东时又一次点赞寿光，对"寿光模式"予以高度肯定。如今，"寿光模式"在理念创新、技术革新、模式更新的推动下经历了多重迭代嬗变，不断引入科技、金融、文化、生态等方面的创新要素，实现了以蔬菜产业化为龙头，以输出标准、输出机制、输出体系为推广路径，三大产业齐头并进、县乡经济有机融合的立体发展模式。通过梳理"寿光模式"的变迁历程，本文将表明，寿光的成功并非偶然，而是蕴含一套质朴却深刻、平实却高明的独特哲学理念。政府作为具有明确价值指向的政治主体，在"共同富裕"根本目标下，在贵和尚中、善解能容、厚德载物、和而不同等传统文化理念下，积极通过协调生产关系引导生产力发展，与社会、个人之间形成了一种以导引、促进为主的柔性互动关系，实现了具有典范意义的"内源型城乡融合发展"①。

---

① "内源型城乡融合发展，即县域经济体在县一级政府领导下，寻找县域特色优势，发挥市场机制作用，以二、三产业带动农业发展，实现一、二、三产业融合。"王立胜：《乡村振兴方法论》，中共中央党校出版社，2021，第 16 页。

这些理念为"寿光模式"的创新推广提供了源源不断的动力，也让寿光能够勇立时代潮头，走出自己颇具先锋精神的产业发展道路。

一、"寿光模式"的迭代嬗变

根据寿光市委书记赵绪春的总结，"2010 年以前的'寿光模式'，是以蔬菜大棚建造和管理技术为核心竞争力，主要对外输出产品、技术和人才。2010年之后的'寿光模式'，则是从种子、种苗到全过程蔬菜大棚建造管理运营体系的全链条发力，能够制定输出蔬菜产品标准、产业推广机制和管理运营体系等"①。如果更具体地说，寿光蔬菜产业的发展经历了四个阶段的升级迭代。第一阶段是从改革开放到 20 世纪 80 年代末，以建设蔬菜批发市场为标志，寿光在多年大力推动蔬菜种植业发展后，在市场经济模式下确立了蔬菜产业的支柱地位。第二阶段从 1989 年开始，寿光在时任县委书记王伯祥的全力支持下，在三元朱村党支书王乐义的带头实践下，成功研制了寿光冬暖式蔬菜大棚，并在全国范围内推广大棚蔬菜种植经验。经过多年发展，"寿光蔬菜"已经成为全国知名的品牌，并于 1995 年被国务院官宣为"中国蔬菜之乡"。第三阶段以2000 年首届中国（寿光）国际蔬菜科技博览会举办为标志，寿光开始尝试增加蔬菜产业的高科技含量，大量引入高新技术和国内外的选种、育种技术，同时向国际宣传展示寿光蔬菜产业的发展成就，成功地在农业发展中融入了高科技与国际贸易要素。第四阶段从 2010 年左右至今，寿光蔬菜产业又经历了一轮新的升级。如果说以往"寿光模式"的推广偏重于技术输出，那么如今的"寿光模式"则在先进技术的基础上增加了种子研发、标准制定和集成解决方案输出等新内涵，以打造全国蔬菜产业综合服务基地为标志，实现了产业全链条提升，并能够"打包"向全国进行推广。在经营模式上，寿光也逐渐确立起以农业合作社为经济主体的创新思路，充分激活了农民、基地、金融机构与市场

---

① 吕兵兵、赵炜、蒋欣然：《从"技术为王"到"全链领航"——解析山东寿光市推动设施蔬菜产业集群向千亿级进发之路》，《农民日报》2022 年 4 月 18 日第 1 版。

的潜在活力。①

"寿光模式"的成功，为中国现代化农业发展走出了一条康庄大道，为新时代乡村振兴提供了一项可复制、可践行的现实方案。寿光蔬菜产业的腾飞有如下四个重要契机和要素。

第一，充分重视市场作用，率先建立辐射全国的蔬菜批发市场。20世纪80年代初期，寿光南部就有种植蔬菜的传统，但由于缺乏市场思维，曾出现产销脱节的严重情况，导致上千万斤白菜全部烂在地里。时任县委副书记王伯祥果断打破改革开放初期"姓'资'姓'社'"的思维坚冰，在1984年组织修建了占地20多亩的九巷蔬菜批发市场，当年的蔬菜成交量就达1.5亿公斤，交易额5500多万元。市场与生产相互带动，逐渐打造出北方蔬菜交易、集散、运输的重要枢纽。到1991年，九巷蔬菜批发市场已经扩建到600亩。与此同时，寿光市委、市政府积极牵头组织，发动各种关系力量，推动寿光蔬菜走向全国。县"五大班子"、县供销社、各级部门建立的蔬菜销售公司和销售点争先恐后与全国各地300多家蔬菜公司、800多个蔬菜经营单位建立联系，派出4500多寿光人到全国各大城市从事蔬菜生意，形成了遍布全国的蔬菜销售网络和基地。在"以点带面、以面强点"的经营策略下，寿光蔬菜市场在1995年正式被认定为全国最大的蔬菜市场，真正成为全国人民的"菜篮子"和官方认定的"中国蔬菜之乡"。到2009年，寿光蔬菜市场改建为中国寿光农产品物流园，园区是经国家发展改革委审核批准的山东省重点项目工程，占地面积达3000亩，日交易蔬菜量近万吨，300余种蔬菜销往全国20多个省直辖市、自治区、直辖的200余个城市，并出口日本、韩国、俄罗斯等国家和地区。② 今天的物流园已经成为亚洲最大的综合性农产品物流园区，发挥了世界性的影响力；同时物流园发布的"中国蔬菜价格指数"，也直接成为影响蔬菜市场价格的风向标。

第二，积极引入科技要素，大力推动科研创新。寿光蔬菜能够做到全国闻

---

① 常兴华：《创新提升"寿光模式"》，《中国发展观察·2021》2021年第11期；杨学莹《"寿光模式"如何拓展创新？寿光市委书记详解三个"全"》，《大众日报》客户端2022年12月5日；付玉婷《高峰对谈："寿光模式"从哪儿来，往哪儿去?》，《齐鲁晚报·齐鲁壹点》新媒体2019年4月10日。

② 毛德春：《【潍坊记忆】全国最大菜市场传奇史》，《潍坊晚报》2009年国庆特刊《祖国万岁》。

名，与其对科技的重视关系极为密切。在蔬菜大棚推广之前，寿光曾是远近闻名的贫困县，三元朱村更是被称为"要饭村"。寿光最早大力研发不需加温、仅靠日光的新式冬暖大棚种植技术，就是为了解决贫困问题，让人民过上更富裕的生活。冬暖式大棚推广的第一年，就让三元朱村的乡亲每个棚增加了 2.7 万元的纯收入。到 1990 年，寿光全县推广扩建了 5130 个大棚，1991 年猛增到 2.5 万个，1992 年发展到 7.5 万个。1995 年全市蔬菜发展到 50 万亩，其中冬暖式大棚近 20 万个，总产量 20 亿公斤，收入 17 亿元。大棚蔬菜的致富效应受到全国瞩目，成为寿光蔬菜的一块金字招牌。如今，寿光的大棚蔬菜种植技术已经发展得丰富多彩，诸如气雾栽培、潮汐式栽培、深夜流栽培、螺旋管道栽培等多种"黑科技"，人工智能、云计算、物联网、大数据、机器人等技术在设施农业发展中也屡见不鲜。大数据和人工智能技术的使用，使得寿光能够实时掌握各品种蔬菜的种植状况。大棚种植技术改变了寿光，寿光也始终对新的农业技术保持高度开放的态度和极大的热情。寿光与中国科学院、中国农业科学院、潍坊科技学院密切合作，搭建了多个农业科技平台，开发引进了大量先进技术。例如，寿光市人民政府与中国农业科学院共同成立了中国农业科学院寿光蔬菜研发中心，注册成立了中蔬生物科技（寿光）有限公司；与中国科学院沈阳应用生态研究所合作共建中国科学院沈阳应用生态研究所寿光设施农业研究中心；依托潍坊科技学院建设了一批重点实验室、生物工程研究中心和人才培养基地。2021 年，寿光成功入选全国农业科技现代化共建先行县，并在考核中荣获优秀等次。

第三，积极推动蔬菜产业全链条升级，夯实基础提升优势。在 2010 年之后，寿光就逐渐寻求向行业高端品牌、产品研发者、标准制定者进行身份转变。一个重要原因是，尽管当时寿光的蔬菜产业已经成为全国龙头，但在利润和附加值最高的产品研发与销售流通两端，寿光都还有很高的拓展潜力。一方面，寿光当时的高端蔬菜品种大多采用国外研发的进口种子，占据了很大的利润空间。另一方面，以蔬菜作为主要销售产品，也有产品单一、附加值不高的问题。因此，2010 年之后，寿光开始探索全链条提升蔬菜产业的"寿光模式"2.0 方案。作为全国蔬菜集散中心、标准形成中心、价格形成中心、种业研发中心、信息交流中心和物流配送中心，寿光按照"做强两端、提升中间"的思路，前端重点做标准研发、种子研发和技术集成创新，后端重点培育特色蔬菜品牌、打通高端销售渠道，中间以合作社、家庭农场为主体构建新型组织体系，加快由传统生产基地向综合服务基地转型，抢占蔬菜全产业链"微笑曲线"的两端，全方位提升核心竞争力。[①] 例如，在种子研发和技术集成创新方面，寿光市政府通过政策引领、财政补助，全面扶持以山东寿光蔬菜种业集团等企业为龙头的"育繁推一体化"蔬菜种子产业体系建设。目前，寿光保护和登记的自主研发蔬菜品种已达 167 个，种苗年繁育能力 18 亿株，占全省近 1/4，真正将寿光打造成为蔬菜"种业硅谷"；依托中国农业科学院寿光蔬菜研发中心，建成蔬菜分子生物、细胞工程、植保、园艺作物种苗繁育等实验室，为持续不断的研发动力提供了强大支撑。在重点培育特色蔬菜品牌、打通高端销售渠道方面，以寿光蔬菜种业集团等骨干企业为主发起成立的寿光蔬菜瓜果产业协会，于 2019 年成功注册"寿光蔬菜"集体商标，一体化智慧供应链共享平台也同步搭建。一方面通过阿里巴巴、京东、抖音等平台，以视频直播、主播带货等年轻人喜闻乐见的方式，积极占领线上市场；另一方面通过生鲜和鲜切两大类产品，重点开拓长三角、粤港澳大湾区、京津冀等全国高端市场和日韩、东南亚、欧美等国家和地区的高端市场。在行业标准制定方面，全国蔬菜质量标准中心于 2018 年在寿光成立，旨在成为达到国际先进水平的质量评价中心、标准体系建设中心、国家品牌培育中心和信息交流中心，成为蔬菜产业发展的风向标和制高点，促进蔬菜产业优质化、绿色化、品牌化高质量发展。目前，该中心先后成立了由 5 名院士领衔的全国蔬菜质量标准中心专家委员会和国家蔬菜质量标准化创新联盟，建立了日光温室全产业链标准体系，编制完成了 37 种蔬菜的 54 项生产技术规程。其中，寿光已有番茄、黄瓜、辣椒、茄子、西葫芦 5 项全产业链标准成为国家标准。

第四，积极吸纳先进金融和管理手段，最大力度赋能蔬菜产业发展。目前，寿光已经形成了一套成熟的"政府＋公司＋合作社＋基地＋农户"的运营模式，也在此基础上衍生了"国企＋农业园区＋金融"等发展模式，有效规避了个体

---

① 杨福亮：《给农业插上科技的翅膀——解读"三个模式"之"寿光模式"》，《走向世界》2021 年第 31 期。

农户力量分散、议价和信贷能力差、抗风险能力弱等问题。在政府、国企、金融机构与合作社的保驾护航下，农户无须担心资金、基础设施建设和市场销售等方面问题，让劳动能够最大限度地实现价值。通过这套模式，政府牵头建立中小企业协会和政策性担保公司，银行创新信贷制度和金融产品，选择符合条件的农户与中小企业，用多种贷款抵押方式满足农户与中小企业的信贷需求。由山东省农业发展信贷担保有限责任公司（简称农担公司）与寿光市金融投资集团（简称金投集团）共同打造的田柳镇现代农业创新创业示范园区就是"国企＋农业园区＋金融"模式的一个样板。园区由金投集团出资建设大批现代化智慧大棚和相关基础设施，农担公司对农户担保放款，农户租赁大棚经营。这个模式破解了农业融资"烦、难、贵"的问题，也能让农户直接享受最先进的科技发展成果。农户无须自己出资建造，就能使用造价较高的第七代智能化温室大棚；金融资源也能更有效地配置到农业重点领域，获得良好的经济效益和社会效益。合作社经营则能够集中、规范农户力量，让农户在"抱团"发展中占据市场先机。通过采取出台提升扶持政策、统一生产标准、规范财务管理、打造规范经营样板社、培植新型种植经营模式、搭档互联网媒体、开展信用登记评定等措施，寿光不断完善合作社运行机制和经营模式，有力促进了合作社规范化发展，涌现出了一批高质量发展的单体合作社。目前，寿光众旺果蔬合作社、优品农鲜果蔬合作社、全农蔬菜合作社3家合作社已经通过全球和中国的良好农业规范（GAP）体系"双认证"，为寿光蔬菜进入国际市场贴上了"身份通行码"；56家蔬菜合作社（种植基地）获得粤港澳大湾区"菜篮子"生产基地认证资格，认证基地面积4.2万亩以上。

笔者的梳理仅能简要勾勒"寿光模式"的轮廓，无法充分呈现其丰富内涵。但通过笔者的概括，已经能够略见上述先进思路背后高瞻远瞩的政治经济学和哲学理念。

二、"寿光模式"背后的中国式现代化方案

中国式现代化道路是中国共产党将马克思主义与中国具体实际、中华优秀传统文化相结合，带领中国各族人民走出的中国特色社会主义道路。中国式现代化

既有各国现代化的共同特征，更有基于自己国情的中国特色。改革开放以来寿光的发展历程，就可以被看作中国式现代化的一个缩影。在"寿光模式"的迭代嬗变中，有着马克思主义政治经济学原理与中国智慧、中国方案的集中体现。

改革开放初期，寿光是远近闻名的贫困县，1980 年农民人均纯收入仅为 99 元，仅为潍坊全市（182 元）和山东全省（210 元）的一半左右。1975—1980 年，寿光农民人均收入的增长率（55%）也远低于山东省农民人均收入增长率（131%）。从 1980 年起，时任县委书记王乐泉开始部署全县调整农业构成和作物布局，确立了"南部种菜，中部种粮，北部开发盐、虾"的总体结构。到 1984 年，寿光农民人均收入达到了 455 元，已经超过了山东省农民人均收入（395 元）。从 1984 年建立九巷蔬菜交易市场，到 1986 年时任县委书记王伯祥发动全县力量，通过蔬菜供销公司、蔬菜经销点打通北方蔬菜销售网，再到 1989 年三元朱村研发出新式冬暖蔬菜大棚，大规模种植反季节蔬菜，寿光在多个节点上敏锐捕捉到了历史机遇，走上了蔬菜产业化发展的康庄大道。经过多次产业升级，寿光从一个远近闻名的贫困县成为全国县域经济发展的领头羊。1990 年，寿光农民人均收入达到 911 元，已经大幅超越山东省农民人均收入（680 元）和全国农民人均收入（686 元）。[1] 1992 年，寿光入选第一批全国百强县，此后连续 30 多年成为全国百强县榜单上的常客。寿光在农业发展方面的耀眼成就往往会让人忽视其工业成就。早在 20 世纪 80 年代，寿光就确立了"强工重农"的发展思路，大力发展乡镇企业；到了 20 世纪 90 年代，寿光提出"抓大放小、扶优扶强"，大力扶持骨干企业；进入 21 世纪后，寿光从基础设施建设入手统筹工业布局，加快建设工业园区，并于 2022 年提出"产业强市"战略。目前，寿光拥有规模以上工业企业 442 家，其中包括 8 家上市企业，5 家省工业百强企业，形成了造纸包装、海洋化工、机械制造、纺织服装、食品饮料、新型建材六大产业集群，连续多年入选中国工业百强县。在工业、农业、服务业相互融合、相互促进的良好态势下，寿光全市 GDP 即将突破千亿大关，财政收入也达到百亿以上，成为名副其实的富裕市。[2]

---

[1]　大国初心：《寿光 30 年种菜记》，知乎网，https://zhuanlan.zhihu.com/p/129271245。

[2]　根据《中国县市社会经济统计年鉴》数据，寿光从 1999 年到 2022 年，GDP 由 91 亿元增长至 953.6 亿元，年均增幅超过 10%。

要解释寿光的高速发展，和解释中国的高速现代化进程一样，都需要整合政府、社会、市场、个人多个主体，从整体性、系统性视角出发进行解读。在这个共同体中，政府、社会与个人的关系尤为值得关注。我们更应当注意，在中国式现代化道路背后，有着一整套关于个人与国家的政治哲学理念。

一方面，政府是具有明确价值指向的政治主体，在"共同富裕"根本目标下，积极通过协调生产关系引导生产力发展，同时基于生产力发展塑造更高效的生产关系。纵观寿光发展历程，我们可以看到，在每一个关键节点上，寿光都充分体现了"有为政府+有效市场"的发展思路。政府经过通盘考虑，确立自身比较优势，同时集中全市资源大力发展优势产业，抢占市场先机，使得寿光用几年时间快速打出品牌，在全国市场中脱颖而出。在寿光的发展过程中，政府明显扮演着关键性的角色。我们可以用西方主流的新自由主义经济学理论作为参照系，考察寿光成功背后的独特逻辑。

根据新自由主义经济学理论，政府对市场的干预几乎是无效率和奴役的代名词。1990年由美国主导制定的"华盛顿共识"基本上构成了新自由主义经济政策在全球范围内广泛推行的指导思想。按照美国学者约瑟夫·斯蒂格利茨的概括，"华盛顿共识"的教条是"主张政府的角色最小化、快速私有化和自由化"。但中国式现代化的成功无疑对新自由主义的解释框架构成了强有力的挑战。以寿光为例，如果改革开放初期盲目推行私有化和自由放任市场经济政策，那么寿光在全国乃至山东省范围内无疑都是非常弱势的。从资源上讲，寿光的自然禀赋并不出众，北部有大片盐碱地无法种植粮食、蔬菜；南部尽管有种植蔬菜的传统，但在山东省各县市中也没有任何突出之处。从工业基础上看，20世纪80年代初期的寿光有化工、木器、皮革、农机、内燃机、麻纺等企业，但大部分属于自给自足状态，且规模较小，技术含量不高。到1986年，寿光工业在全潍坊县市区中仅名列倒数第三。从人口构成上看，改革开放初期，寿光95%以上人口都为农民。[①] 如果完全按照资本增殖的逻辑，那么寿光大概率发展为一个纯农业县，或

---

① 寿光市委办公室：《寿光大事记（1980年）》，寿光市人民政府网，http：//www.shouguang.gov.cn/sq/sdsj/201309/t20130902_3296511.html。

者成为劳动力输出基地。即便到今天，在中国的 2000 多个县（市）中，与寿光条件类似，但未发展出自身特色、定位不明确的县（市）并不少见。

但从寿光的发展路径看，政府从一开始就承担着总体布局、整合资源、广泛动员等任务。带领寿光实现腾飞的县委书记王伯祥曾说："我干县委书记，就得撑起寿光这个家，就要尽心竭力给老百姓办事，让寿光富起来，让老百姓有饭吃、有钱花，过上好日子。"面对寿光北部的贫困状况，他说："由于自然原因，寿光南富北穷现象严重。我是从寿北农村走出来的，寿北的困境我很清楚。作为书记，我不能看着寿光近一半的人受穷，必须要开发寿北，让寿北人民也过上好日子。"① 王伯祥的话尽管朴实，但体现了中国共产党很多优秀干部的共同理念：让老百姓都能过上好日子。邓小平根据处于初级阶段的社会主义特点指出："社会主义的本质是解放生产力，发展生产力，消灭剥削，消除两极分化，最终达到共同富裕。"在政府积极介入市场的背后，不仅有经济考量，更有着明确的价值目标。这种价值指向无论是内化在寿光干部的责任感、荣誉感中，还是体现在客观的考核提拔指标中，都作为重要的动力，激活了政府自身的主体性。因此，与作为"市场守夜人"的自由主义政府不同，寿光政府从一开始就作为"守土有责""守土尽责"的政治主体出现，不会眼睁睁地看着处于资源弱势状态的家乡在市场经济的大潮中被资本集团收割，而是会最大限度地激发本地发展的潜能，让家乡得到实实在在的发展。正如王伯祥所言："寿光经济能够发展起来，是几届县委、县政府领导的'接力跑'，是全县人民的共同努力。我做的这一切，是党员干部的分内之责、原有之意，共产党的县委书记就应该这么办，为老百姓着想，为老百姓办事。我只是给寿光的发展打了个底子。"② 这种"接力跑"的比喻，形象地刻画了寿光如何在一届届党委和政府的领导下不断打开新局面，成为今天全国县域经济的领头羊。从根本上讲，以寿光为典型的中国县市应被看作一个有明确发展目标的政治和伦理共同体，而非一个聚集了诸多个体市场参与者的地域概念。"因此，县级行政主体的行为不仅体现着普遍性的国家－社会关系，

---

① 王伯祥口述，魏小越、王春艳整理：《"百姓书记"王伯祥：只要对群众有利就大胆地干、勇敢地改》，映象网，http://news.hnr.cn/rmrtt/article/1/1335823549990047744，转引自中国文明网。

② 同上。

而且带有鲜明的地方性，它不仅是县域内游戏规则的制定者和维护者，同时是游戏的直接参与者，作为活动主体深深地卷入了地方社会经济文化活动之中。"① 只有充分重视其"民为邦本""为民造福"的政治逻辑和伦理逻辑，以及这背后一整套的目的论价值观体系，才能避免以单一的经济视角理解政府与社会的关系，从而理解为何寿光历届政府会以提高人民生活水平为己任，而非放任无为，让寿光人民在资本运行的逻辑中成为一个中间环节。政府的主导也是今天的乡村振兴能够避免"资本下乡"、实现"要素下乡"，避免"资本逻辑"、实现"情感逻辑"的核心原因。②

另一方面，政府与社会、个人之间是一种以导引、促进为主的柔性互动关系，而非新自由主义理论认为的干预和对立关系。新自由主义反对政府干预市场的核心理由是，政府并不掌握所有的市场信息，而政府对资源的集中分配只会扰乱市场秩序，降低市场效率。但从寿光的发展案例中我们看到，新自由主义理论所构想的自由市场多多少少是一厢情愿的。首先，由于产业发展往往依赖于优惠政策、基础设施建设、人口素质、自然资源等具有高度地域性的因素，也因而会呈现一定程度的集群性，所以面对发展程度不同的地方产业，政府实际上无法回避对资源要素的分配。其次，仅依靠市场的力量，往往无法完成从小农经济向现代农业产业化发展跃迁的过程，政府在此扮演着关键性的角色。面对不同城市间的产业竞争，政府所掌握的信息和资源显然比农户、村集体和企业更加全面。寿光在最开始发展蔬菜产业时，各方面力量极为薄弱。如果完全依靠农户和村集体、乡镇企业的力量，很难在短短几年内建立起大规模的蔬菜交易市场，打通北京、上海、粤港澳大湾区等高端销售渠道，形成遍布全国的高效物流网络，引入中国科学院、中国农业科学院等强大智库资源；更无法争取到省部级、国家级的政策项目，举办世界性的蔬菜博览会。最后，寿光政府扶持本地优势产业发展，也是在充分尊重市场竞争的前提下，让本地有市场竞争力的产业提质增量，在全省、全国乃至全世界的竞争中长盛不衰。新自由主义经济学一开始采用了将政府

---

① 王立胜：《乡村振兴方法论》，中共中央党校出版社，2021，第105页。
② 同上书，第24页。

与企业相互割裂，凸显其对立面的视角，它所针对的也是国家通过财政税收直接刺激有效需求的凯恩斯主义。但从寿光发展的案例中我们看到，政府介入市场经济活动并不一定会破坏市场秩序，因为政府并非直接参与本地企业的竞争，也不是简单通过投资拉动经济增长，而是综合运用政策扶持、财政补贴、基础设施建设、搭建社会资源平台、教育培训、引进先进科技等手段，创建良好的产业发展和营商环境，在平等的机会下吸引农户、企业自发参与，最终不断把产业做大、做强，发展为行业龙头。因此，尽管寿光蔬菜的产业化发展是以农户、合作社和各种蔬菜经营销售公司为主体，但从上游的种子研发、国家标准制定，到中游的家庭农场、合作社组织，再到下游的品牌打造和高端市场开拓，没有政府的介入是难以完成的。正如林毅夫教授所言："在市场机制以外，政府还必须在发展过程中发挥积极而重要的协调或提供基础设置改进以及补偿外部性的作用，以促进产业的多样化和升级。"[①] 只有从整体视角出发，将政府和企业视为共同发展、相互促进的共同体，才能理解寿光的成功和中国式现代化的发展逻辑。"有为政府"与"有效市场"的良性结合，构成了寿光改革开放以来的制胜关键。

以上我们简要说明了"寿光模式"背后的中国式现代化方案，凸显了寿光成功发展的政治经济学逻辑。从更深层面看，这套政治经济学逻辑则内嵌在马克思主义哲学与中国优秀传统文化的思想逻辑中，体现了百余年社会主义建设与几千年深厚文化传统积淀的中国精神。

三、"寿光模式"与中国特色社会主义理论和实践中的中国智慧

习近平总书记指出："共同富裕是社会主义的本质要求，是中国式现代化的重要特征。"[②] 马克思主义旨在消灭资本主义社会贫富两极分化，消灭由阶级压迫带来的贫穷、剥削、奴役、劳动折磨。马克思、恩格斯同时认为，只有在生产

---

① 林毅夫：《新结构经济学——重构发展经济学的框架》，《经济学（季刊）》2011 年第 1 期。
② 习近平：《扎实推动共同富裕》，《求是》2021 年第 20 期。

力高度发达的情况下，也只有在社会主义制度下，才能真正实现共同富裕。[①] 中国特色社会主义一方面引入市场经济积极发展生产力，另一方面强调要驾驭资本、引导资本，让资本为实现社会主义建设和人的全面发展服务，正是对马克思主义思想逻辑的深入贯彻。在具体实践中，中国特色社会主义则体现出贵和尚中、善解能容、厚德载物、和而不同等高明实践智慧。"寿光模式"充分体现了中国特色社会主义理论和实践中蕴含的中国智慧，体现了马克思主义基本原理与中华优秀传统文化相结合的旺盛生命力。作为"中国蔬菜之乡"和蔬菜产业化最为成功的城市，寿光的发展模式必然有其独到之处。这种独到之处使得寿光在产业发展和乡村振兴的"共性"中找到了自己的"个性"，并利用自己的局部优势逐步扩大为市场龙头。从其背后蕴含的理念看，寿光对于农业产业化的理解、对于县乡关系和人类生存发展目标的理解，为寿光的持续进步提供了绵绵不绝的精神动力，也为我们提供了一种构想美好生活的可能方式。

在产业发展方面，寿光没有拘泥于技术层面，而是不断探寻蔬菜产业化之"道"，博采兼蓄各种要素，逐步拓展产业想象空间。在人们通常的印象中，农业往往与产品高度同质化、附加值低联系在一起。寿光在发展蔬菜产业之初，就看到反季节蔬菜和高端蔬菜的巨大市场潜力，利用造价较低的新式冬暖大棚技术解决了 20 世纪八九十年代北方冬季"吃菜难"问题。如今，冬季大囤白菜的记忆已经逐步远去，人们在餐桌上有了上百种蔬菜可选择。黄宗智教授曾提到，20世纪末中国经历了一场从"内卷"到"隐性农业革命"的变迁。这场革命"所带来的市场机遇促使务农人员收入的提高，主要不是凭借作物收成量的增加，而是凭借从低值粮食转入高值肉、禽、鱼、菜和果的生产。结果是农业劳均产值的显著提高，其高达 5 倍多的幅度远远超过上述的其他农业革命经历"。[②] 寿光无疑是这场革命的先行者和带头人。20 世纪 80 年代末到 90 年代初，寿光靠反季节蔬菜敲开了全国各大城市和俄罗斯、日本、韩国、新加坡等国的市场大门。当寿光人发现一些国外优良品种更受国内国际市场欢迎时，就积极邀请全世界知名种子

---

① 田超伟：《马克思恩格斯共同富裕思想及其当代价值》，《马克思主义研究》2022 年第 1 期。
② 黄宗智：《中国的隐性农业革命》，法律出版社，2010，《导论》。

公司到寿光，优中选优，开始种植彩椒、无刺黄瓜、果肉型西红柿、水果胡萝卜等高附加值品种。如今，寿光已实现"反客为主"，形成一些国际知名的"品牌蔬菜"，如化龙镇的胡萝卜年交易量50余万吨，出口额2亿美元，占全国出口量的60%以上，销往日本、韩国、阿联酋等20多个国家和地区；东斟灌村的五彩椒大量销往粤港澳大湾区和俄罗斯、哈萨克斯坦、新加坡等地区和国家，年出口量在1.5万吨左右；崔岭西村众旺果蔬合作社的番茄、甜瓜等品种常年远销俄罗斯，每年出口蔬菜近2万吨，销售额超1亿元。

但寿光更可贵之处在于，没有停留在"生产""销售"的单一维度上，而是灵活地嵌入"自主与开放的辩证法"①中，面向农业发展的未来求新求变，不断突破农业想象的"天花板"。为了解决市场和物流问题，寿光建设了全国乃至全亚洲最大的蔬菜市场和农产品物流园。为了解决上游进口种子"卡脖子"的问题，寿光在2010年左右开始向"种业硅谷"转型，集中优势资源走自主研发之路。为了解决土地流转、股份产权、基础设施建设等问题，寿光灵活运用农业专业合作社、土地股份合作社和资金互助合作社等组织手段和农担公司、金投公司等金融手段，让农民生产没有后顾之忧。为了提高种植效率，让农业更加标准化、智能化，寿光与国有企业集团、农业龙头企业合作，参与研发了第七代智能大棚、精准水肥、潮汐灌溉、智慧气象、智能调控、智能工厂、多功能机器人等尖端设备。为了增加农产品附加值，寿光全面拓展产业链，推进工业农业高度融合，发展了大批蔬菜半成品、脱水蔬菜食品、浓缩果菜汁、蔬菜药品企业，并开始积极布局预制菜产业。

正是在上述基础上，寿光才能够进一步向标准输出、模式输出、体系输出的方向升级，向"传道者""弘道者"的角色转化。在不同领域的深度扩展，让寿光能够整合出一套可复制、可学习的综合发展模式。如今，寿光全市常年有8000多名蔬菜种植技术员分赴全国各地指导种菜，"寿光式"蔬菜大棚发展到周边县市以及新疆、青海、甘肃等全国20多个省、自治区、直辖市，"北到黑龙江省五

---

① 吴铭：《汪晖访谈：自主与开放的辩证法——关于60年来的中国经验》，《21世纪经济报道》2009年9月国庆特刊。

常市的'冬季温室',南到南沙永暑礁的蔬菜繁育基地,西到贵州省遵义市的'枫香速度',在全国新建的蔬菜大棚中,一半以上都有'寿光元素'"①。在模式推广上,不仅有传授种植技术的专业人员,还有能够承接建棚任务的团队。同时,山东(寿光)农村干部学院每年大量培训全省乃至全国农村"两委"成员、致富带头人、实用人才、涉农部门、乡镇干部、大学生村官,能够将寿光先进的农业组织管理模式、经营理念、优越制度向全国推广。进一步地,依靠菜博会的巨大宣传效应和中国寿光蔬菜指数、全国蔬菜质量标准中心的强大引导规范效应,"寿光模式"能够迅速成为典范,不断吸引全国乃至全世界各地来寿光学习交流,引进先进的种子、技术、标准、理念。在这个过程中,寿光也将进一步结合各种先进生产经营要素,不断让农业焕发出新的光彩。我们可以毫不夸张地设想,有朝一日,寿光能够成为世界蔬菜产业化发展的"圣地"。

农业产业化发展是"寿光模式"的核心,但我们需要看到,"寿光模式"采取的是一套整体性、全局性的乡村振兴思路。"乡村振兴,不是片面强调以工业、城市带动农村农业,而是要使农村建设发展成为目的本身,要赋予农村与城市平等的主体地位,将农村地区作为独立的而不是附属的战略地区。"② 高层次的蔬菜产业化发展之路在拓展我们对于产业本身理解的同时,更让我们获得了对于美好生活的广阔想象空间。20 世纪下半叶,西方一些发达国家也相继开展了乡村振兴运动,通过一系列立法、政策刺激、财政补贴、基础设施建设等方式促进乡村发展,缩小城乡差距。与西方一些国家从立法层面着手,以"村"为单位的做法不同,寿光的乡村振兴更多是以"县"为单位进行的。这就使得"寿光模式"不单单聚焦于农业产业化,而是以现代化农业为基石,农业奠基工业、服务业,工业、服务业反哺农业,县乡结合整县推进。县城和乡村,工业、农业和服务业的紧密结合,为乡村振兴提供了坚实的保障。今天,全国各地不少农村的年轻人纷纷进城打工,导致空心化、老龄化日益严重;大城市则越来越"内卷",长期定居的生活成本越发高昂。"寿光模式"带来的则是一种让乡村重新焕发活力、

---

① 记者贾静渐,通讯员王永强、姜帅:《山东寿光发展冬暖式蔬菜大棚 30 年——从"看天种菜"到"知天而作"》,《中国气象报》2019 年 6 月 12 日第 1 版。
② 王立胜:《乡村振兴方法论》,中共中央党校出版社,2021,第 23 页。

农村年轻人能够重新安居乐业的理想生活样态。以东斟灌村为例，一个家庭种植两三个大棚，年毛收入达到 40 万~60 万元都是很常见的事。近年来，80 后、90 后回村"种棚"的年轻人已经近 200 名。很多年轻人都反映，由于现在有了自动化程度高的智能大棚，种植难度比以往小很多，再加上土地合作社解决土地流转问题，资金互助社解决贷款问题，果菜合作社解决销售问题，这些全方位支撑让年轻人能够放心回家，过上比在外打工质量高很多的生活。产业的兴旺发展，也能够吸引更多周边县市的年轻人来寿光安家。随着人气的增加，经济活力也会蒸蒸日上。由于寿光城市与农村的高度融合，农村里的年轻人有了更多职业选择；县域经济不断发展，县城发展水平和大城市逐步缩小，则让年轻人能够在从事农业生产的同时安心享受城市化带来的便利。王立胜敏锐地观察到，寿光实际的城镇化率远远大于户籍数据上体现出的城镇化率，这恰恰是"以县为单位整县推进"的结果："（寿光）原有村庄的'社区化'和原有大棚区的'工厂化'同时强化发展。未来的趋势就是这'两化'进一步融合发展所形成的'全域城市化'。寿光的县城作为市区不可能无限制扩张，但寿光的村庄却会作为农业工厂的'宿舍区'永远保留下来。"[1] 随着"寿光模式"得到越来越多的认可，年轻人还能够作为推广的"先锋队"，让"寿光模式"在全国各地生根发芽。

从寿光发展的整体思路我们能够看到，寿光的成功正是因为善于利用市场、资本，同时又在市场、资本面前保持了足够的自主意识和战略定力。如果完全按照资本的逻辑，那么没有资源、没有可供快速增殖的产业，寿光很容易演变为劳动力输送基地。但正是因为保持了这份自主性和定力，寿光能够不断通过夯实蔬菜产业基础，广泛利用各种要素实现自主创新，最终打造成为中国乃至世界蔬菜产业的龙头典范。高质量农业的发展，也将能留住更多年轻人、吸引更多外来人口建设寿光。寿光的带动效应甚至早已超出本县范围。近年来，潍坊市与淄博市已经共同合作开展山东寿光蔬菜产业集群建设，项目范围涵盖寿光、青州、安丘、昌乐、寒亭和淄博市的临淄等 6 个县（市、区）。3 年计划总投资 38 亿元，涉及 55 个项目。寿光蔬菜产业集群规划建设"一核、两区、两基地"总体空间

---

① 王立胜：《乡村振兴方法论》，中共中央党校出版社，2021，第 21 页。

布局，"一核"即寿光设施蔬菜综合创新核心区；"两区"即安丘蔬菜加工出口示范区、寒亭蔬菜精深加工示范区；"两基地"即青州蔬菜设施装备提档升级示范基地、昌乐高端瓜菜标准化生产示范基地。到2022年，基本形成了链条完整、结构合理、布局优化、主体集群、合作共赢的设施蔬菜优势特色产业集群。目前，青州项目加速种业发展，安丘项目建设大姜智能仓储，昌乐项目实施蔬菜保鲜，寒亭项目推进现代西瓜基地建设。通过产业集群项目带动，寿光蔬菜产业整体发展水平显著提升，形成完整蔬菜全产业链。从这一已经落地的规划我们能够看到，"寿光模式"已经起到了越来越强大的辐射带动作用。这一模式甚至不光能够应用在蔬菜产业，也能够对全国各地更多产业的发展予以深刻启发。

四、结语

今天，随着蔬菜大棚种植技术的广泛普及，寿光的蔬菜产业也面临诸多竞争。中国老话里讲"教会徒弟，饿死师傅"，经济学的供求曲线也暗示蔬菜市场的零和博弈。但寿光并没有在激烈的市场竞争中陷入上述困境，而是不断在产业升级中夯实自身基础，通过搭建平台、制定标准、输出模式，与其他地区实现合作共赢、共同富裕。正是背后具有蕴含深刻哲学意蕴的先进理念，为寿光人提供了源源不断的精神动力。"求木之长者，必固其根本；欲流之远者，必浚其泉源。"40多年来，寿光一步一个脚印地伴随科技、经济、社会的发展而稳步向前，在市场经济的大潮中保持了战略定力，坚持蔬菜产业化，以蔬菜技术的革新带动多方面发展，三大产业相互结合，城市乡村相互结合，最终为我们提供了一种共同富裕的可行方案，也让我们能够期待一种可以惠及全国的美好生活样态。

农业农村现代化、共同富裕与人类命运共同体

——以"寿光模式"为例

王幸华

2021年12月至2022年12月笔者在山东省潍坊市寿光市软件园挂职锻炼。挂职期间，笔者在寿光市三元朱村、崔岭西村、东斟灌村、浮桥村等地进行实地调研，深入了解以寿光为模板的农业农村现代化建设。在本报告中，笔者试图把在寿光的挂职实践与党的二十大精神以及伦理学价值理论相结合，先分别介绍"寿光模式"、"共同富裕"与"全人类共同价值"这三个重要概念，再探讨"寿光模式"如何推进共同富裕与弘扬全人类共同价值。笔者认为农业农村现代化的"寿光模式"，对缩小我国城乡收入差距，推动我国全面实现共同富裕，推进社会公平正义，弘扬全人类共同价值，构建人类命运共同体具有重大的实践意义。

一、农业农村现代化的"寿光模式"

山东省寿光市坐落于山东半岛中部，是冬暖式蔬菜大棚的发源地。寿光被誉为"中国蔬菜之乡"，年产蔬菜近500万吨，是3000万人一整年的蔬菜食用量。寿光是全国最大的蔬菜集散中心，每天有1.5万吨蔬菜销往全国200多个城市，出口韩国、日本、俄罗斯等地。寿光多次被评为全国农村经济实力百强县。2021年寿光市GDP为953.58亿元，在全国百强县中排名第45位。2018年3月8日，习近平总书记在参加十三届全国人大一次会议山东代表团审议和山东视察时曾经两次提到了农业农村现代化的"寿光模式"。

（一）什么是"寿光模式"

"寿光模式"是指通过蔬菜产业化推动农业转型升级，拉动区域经济全链条

发展，解决个体小农经济与现代农业整体化、规模化和产业化之间的矛盾，实现农民共同富裕、城乡融合发展的一种区域经济发展模式。

1974年，寿光县小东关村建设了一个玻璃温室培育新鲜黄瓜，随后开始在土温室中使用塑料薄膜和地膜，并在1980年引入火炕。这是寿光蔬菜大棚的初步探索阶段。1989年寿光三元朱村建起了第一代冬暖式蔬菜大棚，试种黄瓜成功，每个大棚平均收入达到了27000元。冬暖式蔬菜大棚使寿光蔬菜产业进入了新的发展阶段。

随后冬暖式蔬菜大棚在寿光迅速推广，从第一代冬暖式蔬菜大棚开始，寿光蔬菜大棚已经经历了七代，目前寿光蔬菜大棚以第五代、第六代和第七代为主。2009年寿光蔬菜大棚进入第五代，大棚建设开始走向专业化，新棚规模大、跨度宽、空间高，开始应用现代信息物联网技术。2014年寿光蔬菜大棚进入第六代，拱棚宽二三十米，长约200米，高约8米，配备现代先进设备技术集成应用。2015年寿光蔬菜大棚进入第七代，日光温室可实现手机远程操作自动喷灌。到2020年以大棚蔬菜为主（占95.8%）的寿光蔬菜播种面积达到4.14万亩。

2021年11月20日，寿光市委书记赵绪春在接受《农民日报》记者采访时表示，寿光要"不断赋予'寿光模式'新的时代内涵。在实践中围绕'产业强、乡村美、农民富'的目标，推进'产业全链条融合、城乡全要素融合、治理全领域融合'，加快乡村经济结构、人口结构和空间结构全域同步优化，乡村生产方式、生活方式和治理方式全域同步改进，乡村收入水平、文明水平和生态水平全域同步提升，为实现农业农村现代化蹚出一条新路子"。

据统计，目前山东省的新建大棚中，70%有"寿光元素"，全国新建的蔬菜大棚中一半以上具有"寿光元素"。寿光大力推广"联合会＋合作社＋农户"的组织形式，打造"寿光蔬菜"品牌，80%以上的园区蔬菜以品牌形式输出到北京、上海等20多个城市。根据《农民日报》的报道，2020年，寿光农村居民人均可支配收入23900元，比同年全国农村居民人均可支配收入多8696元。截至2021年10月末，寿光一般公共预算收入96.7亿元，同比增长18.5%。银行机构各项存款余额达到1382.9亿元，比年初增加了93.9亿元，是山东省银行存款最多的县。80%的村庄达到了美丽乡村的B级标准，实现了城乡公交、供水、亮化、户户通、垃圾清运等"八个一体化"。寿光蔬菜产业集群被农业农村部和财政部确定为全国首批 50 个优势特色产业集群中的一个。

(二) 如何推进"寿光模式"

科技是推进和发展"寿光模式"的第一动力。冬暖式蔬菜大棚技术的发明和推广,推动了寿光蔬菜生产销售的全面改革。改革开放以来,寿光的蔬菜产业进行生产技术革新,推广现代农业机械和智慧农业,发展云计算、大数据和物联网,推动了寿光农业现代化的不断突破。

注重人才培养,培养新型职业农民是寿光农业现代化的根本途径。最近几年,寿光开展 30 万农民科技大轮训工程,依托学校平台,用好"田间课堂",培养了一批懂技术、有文化、会经营的新型职业农民,为寿光农业的现代化发展,打赢脱贫攻坚战提供了中坚力量。

打造农村农业的龙头企业,带动农业现代化经济发展。2020 年,寿光拥有农业产业化市级以上重点龙头企业 138 家,其中省级 18 家,国家级 3 家。以寿光蔬菜产业集团为例,该公司于 1998 年创立,主要加工果蔬脆片、果蔬冻干等,目前已经成为全国农业产业化的重点龙头企业。2017 年该企业投资 1.5 亿元,在寿光建立供港蔬菜基地,果蔬的种植面积从 248 亩增加到 1563 亩,建设了 138 座大棚,增加了当地农民的收入。

推动农业产业全链条融合,发展种子产业、发展农产品精加工,打造"寿光蔬菜"品牌,通过各种新方式进行市场营销。寿光近年来培育新的蔬菜品种 140 种,国产蔬菜种子占有率提升至 70%。寿光打造中国"种子硅谷",加快种子研发,全力构建从育种研发到种子加工、种苗繁育推广的全链条体系。推进农村加工业发展,健全农产品冷链物流体系,支持产地批发市场建设,推进市场流通体系与储运加工有机衔接。

发展休闲农业、观光农业、都市农业等农村发展新产业,推动农业与乡村旅游、科普教育、文化传承、健康养生等产业相结合,深入挖掘"农圣文化",打造"寿光蔬菜"品牌,建设"蔬菜小镇"、高科技示范园等,推进国家现代农业产业园建设,带动农村产业融合。

推动农业绿色化建设，推动农村环境"硬化、绿化、亮化、净化、美化"，进行环卫、污水处理一体化，实施改水、改厕等工程，保护古树资源，开发卫生室建设，推动美丽乡村建设的进一步升级。寿光集中开展了农厕、道路、供气、排污等"十改"工程，实现了城乡公交、供水、亮化、户户通、垃圾清运等"八个一体化"，被中央农办和农业农村部表彰为"全国农村清洁行动先进县"。寿光推广大棚蔬菜秸秆处理技术，实施化学农业减量控害工程，到2020年底，寿光拥有地理标志农产品16个，认证"三品"（无公害、绿色、有机）农产品363个，其中绿色食品213个。

构建全链条教育体系，加强社会保障和医疗保险制度。寿光把地方财政收入的80%用于保障民生，构建从学前教育到高等教育的全面教育体系，建设省级标准化卫生室和农村居民健康档案，实现养老保险、医疗保障、低保等城乡并轨。

推动社会主义新农村的精神文明建设，丰富农民精神生活，打造农家文化书屋，建设文化广场，倾听农民心声。寿光在党组织的领导下推动"自治、法治、德治"相结合的基层治理体系，在所有村镇建设新时代文明实践站，建成"幸福食堂"，定期开展敬老宴、饺子宴等，连续3年被评为全国文明城市。

（三）为什么要推进"寿光模式"

第一，寿光不仅是"中国蔬菜之乡"，也是中国传统农耕文化之乡。寿光人种植蔬菜有丰富的历史渊源。《诗经·齐风》中就有对寿光园艺生产的记载。北魏时期，寿光人贾思勰的《齐民要术》中有30篇是关于蔬菜种植的，占全书约32%，其中提到了31种蔬菜，至今26种在寿光仍有种植。清乾隆和嘉庆年间，《寿光县志》有对寿光物产丰富的记载，称寿光为"膏壤"；光绪年间的《寿光县乡土志》也有对寿光民风淳朴、喜爱务农的记载。《齐民要术》中曾提到在9月和10月种植蔬菜"以穰厚覆之"可以熬过寒冬的记载，这是寿光发展冬暖式大棚的历史传承依据。寿光至今流传着"一亩园十亩田"的农谚，寿光种植蔬菜的历史传统，是"寿光模式"的重要渊源。

第二，全国城乡经济发展不均衡，城乡居民可支配收入差距仍然很大，缩短城乡差距，加快城乡经济均衡发展是社会主义现代化建设的重要任务。2018 年，寿光农村人均可支配收入为 20627 元，比同年全国农村居民人均可支配收入高 6010 元。2020 年，寿光农村居民人均可支配收入为 23900 元，比同年全国农村居民人均可支配收入高 8696 元。据测算，一个普通的长 120 米的黄瓜大棚，面积约 2.5 亩，两个季度的净收入可以达到 10 万元。一个家庭如果种 2～3 个大棚，那么每年的净收入可以达到二三十万元。有了增收致富的经验，寿光人不搞技术封锁，据统计，寿光常年有 8000 多名技术人员在全国 30 个省、自治区、直辖市建大型蔬菜基地或者指导蔬菜生产，推动"寿光模式"在全国范围内的普及，对于我国缩短城乡差距、加快城乡经济均衡发展、实现共同富裕具有重大的意义。

第三，"寿光模式"顺应了时代的要求。它是在经济全球化的背景下寿光人民学习西方先进科学技术，并努力开拓创新反哺国际市场的结果。在"寿光模式"发展前期，寿光人在以色列、荷兰、日本等地学习先进的种植技术，发展精准滴灌、设施农业和嫁接等现代化农业产业技术，蔬菜种子 80% 依靠进口。寿光应用荷兰、以色列、日本、韩国等地最先进的设施农业装备，结合本地品种研发和品牌打造，先后研制推广了立体栽培、无土栽培等多种新的栽培模式和大棚滴灌、臭氧抑菌等新技术，蔬菜产业种植技术已经达到世界先进水平。寿光蔬菜辐射全国 20 多个省、自治区、直辖市，并远销日本、韩国、美国等国际市场。

第四，"寿光模式"缩小了城乡居民的可支配收入差距，促进了共同富裕，推动了社会公平正义，是弘扬全人类共同价值和构建人类命运共同体的应有之义。要实现全国人民的共同富裕，最重要的是让全国 5 亿多常住农村的农民可支配收入增加，提高农民生活水平，丰富农民的物质生活和精神生活。全国城乡居民可支配收入的缩小和农民可支配收入的增加将有力地促进全国人民共同迈入社会主义现代化建设的新征程。在全球 80 亿多人口中，中国人口占全世界总人口的 17% 还多。中国城乡差距的缩小和农民的脱贫致富，将有力地推动全球贫困人口的减少，缩小全世界人民的可支配收入差距，促进全世界的公民正义，弘扬全人类共同价值，为构建人类命运共同体贡献中国力量。

二、共同富裕

（一）什么是共同富裕

改革开放初期，邓小平提出，让一部分地区、一部分人先富起来，先富带动后富、最终实现共同富裕的战略构想，这是共同富裕的主要内容，是社会主义现代化建设的战略目标。共同富裕不是少数人的富裕，而是所有人的共同的富裕。共同富裕也不是劫富济贫，均贫富，而是先富带后富，逐步地、分阶段实现的共同富裕。共同富裕是物质的共同富裕和精神的共同富裕的统一。

全国和全党推进共同富裕分为四个阶段。第一个阶段是新民主主义革命时期。李大钊和毛泽东等早期中国共产党人就已经有了共同富裕的思想。比如，李大钊认为"社会主义不是使人尽富或皆贫，是使生产、消费、分配适合的发展，人人均能享受平均的供给，得最大的幸福"。在土地革命时期，中国共产党就提出了"打土豪、分田地"的口号，以此解决农民受土豪劣绅的压迫，没有自己的土地的问题，土地革命的目的是废除封建土地所有制，实现农民的土地所有制。1947 年，中共中央工作委员会召开全国土地会议，通过《中国土地法大纲》，响应土地改革的精神，彻底废除了封建半封建的土地所有制，实行耕者有其田的制度，规定全村农民均获得同等的土地。

第二个阶段是社会主义革命和建设时期。1953 年，中共中央委员会通过了《关于发展农业生产合作社的决议》，在该决议中我们党第一次提出"共同富裕"的概念，决议提出要"使农民能够逐步完全摆脱贫困的状况而取得共同富裕和普遍繁荣的生活"。1955 年，毛泽东在《中国农村的社会主义高潮》中提出通过组织农业合作社的方式增加农民收入，提高农民生活水平。毛泽东说："难道六万万穷棒子不能在几十年内，由于自己的努力，变成一个社会主义的又富又强的国家吗？"

第三个阶段是改革开放和社会主义现代化建设时期。1985 年 10 月 23 日，邓小平在会见美国一个高级企业代表团时提出"一部分人、一部分地区可以先富起来，带动和帮助其他地区、其他的人，逐步达到共同富裕"。1992 年 10 月 12 日，江泽民在党的十四大报告上指出，"社会主义的本质是解放生产力，发展生产力，消灭剥削，消除两极分化，最终达到共同富裕"。2002 年 11 月 8 日，党的十六大报告提出完善分配制度。一方面，初次分配要注重效率，允许市场发挥"看不见的手"的作用，"鼓励一部分人通过诚实劳动、合法经营先富起来"。另一方面，再分配要注重公平，强化政府分配收入的职能，调节城市居民和农村居民之间的收入差距过大。江泽民提出，要"规范分配秩序，合理调节少数垄断性行业的过高收入，取缔非法收入。以共同富裕为目标，扩大中等收入者比重，提高低收入者收入水平"。2007 年 10 月 15 日，胡锦涛在党的十七大报告中提出，全心全意为人民服务是党的根本宗旨。这要求我们"要始终把实现好、维护好、发展好最广大人民的根本利益作为党和国家一切工作的出发点和落脚点"，"走共同富裕道路，促进人的全面发展，做到发展为了人民、发展依靠人民、发展成果由人民共享"。

第四个阶段是中国特色社会主义新时代。2012 年 11 月 8 日党的十八大报告指出，共同富裕是中国特色社会主义的根本原则，我国"要坚持社会主义基本经济制度和分配制度，调整国民收入分配格局，加大再分配调节力度，着力解决收入分配差距较大问题，使发展成果更多更公平惠及全体人民，朝着共同富裕方向稳步前进"。2017 年 10 月 8 日，习近平总书记在党的十九大报告中六次提到了共同富裕。他强调："必须始终把人民利益摆在至高无上的地位，让改革发展成果更多更公平惠及全体人民，朝着实现全体人民共同富裕不断迈进。"2022 年 10 月 16 日党的二十大报告也多次强调共同富裕，认为"实现全体人民共同富裕"是中国式现代化的本质要求。

（二）如何推进共同富裕

第一，坚持中国特色社会主义的分配制度，"构建初次分配、再分配、三次分配协调配套的基础性制度安排"。习近平总书记在党的二十大报告中强调，我党要"坚持按劳分配为主体、多种分配方式并存"，坚持多劳多得，鼓励人民群众勤劳致富，努力促进机会的公平和平等，政府实行再分配的调节职能，增加低收入者的收入，扩大中等收入的群体。初次分配重点强调提升劳动者报酬在 GDP 中的比率，提高劳动生产率，完善资本市场，鼓励居民投资，增加居民的财产性收入。再分配重点在于合理调节过高收入，完善个人所得税制度，推进建构和完善社会保障体系，提高社会保障待遇，实现基本公共服务的均等化，推进教育、社保、医疗、养老、住房保障、文化体育等公共服务资源向农村和边远地区覆盖和倾斜。三次分配强调"加强公益慈善事业规范管理，完善税收优惠政策，鼓励高收入人群和企业更多回报社会"。这包括注重建立社区型慈善组织，发挥慈善组织的带头作用，以及通过税收优惠政策激励个人捐献等。

第二，照顾妇女儿童和残疾人等群体的利益，帮扶困难群体。党的十八大报告、十九大报告和二十大报告都强调要"坚持男女平等基本国策，保障妇女儿童合法权益"。近 10 年来，全国在妇女儿童事业上取得了跨越性的发展，妇女儿童的健康水平持续上升，孕产妇、婴儿和 5 岁以下儿童的死亡率从 2012 年的 0.0245%，1.03%，1.32% 分别降至 2021 年的 0.0161%，0.50%，0.71%。妇女儿童的受教育水平不断提高，2021 年九年义务教育巩固率达到 95.4%，比 2012 年增长了 3.6%。普通高中、普通高校和硕士研究生比率均超过 50%。全社会就业人员中女性的比例超过 40%。习近平总书记在党的二十大上强调，要"促进残疾人事业全面发展"。党的十八大以来，我们党高度重视残疾人事业的发展，保障残疾人的基本生活水平，改善残疾人的生活品质，促进残疾人的全面发展，8500 万残疾人在就业、教育、医疗和文化体育等方面获得了全面的支持，我国残疾人保障事业取得了历史性的成就。

第三，重视农业、农村、农民的"三农"问题，推进乡村振兴，促进实现农业农村现代化，促进农业的设施化生产，发展和健全公共服务体系，加强农村一二三产业的融合，提升农民的技能，打造文明的乡风。农业农村现代化是缩小城乡差距，实现共同富裕的坚实基础。习近平总书记在党的二十大报告中指出，要"坚持农业农村优先发展"，"加快建设农业强国，扎实推动乡村产业、人才、文化、生态、组织振兴"。据统计，2021 年全国居民人均可支配收入 35128 元，比 2012 年增加了 18618 元。2021 年城乡居民可支配收入比率为 2.5∶1，比 2012 年下降了 38%。2021 年城镇居民可支配收入 47412 元，比

2012 年增加了 22847 元。2021 年农村居民可支配收入 18931 元，比 2012 年增加了 11014 元。农民可支配收入增速比城镇居民可支配收入高 1.7 个百分点。近 10 年来，农民可支配收入显著增长，农民生活水平不断提高，城乡可支配收入差距持续缩小。

第四，加强和完善教育、社保和医疗等相关配套设施建设，建成世界上规模最大的教育体系、社会保障体系和医疗卫生体系，使人民生活更加美好，更有幸福感和安全感。习近平总书记在党的二十大报告中强调，要"在幼有所育、学有所教、劳有所得、病有所医、老有所养、住有所居、弱有所扶上持续用力"。党的十八大以来，全国教育普及水平得到了历史性跨越，2021 年全国共有各类各级学校 52.93 万所，在校生 2.91 亿人，与 2012 年相比学校增加了 6300 余所，在校生增加了 2800 余万人。劳动年龄平均受教育年限达到 10.9 年，比 2012 年增加了 1 年，其中受过高等教育的比例为 24.9%，比 2012 年提高了 10.3 个百分点。全国拥有大学文化程度的人口超过 2.18 亿。2021 年底，全国基本养老保险、基本医疗保险覆盖人数分别达到 10.3 亿人、13.6 亿人。2021 年参加失业、工伤、生育保险的人数比 2012 年增加了 7733 万人、9277 万人、8323 万人。2021 年人均预期寿命 78.2 岁，比 2012 年增加了 3.32 岁。

第五，坚决维护最广大人民的根本利益，坚持以人民为中心的初心使命，"深入推进西部大开发、东北全面振兴、中部地区崛起、东部率先发展"的区域协调发展战略。习近平总书记强调，要深入实施区域重大战略和区域协调发展战略，促进东、中、西部和东北部地区协调发展。根据《中国统计年鉴》（2021年）的数据，东、中、西部和东北部地区 2020 年人均 GDP 分别为 9.34 万元、6.10 万元、5.59 万元和 5.19 万元，2012 年这些地区的人均 GDP 则分别为 5.75 万元，3.06 万元，1.61 万元和 4.60 万元。这说明党的十八大以来，中国东部、中部、西部和东北部四大区域的人均 GDP 差异正在逐步缩小。

第六，坚持新发展理念，全面推进经济发展的绿色转型。习近平总书记指出，要坚定不移贯彻新发展理念，全方位全过程推行绿色规划、绿色设计、绿色投资、绿色建设、绿色生产、绿色流通、绿色生活、绿色消费。党的十八大以来，我国生态环境保护发生了历史性的变化，产业结构持续升级，能源结构调整稳步推进。我国高技术制造业占规模以上工业增加值比重由 2012 年的 9.4% 上升到 2021 年的 15.1%。水电、风电、太阳能发电和生物质发电装机均居世界第一。10 年间，我国节能量达到约 14 亿吨标准煤，相当于减少二氧化碳排放 29.4 亿吨。我国经济从快速发展进入高质量发展阶段。2021 年我国新能源汽车产销量均超过 350 万辆，连续 7 年居世界第一位。10 年来，中国的二氧化碳排放强度降低了 34.4%，中国的节能减排和"双碳"行动，为建设美丽中国和美丽地球作出了重大的贡献。

第七，共同富裕不仅包括经济富裕，也包括精神富裕。习近平总书记指出："我们说的共同富裕是全体人民共同富裕，是人民群众物质生活和精神生活都富裕。"要促进全体人民的精神共同富裕，就要加强马克思主义的指导，弘扬社会主义核心价值观，加强爱国主义、集体主义和社会主义教育，弘扬红色革命精神，深化文化体制改革，促进文化产业发展，繁荣新闻出版、广播影视、文学艺术和哲学社会科学等领域，为共同富裕提供良好的文化环境。

（三）为什么要推进共同富裕

其一，共同富裕在我国古代传统文化中有深厚的历史渊源。全体人民共同富裕的思想在以孔孟为代表的儒家思想中已经有所体现。孔子在《论语·季氏》中说过，"闻有国有家者，不患寡而患不均，不患贫而患不安。盖均无贫，和无寡，安无倾"。也就是说，不论有国的诸侯还是有封地的大夫，都不应该担心人少而应该担心财富分配不均，不要担心财富不多而要担心境内不安宁。财富平均分配，就无所谓贫穷，人民和睦相处，就不觉得人少，境内安定，就没有亡国的危险。《孟子·梁惠王上》就有"老吾老，以及人之老；幼吾幼，以及人之幼"的说法，说明敬爱自家的老人的同时也要不忘敬爱别家的老人，爱护自己的孩子的同时也要不忘爱护别人的孩子的道理。西汉戴圣的《礼记·礼运篇》中也描绘了共同富裕、天下大同的理想社会景象。该书言："大道之行也，天下为公，选贤与能，讲信修睦。故人不独亲其亲，不独子其子，使老有所终，壮有所用，幼有所长，鳏寡孤独废疾者皆有所养，男有分，女有归。"这句话的意思是说，天下是人们所共有的，把品德高尚、有才能的人选出来，每个人都讲究诚信，培养和睦的风气。因此，人们不只要奉养自己的父母，不只要抚育自己的子女，要使老年人能得享天年，青年人可以为国出力，儿童能健康成长，鳏夫、寡妇、孤儿、老而无子者、残疾人都能得到供养，男子要有职业，女子要及时婚配。因此，我国传统文化为实现全体人民的共同富裕提供了良好的历史基础和文化底蕴。

其二，促进共同富裕，保障人民美好生活，是社会主义的本质要求，是马克思主义的基本目标。社会主义的本质要求是解放和发展生产力，消灭剥削，消除两极分化，最终实现共同富裕。马克思在理想社会的描画中就包括对共同富裕的构想。马克思在1857—1858年的《经济学手稿》中就提到，"社会生产力的发展将如此迅速"，以至于"生产将以所有人富裕为目的"①。恩格斯在《反杜林论》中也提及，社会主义生产将保证"一切社会成员有富足的和一天比一天充裕的物质生活，而且还可能保证他们的体力和智力获得充分的自由的发展和运用"。马克思和恩格斯在《共产党宣言》中对资本主义的异化进行了强烈的批判，表明"无产阶级的运动是绝大多数人的，为绝大多数人谋利益的独立运动"。社会主义的目标就是改变人剥削人，少数人占有绝大多数财富的不公平的状况。

其三，共同富裕是中国特色社会主义的优势体现。习近平总书记在党的二十大报告中指出，目前为止，我国已经完成全面建成小康社会的历史任务，开始全面建设社会主义现代化国家新征程。2021年中国GDP总量超过114万亿元，同比增长8.1%。9899万农村贫困人口全部脱贫，打赢了脱贫攻坚战，居民人均可支配收入超过3.5万元，比2012年增长了近八成。城乡居民收入可支配收入比率近十年持续缩小，2021年城乡居民可支配收入比缩小到2.5∶1，比2012年下降0.38。因此，中国特色社会主义的制度优势为共同富裕创造了良好的条件。

其四，共同富裕是实现社会公平正义的重要途径，有利于弘扬全人类共同价值，推动构建人类命运共同体。共同富裕是全体人民的"共同"富裕，强调体现社会公平正义的全体人民的平等。这种"平等"的思想也体现在卢梭、康德、罗尔斯等著名西方伦理学家的思想中。卢梭在《论人类不平等的起源和基础》中

① 《马克思恩格斯文集》（第5卷），人民出版社，2009，第743页。

对人压迫人、人剥削人、人奴役人的人与人之间的不平等现象进行了猛烈的抨击，认为生产资料的私人占有制与人们日益膨胀的对差异的渴望一起促成了这些不平等现象的产生和蔓延。他认为这种不平等现象的解决之道，是根据社会契约成立一个自由人的联合体，让每个人在这个正义的理想社会中都获得平等的权利和自由。罗尔斯进一步发展了卢梭和康德的社会契约理论，他认为每个人都应该有平等的基本权利和机会，社会和经济的不平等应该最大化处于最不利地位的人的利益。他深刻认识到了绝对的平均无法实现社会地位和经济地位最不利者的利益最大化，因此社会的基本结构应该允许有利于最不利者利益的社会和经济的不平等。

三、弘扬全人类共同价值

（一）什么是全人类共同价值

2021 年 7 月 1 日，习近平总书记在庆祝中国共产党成立 100 周年的讲话中指出，"中国共产党将继续同一切爱好和平的国家和人民一道，弘扬和平、发展、公平、正义、民主、自由的全人类共同价值"。

2013 年 3 月，习近平主席第一次在国际场合正式提出"人类命运共同体"的概念。他指出，"这个世界，各国相互联系、相互依存的程度空前加深，人类生活在同一个地球村里，生活在历史和现实交汇的同一个时空里，越来越成为你中有我、我中有你的命运共同体"。2015 年 9 月，习近平主席在第 70 届联合国大会上发表讲话，表示"和平、发展、公平、正义、民主、自由，是全人类的共同价值，也是联合国的崇高目标。目标远未完成，我们仍须努力。当今世界，各国相互依存、休戚与共。我们要继承和弘扬联合国宪章的宗旨和原则，构建以合作共赢为核心的新型国际关系，打造人类命运共同体"。自此，习近平主席多次在国际国内的场合提到要坚持和弘扬全人类共同价值。

2022 年 9 月 16 日，习近平主席在上海合作组织成员国元首理事会第二十二次会议上发表了题为《把握时代潮流　加强团结合作　共创美好未来》的讲话，讲话多次强调各成员国要坚持"政治互信""互利合作""平等相待""开放包容""公平正义"的上海精神。当前，世界百年未有之大变局，局部地区又起冲突，各国要携手合作，构建更加紧密的人类命运共同体，相互扶持，共同合作，坚定维护以联合国为核心的国际体系和以国际法为基础的国际秩序，弘扬全人类共同价值。

2022 年 10 月 16 日，习近平总书记在党的二十大报告中强调"推动构建人类命运共同体"，他呼吁，"世界各国弘扬和平、发展、公平、正义、民主、自由的全人类共同价值，促进各国人民相知相亲"，"共同应对各种全球性挑战"。"中国人民愿同世界人民携手开创人类更加美好的未来！"

（二）如何弘扬全人类共同价值

其一，反对单边主义，反对霸权主义，摒弃冷战思维，实现和平共处，互利共赢。不同国家和文明要相互尊重，共同发展。一个和平稳定的国际秩序，符合各国人民的共同利益。

其二，贯彻新发展理念，走生态优先、绿色低碳的发展道路，推动人与自然和谐共生发展。2021 年 4 月 30 日，习近平总书记在中共中央政治局第二十九次集体学习时明确了生态文明建设在全面建设中国特色社会主义现代化事业中的重要地位，强调"绿水青山就是金山银山"，要坚持不懈地节能减排，实现碳达峰碳中和。2022 年 1 月 24 日，习近平总书记在中共中央政治局第三十六次集体学习时强调，要加强统筹协调，推动能源革命和产业升级，加快绿色低碳科技革命的步伐，完善和健全绿色低碳政策体系。近十年来，全球新增绿化面积有 1/4 来自中国，中国为全球生态文明建设作出了重大的贡献。

其三，推动我国社会保障制度的发展和完善。2021 年 2 月 26 日，习近平总书记在中共中央政治局第二十八次集体学习时指出，"社会保障是保障和改善民生、维护社会公平、增进人民福祉的基本制度保障"。到现在为止，我国已经基本建成了以社会保险为主，包括社会救助、社会福利和社会优抚在内的社会保障体系，基本医疗保险覆盖超 13 亿人，基本养老保险覆盖超 10 亿人。

其四，解决"三农"问题，推动乡村振兴，逐步实现共同富裕。我国已进入全面建设社会主义现代化国家的新阶段，但是农业、农村和农民问题仍然是全面建设社会主义现代化，实现中华民族伟大复兴中最艰巨、最繁重的任务。我国现在仍然面临城乡居民收入差距大、城乡发展不平衡、农村发展不充分的社会矛盾，全党要充分认识"三农"工作的迫切性和重要性，把解决"三农"问题作为全党工作的重中之重，推动乡村振兴，实现农业高效、农村宜居和农民富足的新局面。新中国成立以来，我国已经从温饱不足走向了全面实现小康社会的历史跨度。到目前为止，我国实施乡村振兴战略，农业综合生产力得到了大幅度提高，粮食产量和农民收入得到了大幅度提高，贫困地区已经发生了翻天覆地的变化。

其五，高举人民民主旗帜，坚持人民代表大会制度，推动全过程人民民主，全面建设社会主义现代化国家，实现中华民族伟大复兴。2021年10月13日至14日，习近平总书记在中央人大工作会议上的讲话指出，"60多年来特别是改革开放40多年来，人民代表大会制度为党领导人民创造经济快速发展奇迹和社会长期稳定奇迹提供了重要制度保障"。人民代表大会制度"把党的领导、人民当家作主、依法治国有机统一起来"，保证了有效的国家治理，保障了中国特色社会主义的人民民主。坚持和完善人民代表大会制度，要求我们全面贯彻实施宪法，维护宪法的权威，完善中国特色社会主义的法律体系，发挥人民代表大会的监督作用，倾听人民的建议，接受人民的监督。

其六，尊重和保障人权，推动我国人权事业的发展。2022年2月25日，习近平总书记在中共中央政治局第三十七次集体学习中强调，呵护人的生命、价值、尊严，实现人人享有人权，是人类社会的共同追求。党的十八大以来，我国人权事业已经取得了重大的发展。我们全面建成了小康社会，解决了贫困问题，保障了人民生存权的基本权利。我们发展全过程人民民主，推动社会主义法治建设，保障了更广泛、更充分的民主权利。我们推动更充分、更高质量的就业，发展和完善教育体系、社会保障体系和医疗卫生体系，改善了人民生活质量。我们坚持"人民至上""生命至上"的原则应对新冠疫情，保障了人民的生命安全。我们全面开展扫黑除恶，打击各类犯罪，保护了人民生命财产安全。我们积极参与全球人权治理，为世界人权事业作出了重要贡献。

（三）为什么要弘扬全人类共同价值

第一，全人类共同价值是从中华文明的历史实践中提取出来的，是对中华民族历史经验的总结。全人类共同价值体现了中华文明"讲仁爱""重民本""老安少怀""不齐而齐""天下为公""选贤与能"的深刻蕴含。其中"仁爱"是和平的基础，"民本"是发展的出发点，"老安少怀"表现了公平正义的内容，"天下为公"体现了民主自由的理想。中华文明所蕴含的全人类共同价值，不同于普世价值，它不是建立在以自我为中心的抽象的个体的基础上。相反，共同价值的人性基础是处于家国关系中的个人，这种人是"仁者人也"中的人，是具有道德感的人。有道德的人的发展以他人的发展为前提，以尊重他人为前提。因此，这些具有道德感的人所建立的国家也尊重其他国家的独立和发展。①

第二，当前，世界百年未有之大变局加速演进，全球气候变暖、全球贫富差距拉大等全球性问题向我们提出了新的挑战。正如习近平总书记强调的，在面临这些全球性问题时，各国不是乘坐在190多只小船上，而是乘坐在一条命运与共的大船上。在这种局势下，各国人民只有同舟共济、携手应对，才有可能解决这个世纪难题。因此，要解决这些全人类面临的问题，就必须诉诸全人类共有的价值。这些全人类共有的价值，虽然可以在中国的历史实践中提取出来，但并不是中国独有的，它是世界各国都承认的，每个人都平等享有的权利。《世界人权宣言》表示，"对人类家庭所有成员的固有尊严及其平等的和不移的权利的承认，乃是世界自由、正义与和平的基础"，"人人生而自由，在尊严和权利上一切平等"。联合国的190多个成员国都签署并重申了他们对基本人权、人格尊严和价值的信念。

第三，在我们应对新冠疫情、全球气候变暖和全球贫富差距拉大等全球性问题时，因为局面的复杂性和形势的严峻性，我们的政策是不是符合广大人民群众的需要，需要不断地探索、反复地求证，在这个时候全人类共同价值是一个有力的武器，辅助我们探索和求证。习近平总书记指出，在我国全面实现小康社会，

---

① 张志强：《弘扬中华文明蕴含的全人类共同价值》，《哲学动态》2022 年第 8 期。

正要迈入全面建设社会主义现代化国家的历史阶段，人民开始有对高品质美好生活的期待和日益增长的多方面的权利需求，"生存是享有一切人权的基础，人民幸福生活是最大的人权"。我国的疫情防控政策坚持"人民至上""生命至上"的原则，它是党和国家对人民负责的表现，体现了中国在推动人权事业发展上作出的努力和贡献。我国进一步推动产业的绿色转型，坚持"绿水青山就是金山银山"。10 年来，中国的二氧化碳排放强度降低了 34.4%，中国的节能减排和"双碳"行动，为改善全球气候变暖的状况贡献了中国力量。2020 年底，我国打赢脱贫攻坚战，9899 万农村贫困人口全部脱贫，为解决全球贫困问题，缩小全球贫富差距作出了重大的贡献。

四、"寿光模式"如何推进共同富裕和弘扬全人类共同价值

（一）乡村振兴谋发展，农民增收出力量

"寿光模式"体现了"先富带动后富"的共同富裕思想，共同富裕中的共同性又体现了社会主义和集体主义的共同体精神，小到一个村，大到一个县、一个市、一个省、一个国家甚至整个世界，人们都由这种以团结和友爱的原则为核心的共同体精神紧紧联系在一起。

寿光市的三元朱村是全国冬暖式大棚的发源地。1989 年，三元朱村的党支部书记王乐义北上大连取经，学习大棚技术，发动村民一起建立了冬暖式蔬菜大棚种植黄瓜。王乐义说："自己富了不算富，大家富了才是真的富！"当年 17 个带头建大棚的人都至少有 2 万元的收入。冬暖式大棚试验成功之后，王乐义等人无偿把大棚技术传授给其他村民，在短短 6 年时间，寿光市蔬菜种植面积达到 50 万亩，年产量 200 万吨，寿光成为名副其实的"蔬菜之乡"。

冬暖式蔬菜大棚的发明引发了中国蔬菜生产的"绿色革命"，结束了我国北方冬季吃不上新鲜蔬菜的历史。冬暖式蔬菜大棚技术的传播为中国亿万农民提供了增收致富的好方法、好途径。2021 年，寿光市农村居民人均可支配收入 26527 元，比 2012 年增加了 13722 元，城乡居民人均可支配收入比率从 2012 年的

2.29∶1 缩小到了 2021 年的 1.83∶1。2021 年，一则关于"寿光菜农人均年入 40 万元超发达国家"的新闻冲上热搜。据菜农回应，一个长 150～200 米的蔬菜大棚，年收入可以达到 30 万～50 万元。

据统计，山东省新建的大棚中有 70% 的"寿光元素"，全国新建的大棚中有一半以上的"寿光元素"。常年有数千名寿光技术人员在全国 26 个省、自治区、直辖市建设大型蔬菜基地或指导蔬菜生产。"寿光模式"为全省和全国范围内农民的增收和城乡财富差距的缩小贡献了巨大的寿光力量。2021 年山东省农村居民人均可支配收入 20794 元，比 2012 年增加了 11288 元，城乡居民人均可支配收入比率从 2012 年的 2.71∶1 缩小到了 2021 年的 2.26∶1。2021 年全国农村居民人均可支配收入 18931 元，比 2012 年增加了 11014 元，城乡居民人均可支配收入比率从 2012 年的 3.10∶1 缩小到了 2021 年的 2.5∶1。

在世界范围内，在经济全球化的背景下，全球贫富差距日渐增大已经成为一个极其严重的全球性问题，缩小贫富差距是世界各国普遍面临的社会难题。特别是自 2020 年新冠疫情暴发以来，情况尤其严重，缩小贫富差距已经成为一项紧迫的全球任务。根据联合国《2021 年可持续发展目标报告》，2020 年全球陷入贫困的人口数量比 2019 年增加了 1.2 亿人左右，极端贫困率从 2019 年的 8.4% 上升到 2020 年的 9.5%。饥饿人口数量可能增加 1.32 亿人，达到 8 亿人左右。根据 2022 年 3 月财政部、国家发展研究中心与世界银行共同发布的《中国减贫四十年：驱动力量、借鉴意义和未来政策方向》报告，按照世界银行的绝对贫困标准（每人每天 1.9 美元），过去 40 年中国贫困人口减少了大约 8 亿人，占同期全球减贫人数的 75%。2019 年中国农村的贫困发生率为 0.6%，比 1978 年的 97.5% 下降了 96.9 个百分点。农村贫困人口从 1978 年的 7.7 亿人下降到了 2019 年的 550 万人，减少了近 7.65 亿人。

"寿光模式"为中国乡村振兴和农民增收提供了榜样力量。"寿光模式"中以三元朱村的村民为代表的"自己富不算富，大家富才是真的富"的寿光精神，体现了从乡村到县市，从县市到全国，从全国到全世界，人与人紧密相连、互帮互助的团结精神和共同体精神，为全国城乡差距缩小，农民收入增加，缩小全球贫富差距，解决严峻的全球问题，贡献了寿光力量。

（二）新冠疫情来得急，寿光蔬菜来支援

2020 年 1 月 23 日武汉因为新冠疫情封城，在武汉的蔬菜供应成为一项大难题之际，1 月 27 日傍晚国家发展改革委下发紧急通知，指定寿光每日为武汉提供蔬菜。崔岭西村的寿光众旺蔬菜合作社接到寿光政府的任务后紧急召集农户开会，在 2 个小时内组织了 40 多名志愿村民在蔬菜大棚连夜采摘，合作社用一晚上的时间凑足了 60 吨西红柿送到全国最大的蔬菜集散中心——寿光农产品物流园进行检测、装箱。1 月 28 日上午，15 辆载满 20 多种蔬菜的大卡车运载了约 350 吨蔬菜，从物流园驶出，千里驰援武汉。新冠疫情期间，寿光每天为武汉提供了大约 600 吨蔬菜，解决了这个上千万人口的特大城市的蔬菜供应难题。

2020 年 6 月 11 日，北京新发地农产品批发市场突发新冠疫情。由于新发地承担着北京 80% 以上的农产品供应，是首都的"菜篮子"，新发地由于疫情突然闭市导致了北京十几种蔬菜的需求量和价格上涨。寿光一直是北京蔬菜供给的大户，自 1996 年"寿光—北京"绿色通道开通后，寿光供应了北京 1/3 的蔬菜。6 月 13 日，寿光 100 多家蔬菜合作社紧急调配 200 多吨蔬菜运往北京临时设立的蔬菜批发点进行分销。6 月 13 日至 17 日，寿光向北京调配蔬菜 2133 吨。6 月 18 日，在商务部的协调下，北京承储企业在寿光增购了 5000 吨蔬菜以备不时之需。在新发地新冠疫情持续的 1 个多月，寿光为北京供应的蔬菜越来越多。随着供应量和储备量的增加，北京蔬菜价格逐渐恢复。

在武汉和北京的新冠疫情危机中，寿光蔬菜为保证两个特大城市的蔬菜供应作出了巨大的贡献，这与寿光的蔬菜合作社配合政府任务，与寿光菜农以极快的速度响应国家号召和市场需求紧密相关。中国自古以来都以"小农经济"为主，这是一种以家庭为单位自给自足的农业生产模式。长期以来，这种自给自足的生产模式受自然灾害等的影响，导致农村人口极端贫困，农业发展缓慢。寿光的蔬菜合作社使分散的农户"抱团取暖"，与公司对接，解决了寿光蔬菜的销路问题。在应对新冠疫情等突发性重大事件时，这种"抱团取暖"模式体现了寿光菜农的速度和力量。据报道，寿光现在有果蔬合作社 1487 家，年销售额超过千万元的合作社达到 810 家，众旺果蔬合作社等 12 家蔬菜合作社年销售额超过

1 亿元。到目前为止，寿光已经建成以合作社联合会为龙头，15 家镇街合作社分会为骨干，68 家市级以上示范社为支撑的高品质合作社架构，带动了 80% 的寿光农民进入产业化经营体系。

山东一直流传着"山东济南，中国青岛，世界潍坊，宇宙寿光"的戏称。作为全国最大的蔬菜集散中心，寿光的蔬菜销往全国 200 多个省、自治区、直辖市，并远销日本、韩国、俄罗斯、美国、委内瑞拉等国家。据统计，山东是全国蔬菜水果产量和出口量均第一的大省，农产品出口值占全国农产品出口的 25%。据报道，日本蔬菜供应不足，通过日本和山东的海上通道，寿光出口的蔬菜在一天内就可以端上日本人的餐桌，而寿光蔬菜的价格还不到日本蔬菜的一半。韩国也面临农产品品种少、数量少等问题，2020 年，韩国受台风和超长雨季等的影响，蔬菜减产，价格大幅上升。韩国的大白菜价格飙升到 62 元一棵，突发"泡菜危机"。在韩国临时取消对大白菜 30% 的进口税的情况下，寿光筹措了大批的白菜，紧急运往韩国，帮助韩国解决了"泡菜危机"。

在全球新冠疫情突发等危机袭来的时刻，寿光菜农秉持寿光精神以寿光速度把蔬菜发往疫区或灾区，为满足疫区或灾区的蔬菜供应量、稳定疫区或灾区的蔬菜价格贡献了寿光力量。寿光的"公司＋农村合作社＋农户"的农产品生产经营模式，为寿光菜农抱团取暖，以最快的速度在疫情或其他危机来临之际为驰援灾区提供了良好的条件。"一方有难，八方支援"是中华民族的传统美德。在疫情暴发和其他危机来临之际，寿光人民扶危济困的精神，体现了全国人民亲如一家，世界人民紧密相连的共同体精神，为推动全国人民走向共同富裕，促进构建人类命运共同体作出了突出的贡献。

（三）全球变暖怎么办，绿色产业来帮忙

2018 年 7 月，全国蔬菜质量标准中心在寿光落成。该中心在寿光新建了 18 个重点园区，推行六个统一的标准化管理，即"统一农资、统一技术、统一管理、统一检测、统一品牌、统一销售"，打造寿光蔬菜标准。田柳镇示范园区是这 18 个重点园区之一。该园区配备了大型水肥一体机、多功能植保机、智能温控等设施，通过物联网实现智能化管理，每亩蔬菜每年可以节省 60 多个人工，

节省 40% 的用水量，提高 50% 的肥料利用率。这使得每个大棚都成为"绿色车间"和"绿色工厂"。这些示范园推动了寿光蔬菜标准在全国的推广和应用，为我国蔬菜产业的高质量发展提供了模版。

在寿光现代农业高新技术集成示范区所展示的第七代大棚中，有吊挂式番茄、旋转式花卉和现代鱼池的有机结合，鱼池中的水含有水生动物的粪便和其他杂质，为蔬菜提供了营养成分，被蔬菜吸收过的水经过净化又再流回鱼池给水生动物食用，实现了鱼菜的良性循环共生。鱼菜共生的系统适合各种蔬菜的栽培和种植，比如白菜、紫苏、菠菜、韭菜等绿叶蔬菜只有很少的营养需求，可以很好地适应鱼菜共生系统。其他品种的蔬菜，比如西红柿、黄瓜、辣椒等，有较高的营养需求，也可以在鱼群密集的鱼菜共生系统中良好生长。这种鱼帮菜、菜帮鱼的鱼菜共生系统，如果在全国范围内推广使用，将为减轻农业产业化对环境造成的负担作出重大的贡献。

寿光依托蔬菜产业特色，推动蔬菜产业的绿色转型，以绿色科技为引领，推动了我国蔬菜产业的高质量发展。寿光还将蔬菜元素融入园林绿化之中，蔬菜高科技示范园，占地 600 余亩，形成独具特色的蔬菜园林景观。弥河沿岸也进行了大面积的绿化，弥河风景区总长 7 千米，面积 200 余万平方米，是寿光的一条亮丽风景线。弥河风光带把贾思勰植物园、高科技农业园、海外乡村风情园和百乐生态园连成一线，形成了寿光"一带四园"的独特景观。寿光还筹建了占地近 200 平方千米的双王城生态经济园区，形成了 2.5 万亩的巨淀湖，占地 1 万亩的双王城水库，6000 亩的林海生态博览园，使寿光的生态环境得到了显著的改善。2015 年，寿光绿化覆盖率达到 44.89%，人均公共绿地面积 23.46 平方米，被评为"国家园林城市"。

寿光有 2 家企业被评为省级"绿色工厂"，这些绿色工厂实现了用地集约化、原料无害化、生产洁净化、废物资源化和能源低碳化，寿光的巨能金玉米开发有限公司就是其中之一。该公司以玉米淀粉为原料，通过智能生产把这些原料变成全降解的生物基材料，用来生产可降解的环保购物袋等。据报道，这些环保购物袋可以在 1 个月到 1 年的时间里降解为二氧化碳和水，为解决白色污染问题作出了贡献。

以"寿光模式"中的蔬菜产业绿色转型为缩影,党的十八大以来,我国不断推进产业升级和能源结构调整,绿色低碳转型发展获得了历史性的突破。我国可再生能源装机容量突破了 10 亿千瓦,水电、风电、太阳能发电和生物质发电装机均居世界第一。10 年间,我国节能量达到约 14 亿吨标准煤,相当于减少二氧化碳排放 29.4 亿吨。我国森林面积持续增长,近十年来,全球新增绿化面积有 1/4 来自中国,我国已经成为全球森林资源增长最多的国家。根据世界银行的统计,2005 年以来中国累计节能量达到了全球的 50%。"绿水青山就是金山银山"的理念深入人心。驾驶新能源汽车和使用环保购物袋已经成为很多人的自觉行为,绿色、健康、环保成为了人们新的生活方式。

通过产业的绿色转型和能源结构的优化,中国的绿色革命有力地推动了我国早日实现《联合国气候变化框架公约》中的碳达峰和碳中和目标。2020 年中国碳排放强度比 2005 年下降了 48.4%,超额完成了中国向国际社会承诺的目标,少排放了二氧化碳约 58 亿吨。在面临全球气候变暖等问题时,正如习近平主席在 2022 年博鳌亚洲论坛上的讲话所强调的,"世界各国乘坐在一条命运与共的大船上,要穿越惊涛骇浪、驶向光明未来,必须同舟共济,企图把谁扔下大海都是不可接受的"。"寿光模式"的绿色转型体现了习近平总书记所强调的共同体精神,为贯彻新发展理念,推动我国生态文明建设,弘扬全人类共同价值,促进构建人类命运共同体作出了寿光贡献。

深度科技化社会与西方哲学传统反思

王伟长

笔者于 2021 年 12 月赴山东省潍坊市寿光市挂职锻炼，任寿光市科学技术局副局长。任职一年间，笔者对寿光市工业、农业发展情况进行了了解。在了解过程中，笔者既对基层的面貌、基层工作人员的精神及我国新时代基层工作的进展都有了新的认识，也切实体会到科学技术对生产生活起到的重要作用，并对西方传统哲学中形而上学的价值取向进行了深刻的反思。

一、挂职期间的相关情况和主要经历

（一）寿光市基本情况

寿光市虽然是一个县级市，但它的经济发展水平很高，市政设施建设状况很好，居民住房条件、物价水平、汽车保有量等指标也保持在一个很高的水平。过去，笔者对这些与国计民生息息相关的经济指标的差距没有感觉。近年来，笔者逐渐意识到仅仅是人们内心当中的理论知识丰富和清晰是不够的，许多重大事件的发生和解决都和经济的、技术的外部条件有着紧密的联系。来到寿光市之后，笔者通过对一些外部条件的比较，更真切地认识到眼前的寿光市在何种程度上优于欠发达地区，在何种程度上与更加发达的地区存在差距。

与国内一线城市相比，寿光市的物价水平和工资水平都比较低，人们的生活节奏普遍比较慢，但这并不妨碍基层工作人员积极进取的工作精神和兢兢业业的工作态度。虽然他们没有考勤制度，但每个人都按时上下班，甚至有时休息时间也要加班或者开会。包括科学技术局在内的各个单位都有 24 小时值班制度，随时接受和传达上级部门下发的文件。笔者在科学技术局也承担了值班工作，无论休息日还是工作日，值班当天 24 小时在岗，晚上睡在值班室，潍坊市新冠疫情严重期间为预防交叉感染，值班室封闭，值班人员就睡在办公室沙发上，随时关注值班电话和寿光市电子政务平台上的新信息。

（二）寿光市科技局的基本情况

寿光市科学技术局的主要工作包括科研投入管理、科技平台和企业孵化器管理、科技项目管理等方面。笔者到任之后，学习了科技局"业务工作指南"，对科技局的工作有了一定的了解，最近又参与修订了该"指南"，根据山东省和潍坊市的相关指示对科技局的具体业务工作做出了相应的调整。在科技局工作之初，由于笔者不懂寿光当地方言，在参加会议以及与同事沟通的过程中经常遇到听不懂对方说什么的情况。好在有科技局的同事们热情帮助，有的同事主动和笔者说普通话，也有的同事主动充当翻译，经过一段时间的适应，笔者逐渐克服了这一困难。

除了日常的例行工作，包括科技局在内的市委、市政府各个单位都要承担一定的公共服务工作。突降大雪的时候各单位都要在指定的区域承担扫雪任务，无论是新冠疫情常态化管理期间还是疫情严重期间，各单位都要在指定的小区协助物业管理人员做好防疫工作，在创建全国文明城市和全国卫生城市活动期间，还要在划定的区域协助市政保洁人员清理垃圾以及整顿市容市貌。随着新冠疫情防控形势逐渐严峻，各单位又承担起监督网格内居民及商户按时进行核酸检测的任务，若系统显示相关人员未按时进行核酸检测，工作人员就要电话提醒他们及时检测。笔者在挂职实践锻炼期间也多次参加上述活动、承担相关任务。这些工作让笔者深刻地认识到基层工作的丰富性和复杂性，在最具体的脚踏实地的工作中，仅仅是各司其职是远远不够的，每个人都要参与一些超出自己日常工作范围的工作，只有这样才能缓解预先划定的工作范围与变动不居的具体情况之间的矛盾。相比之下，各司其职只能说是理想状况下的一种简单的谋划，然而正是由于它过于简单，过于理想化，所以仅凭这种规划不足以应对复杂的实际情况。因此，我们在今后的工作中也应当解放自己的思想，不能仅局限于自己熟悉的领域，而要多了解、多参与其他有意义的工作。

（三）挂职期间的主要调研工作

2022 年下半年，笔者多次到寿光市科技企业进行调研，先后到中国农业机械化科学研究院集团有限公司、山东物泽生态农业科技发展有限公司、山东力创模具股份有限公司、宝源防水材料股份有限公司、山东华源触控显示科技有限公司现场调研项目相关配套设施建设情况，为企业项目申报提出指导意见。在科技局同事的共同努力下，本年度我们取得了丰硕的成果。在科技局的多方支持与指导下，寿光富康制药有限公司的"艾司奥美拉唑镁系列药物结晶关键技术开发及产业化示范"获山东省科技厅中央引导地方科技发展资金立项项目公示，潍坊市仅 2 项。寿光恒蔬无疆农业发展集团有限公司的"温室自适应控制系统研发"、山东永盛农业发展有限公司的"优质抗病茄果类蔬菜新品种培育"获山东省重大关键技术攻关和山东省重点研发计划拟立项项目公示，获批数量约占潍坊市的 1/5。另外，3 个项目获山东省科技型中小企业创新能力提升工程立项支持。推荐山东寿光蔬菜种业集团有限公司、山东省寿光市三木种苗有限公司、山东鲁寿农业集团有限公司、中蔬生物科技（寿光）有限公司 4 家企业申报山东省农业良种工程种业创新提升行动项目。因寿光市科技项目量质并举，成绩突出，2021年 8 月 25 日，山东省科技厅在寿光市成功举办"2021 年度省乡村振兴科技创新提振行动计划项目推进会"，有力地提升了寿光市现代农业产业的影响力，同时为山东省经济高质量发展作出寿光贡献。

寿光市以蔬菜种植闻名全国，但其农业并是为政府的主要财政来源。寿光市有一句口号叫作"农业富民，工业强市"，以化学工业为代表的工业发展才是寿光的财政支柱。寿光工业的发展历程，是一部艰辛而又辉煌的历史。新中国成立至今，经过 70 多年不懈努力，寿光工业发生了翻天覆地的变化，经济规模迅速扩大，工业质量明显提高。全市工业总产值从 1949 年仅有的 500 万元增长到2021 年的 2046 亿元。工业门类齐全。已拥有全国工业领域 41 个产业大类中的 29个，形成了装备制造、石油电力、化工医药、造纸包装、橡塑轮胎、建材家居、食品加工等主导产业，主要产品有 3000 多个品种。产业快速崛起。拥有羊口、侯镇、台头、文家、洛城、古城（高新区）等六大工业产业聚集区，羊口、侯镇

2个省级化工园区。2021年，侯镇化工产业园高端化工产业集群、台头防水产业集群入选潍坊市中小企业特色产业集群，寿光市获评"全国淀粉深加工产业聚集区"；山东默锐科技有限公司牵头创建的山东绿色海洋化工制造业创新中心被认定为省级制造业创新中心，成为寿光首家；2021年度"四新"经济投资同比增长29.4%，高新技术产业投资同比增长52.2%，7个行业产值过百亿元（石油加工业、黑色金属冶炼和压延加工业、化学原料和化学制品制造业、农副食品加工业、造纸和纸制品业、橡胶和塑料制品业、金属制品业），9个行业产值过50亿元。企业竞相发展。"龙头企业群"和"隐形冠军群"百花齐放。截至目前，寿光市共有国家级专精特新"小巨人"、制造业单项冠军企业5家；省级专精特新"小巨人"、瞪羚企业、"隐形冠军"、制造业单项冠军企业84家；潍坊市级专精特新"小巨人""隐形冠军"企业119家，各项培育数量均居潍坊各县市区前列。人才强力支撑。全市成立人才发展集团，引进高端技术人才（团队）262人（个）、"双一流"青年人才149名，新增柔性合作院士6人，入选省级以上产业领军人才5人、鸢都产业领军人才12人。

在农业方面，寿光不仅是"中国蔬菜之乡"，也是设施蔬菜的发源地和全国最大的蔬菜集散地，探索实践形成的"三个模式"两次得到习近平总书记的批示肯定，铸就了"全国农业看山东、山东农业看潍坊"的金字招牌。近年来，寿光市坚持以标准体系为核心，强化寿光蔬菜的品质保障；坚持以体系创新为抓手，强化寿光蔬菜的组织保障；坚持以种子研发为根本，强化寿光蔬菜的科技保障；坚持以质量监管为抓手，强化寿光蔬菜的质量保障；坚持以数字农业为导向，强化寿光蔬菜的智慧升级；坚持以消费市场为导向，强化寿光蔬菜的品牌打造；并且主动顺应蔬菜产业由增产导向向提质导向转变的大趋势，全力抢占全产业链"微笑曲线"两端，加快实现寿光由传统生产基地向综合服务基地转型，以寿光为核心的山东寿光蔬菜产业集群被农业农村部、财政部确定为全国首批50个优势特色产业集群之一，先后入选全国农业科技现代化先行县共建名单及第一批农业现代化示范区名单，成为2021年山东省首批现代农业强县。

二、科学技术及其西方哲学思想渊源

在寿光市工业农业发展的斐然成绩背后，处处体现着科学技术的重要作用以及寿光市委、市政府对科学技术的重视。科学技术是第一生产力，是切实提高人民生活水平、增强综合国力的重要推动力，这在如今深度科技化了的社会当中已经成为一个基本事实。然而在西方传统哲学中，科学技术却并不总是占据着那么重要的地位，历史上很多声名显赫的哲学家都不认为科学技术是可靠的、值得依赖的重要力量。众所周知，科学与哲学都来自西方，甚至科学就来自哲学，但二者在西方传统哲学中却不总是协调一致的，似乎总是有一种相互对抗的倾向。在如今深度科技化的社会中，现实与思想的潜在冲突是尤其值得注意的问题，如何在发展和利用科学技术的过程中摆正科学技术的地位、恰当地评估科学技术的价值和意义，更是值得我们进行深刻反思的。

（一）西方传统哲学思想述略

西方传统哲学自柏拉图以来就在追求一种确定性，西方哲学家大多认为感官和经验是不可靠的，同时又很确定绝对可靠的东西是存在的，可以经过努力而被发现。古希腊时期，尽管可以与现代科学相媲美的理论体系尚不存在，但天文学还是比较发达的。然而对于柏拉图来说，感官和经验似乎对天文学的发展并没有什么贡献，真正有贡献的反倒是理性和智力，因为只有理性和智力领悟了天体的运动，这种运动才能成为知识。柏拉图说："一个人如果是眺望着天空或注视着地面以期学到一点知识，那我总要否认他能学到什么，因为那样做完全不是科学的事情；他的灵魂是在向下望而不是向上望，不论他的求知途径是水道或陆路，他是漂浮着，或只是仰天躺着。"也就是说，人们在研究天文学时不应该使用感官去观察天体，而是应该通过理性的努力思考来发现绝对必然的规律。柏拉图的这种理念论显然与毕达哥拉斯主义有着千丝万缕的联系，这从他对数学知识的重视当中可以窥见一斑。对于一个热爱数学的人来说，唯理论确实是一个很自然的选择，因为数学的论断似乎总是不经由任何感官和经验，仅凭理性领悟而作出的。因此一些西方传统哲学家总是倾向于认为理性本身有一种力量，凭借着这种力量，他们能够获得绝对必然可靠的认识，于是整个世界似乎也应当建立在这种力量的基础上了，否则全世界似乎也像感官经验一样不可靠，似乎随时都会崩塌了。

笛卡尔是追求确定性的西方哲学家的又一个典型的例子。他一方面和柏拉图一样认为感官和经验都是不可靠的，都是可以被怀疑的；另一方面他又不愿意放弃对确定性的寻求。经过沉思，笛卡尔最终找到了可靠的、不能被怀疑的东西，他认为那个不可能被怀疑的事实就是"我在怀疑"。于是，由于我在怀疑的时候我是在思维的，而且当我在思维的时候我必定是存在着的，于是"自我"的存在性就这样由一个不能被怀疑的事实推导出来了，因而也就是不能被怀疑的了。笛卡尔的这一著名论证遭到了各派哲学家的批评，近代的科学哲学家更是坚决反对"自我"这一概念的特殊地位。赖欣巴哈曾经评论道："自我这一概念并不像笛卡尔所相信的那样，是性质那么简单的。我们看见我们自己的方式并不和我们看见我们周围的房屋和人物的方式一样。我们也许可以说对我们的思维行动或对我们的怀疑进行观察；然而，它们并不作为是自我的产物被知觉，而是作为分离出来的对象、作为由感觉所伴随的意象被知觉的。说'我思'这就已经越出了直接经验，因为在这句话里使用了'我'这个词。'我思'这一陈述所代表的并非一件观察所得的材料，而是一长串思维的终末，这一长串思维揭示了与旁人的自我有所不同的自我的存在。笛卡尔应该说'有思维'才对，这样就指的是思维内容的那种分立事件，思维内容独立于意志行动或其他涉及自我的状态的发生。但是，那样的话笛卡尔的推理就不再能作出了。如果自我的存在不为直接感知所承认，它的存在也就不能得到比其他对象的确定性更高的确定性，即采用对观察所得材料作一些动听的添加这一办法而取得的那种确定性，而受到确认。"与赖欣巴哈类似，石里克也认为"自我"并不是一种直接被给予的、带有绝对必然性的东西。石里克从经验的中立性的角度来分析"自我"，他认为经验并不绝对是"自我"的经验，"自我"在获得经验之前并非必然地获知了"一切经验皆属于自我"，而是在积累了一定的经验之后才经由后天的归纳最终总结出"一切经验总是我的经验"这一结论。

事实上，在笛卡尔之前，经院哲学家们就曾经试图从上帝的概念出发来推论出上帝的存在性。这种推论与笛卡尔的"我思故我在"有着很强的相似性，他们都试图把结论建立在不容置疑的前提和推理过程的基础之上，然而后世的哲学家却总是很容易地从这些前提和推理过程当中找到不可靠的地方。作为他们的批判者之一，康德对他们的论证做了系统的分析。他把一切论证中出现的命题分成了两大类，一类是分析命题，另一类是综合命题；分析命题总是有绝对必然性的，但综合命题不一定。根据后天经验归纳而来的命题是后天综合命题，这类综合命题是不可靠的，是没有绝对必然性的，然而康德坚持认为另一类综合命题也是存在的，它们是先天综合命题。分析命题尽管是具有绝对必然性的，但是包括康德在内的西方哲学家们大都认为这类命题无法推论出超出前提的新知识，因此经院哲学家和笛卡尔主义者的论证都是有问题的；因此对于康德等人来说，绝对必然的确定性只能寄希望于与后天综合命题相对立的先天综合命题，这类命题既可以保证必然性，又可以保证提供超出前提的知识，这就使得人们可以把建构世界或者建构关于世界的知识体系的可能性与必然性归结为先天综合命题的存在性。

然而，先天综合命题的存在性本身却是个有争议的问题。康德本人曾认为一切数学命题都是先天综合命题，于是欧几里得几何学的命题就是先天综合命题了。可是，非欧几何以及广义相对论的成功极大地动摇了康德的这些观点，尽管直到现在仍然有些学者不遗余力地为康德和先天综合命题的存在性辩护，但这种辩护总是差强人意的。为了说明先天综合命题以及其背后的追求绝对必然确定性的西方传统哲学的问题，我们最好从先天性本身入手来指出更一般、更深刻的问题所在。

（二）"先天综合命题"与现代物理学、现代逻辑学之间的冲突

根据一种整体论的思想，人类思想中的一切部分都是直接或间接地关联起来的，其中一部分的改变必定或多或少地改变其他部分，没有任何部分是绝对地免于被修正的可能性的。这意味着，没有任何陈述是绝对与经验无关的，所以一方面根本就不存在所谓的"先天命题"，当然也就不会存在"先天综合命题"了；

另一方面任何陈述都不能彻底脱离经验而绝对地为真，于是绝对的分析命题和绝对的综合命题也都是不存在的，这就取消了分析和综合的二分。如果这些理由不足以说服所有的康德主义者接受整体论，特别是"逻辑真理也有可能接受经验修正"的论断，那么出乎意料的例子或许会有所帮助。

奎因曾援引赖欣巴哈的三值量子逻辑来说明经验科学修改了排中律，但有人仍认为对于三值量子逻辑中的完全否定算子，排中律仍然成立，而量子力学所采纳的正是这种否定算子。然而关于完全否定的"排中律"只在形式上与经典逻辑一致，并不是经典逻辑的排中律。当一个命题的完全否定为真时，我们只能由此推知原命题"非真"，但"非真"在这里并不是一个确定的真值，它包括"假"和"不确定"两种可能的真值，所以关于完全否定的"排中律"并没有穷尽真值的所有可能性。其实这一点并没有出乎人们的意料，他们其实很清楚经典逻辑的排中律预设了"二值原则"和"满赋值原则"，因此挑战排中律是容易设想的。事实上，如果我们把人们根据量子力学来修改经典逻辑所得到的非经典逻辑统称为"量子逻辑"，那么量子逻辑远远不止有三值量子逻辑这一种，并且有的量子逻辑系统在量子力学解释上的表现绝不逊色传统理论。

可惜的是，包括康德主义者在内，专注逻辑哲学研究的学者们通常不了解量子力学和量子逻辑，这显然是个巨大的缺憾。人们总认为修改排中律的意义不大，而修改同一律则可以说是不可能的。可是在众多量子逻辑中恰好就有修改同一律的"禁自返逻辑"。其中，修改同一律的理由可概述如下：存在着一种量子力学系统，对它的测量结果使我们不得不认为该系统中含有 n 个完全相同的粒子。说它们完全相同，是因为假设它们有一丁点儿不同就会使得计算结果与测量结果不符；说它们不多不少共有 n 个，也是因为差一个就会使计算结果偏离实验值。考虑到这样的量子力学系统，我们在逻辑系统里就不能按照经典逻辑的规则去使用等词，不然三个完全相同的粒子 $a = b = c$，就变成一个粒子了。修改了等词之后，同一律 $\forall x\,(x = x)$ 自然就不能无条件地成立了。这就是根据经验事实来修改逻辑真理的典型例子。

明白了这一点，命题所谓的"先天性"就不是绝对必然地建立起来的了。至于先天综合命题的存在性，就变得更加可疑。不仅如此，一种试图证明数学命题的先天综合性质的论证又很容易被改造成证明逻辑真理的综合性的证明，这更凸显了先天综合命题存在性证明自身的严重问题。例如有人认为：首先，数学归纳法是先天综合命题，特别地，数学归纳法不是自然数的定义；其次，皮亚诺算术公理是先天综合的，因为这些公理并不定义自然数集，于是它们可被视作自然数集的存在性断言，而通过公理的方式断言自然数集这样的数学对象存在就要求这些公理是自洽的，又因为公理及其逻辑推论的数目往往是无限的，所以自洽性的证明必须运用数学归纳法，但是数学归纳法依赖于自然数的定义，所以皮亚诺算术公理的自洽性无法得到证明，而自洽性无法得到证明的公理当然是综合性的。最后，一切算术命题都是先天综合的，因为即便在不考虑 0，1 和加法的定义的情况下，由于皮亚诺算术公理是先天综合的，建立在这些公理基础之上的、以自然数为运算对象的算术命题也是先天综合的，而且数字 0，1 具有超出纯粹分析性逻辑规定的综合性内容，其定义不能划归为纯粹逻辑，加法除了不能划归为逻辑之外，还涉及无限，因为它不是定义于某一封闭集合中的算子，而是作用于由无限个数字所构成的集合，其中牵涉到无穷公理，而这也是不能用逻辑来证明的。

首先，能不能说"因为该公理系统不能在系统内部证明自身的自洽性，所以该系统的公理、或者定理都是综合命题"呢？显然不能，不然命题逻辑系统的公理、一阶逻辑的公理就都成了综合命题了；因为它们甚至无法用对象语言去表达自身的自洽性，它们的自洽性显然只能在系统外部的元语言层面上得到证明。

其次，有人认为，在不考虑自然数定义问题的条件下，数学归纳法的先天综合性质必将通过自洽性（注意自洽性是系统的元逻辑性质）的证明流向皮亚诺算术公理，而事实上我们必须先定义自然数再使用数学归纳法。让我们再次回到命题逻辑或者一阶逻辑的公理系统，现在的问题是，我们能不能用数学归纳法来证明这两个系统的元逻辑性质？当然能。

通常情况下，要证明一个公理化的逻辑系统的所有定理都具有某性质的时候，因为没办法逐个检查每一个定理，我们总是先确认所有的公理都具有该性质，再确认所有的推演规则都会"传递"该性质，最后根据系统内"证明"的定义和数学归纳法就可以证明所有定理都具有该性质了。"命题逻辑系统的所有定理都是重言式"就是这样证明的。可是，如果数学归纳法的先天综合性质必将通过某种元逻辑性质的证明"流向"系统的公理，那么通过证明命题逻辑系统的可靠性或者完备性就可以知道该系统的公理（它们都是逻辑真理）都是综合命题——康德主义者能接受这样的结论吗？而且，先天综合性质具体是如何通过证明过程从数学归纳法"流向"系统的公理呢？要知道在这里被证明的是像自洽性这样的元逻辑性质，在这类证明的过程中，系统的公理并不直接出现，而是以"某某公理在该模型下为真"或者其他形式的元逻辑性质命题的形式出现；即便先天综合性质可以通过证明过程发生"流动"，我们也只能说"这个公理具有某性质"是先天综合命题，并没有显而易见的理由说这个公理本身是先天综合命题。

此外，如果我们必须先定义自然数才能使用数学归纳法，那要怎么解释关于命题逻辑和一阶逻辑的一些结论的证明中使用数学归纳法这件事情呢？或许只能说，局部地看逻辑真理的时候不需要自然数，只有把所有逻辑真理"编排"成系统的时候才需要自然数的概念。即便如此，人们也不得不承认是数学帮助逻辑展示出它的整体性质的。

如果这些不足以揭示康德数学哲学和现代数理逻辑之间的冲突，下面的事实或许可以。首先，无论是命题逻辑中的命题变元还是一阶逻辑中的个体变元，都是与自然数一一对应的，我们在为命题变元赋真值或是把对象代入个体变元的时候，可以认为是把一列真值赋给无穷多个命题变元或者把一列对象代入无穷多个个体变元；如果无限性就意味着综合性，那为什么同样涉及了无限性的逻辑真理就偏偏没有"感染"综合性呢？其次，光有初始符号显然不足以定义所有的逻辑公式，还需要一个递归定义才行；可是，如果没有"理性的综合"，只靠纯粹"逻辑地"一步一步"组装零件"，又怎么能把握所有的合式公式呢？所以无限递归的过程无法"划归为逻辑"，所有的公式都是综合命题的公式——康德主义者能接受这样的结论吗？最后，上述第三步论证谈到了"加法涉及无限"的问题，然而值得注意的是，逻辑连接词同样是一种运算，它们也"不是定义于某一封闭集合中的算子，而是作用于由无限个公式所构成的集合"，如果仅凭加法的"无限性"就可以断言 $7+5=12$ 是综合命题，那么仅凭"∧"的"无限性"同

样可以断言重言式 $p \wedge (\neg p \vee q) \rightarrow q$ 所表达的逻辑真理是综合命题。

康德主义者总是认为，尽管康德没能预见到现代数学，但他的数学哲学仍能为我们提供关于数学的正确认识，无论数学将会如何发展变化。但是正如我们已经看到的，康德数学哲学对数学的限制与现代数学向人类知识和实践的各个领域蔓延的趋势之间存在着剧烈的冲突。如果人们一定要维护康德关于先天综合判断的理论，那么最稳妥的办法就是避免用自然数、无限递归等数学概念和方法来定义逻辑概念，禁止数学"侵犯逻辑学的地盘"，最终导致历史的倒退。否则就只能设法在某个层次、某种意义上把已经融合在一起的数学和逻辑分割开，而这将是非常困难、或者非常牵强的。

我们知道，希尔伯特为了证明几何公理系统的自洽性，把几何学解释为关于实数的理论，并证明只要数学分析是自洽的，几何学就是自洽的。这就非常巧妙地把疑难问题转化到大家比较熟悉的领域加以解决，是数学家们早就熟练掌握的一种手法。不过这样一来，人们就不再明确地知道几何学公理所言说的概念到底指什么了，因为这些概念并非只能是关于"点""直线""平面"的，还可能是关于实数的，甚至可能是关于"桌子""椅子""啤酒杯"的。这个情况对于主张"皮亚诺算术的公理不能定义自然数"的人来说是再正常不过的，并且这意味着几何公理不可能是分析命题，从而只能是综合命题。然而问题并没有到此结束，一个康德主义者不能放任概念被随意地解释——几何学公理所涉及的概念必须是言说几何学对象的，是能够捕捉实在的，否则就会成为"理性的灾难"。

对于结构主义者或者结构实在论者而言，这个问题很容易解决——它甚至不是问题，因为他们认为概念根本不捕捉实在，只有整个公理体系形成的结构才可能是实在的。但是有的康德主义者不打算采纳结构实在论或者关系实在论的观点，他们认为关系必须有关系的承载者。这样一来问题就变得困难了，一方面完备的公理系统中的概念要像完备的方程组中的未知数一样有"唯一解"，另一方面这个"唯一解"又不能仅由公理来提供，那到底要由谁来提供呢？

有人认为应当让知性来扮演这个提供者的角色，因为实在作为对象，不再似康德所说的那般只能以直观的方式给予人们，而是在某些情况下可以越过直观通过概念构造的方式被直接领会。同样地，希尔伯特几何公理系统对作为数学实在的几何对象及其关系的捕捉，越过直观的感性方式，而以概念和逻辑的知性方式进行。可是"概念和逻辑的知性方式"具体又是如何唯一地确定对象的呢？恐怕很困难。

即便我们承认公理系统加上知性能够唯一地捕捉对象，也不能忽略公理系统的多样性。非欧几何为我们提供了人为地构造几何学的范例，现在要论证几何学的唯一性已经非常困难了。可是康德主义者又不太可能退让太多，几何学的任意性会剥夺"理性"存在的价值。有人认为，多种几何体系的并存体现了理性的、能动性的和创造性的力量，尤其在制定几何公理的自由度方面。而这种自由度并非命名般具有任意性，而是由体现理性的规定性的力量的特定数学结构所制约的，由此更加体现综合性的原理。可是，这种"规定性的力量"具体是怎么施展的呢？能够被"理性"认可的几何学一共有哪几种呢？

这是个非常危险的问题，即便有可能回答，也不得不慎之又慎。我们不是预言家，谁知道多年之后的数学会变成什么样呢？而且这个问题不像"正多面体一共有哪几种"那样可以根据明确的限制条件加以证明，"理性"的限制条件，即便可以明确，又是怎样和几何学发生关系的呢？

上面的这些问题并不能说绝对无解，但要回答就不得不面临这样的窘境：一方面，不能照搬康德的方法，因为感性直观既不能把握非常大的自然数又无法解释非欧几何；另一方面，仅仅依靠知性和理性又难以限制对象和系统的任意性。康德提出的感性直观即便缺陷再多也是容易说明唯一性的，康德哲学即便再不可取也是个非常精密的、环环相扣的系统；想改变一处又不影响别处，其中的困难是显而易见的。

此外，我们必须注意的一个事实是，命题逻辑系统、一阶逻辑系统、皮亚诺算术和希尔伯特几何公理系统不仅在一定意义上相互包含，而且都在系统构建的最初阶段不可避免地运用了数学概念和数学方法。于是，正如前文指出的、对皮亚诺算术的论证会牵连到一阶逻辑和命题逻辑一样，对几何公理系统的论证也难免影响其他依赖数学的公理系统。现在，既然"理性"允许我们修改欧氏几何的公理，那为什么不允许我们修改皮亚诺算术的公理呢？为什么不能修改经典逻辑的公理呢？看来康德主义者不但要回答"理性"允许哪几种几何学的问题，至少还要回答它为何只允许一种算术的问题。有人在反驳穆勒的经验主义时似乎提到了这个问题，他们说："如果发现七个事物加五个事物不等于十二个事物，人们不应该怀疑 $7+5=12$ 的正确性，而应该审视计数行为的准确性以及这些事物的物理、化学性质是否干扰到计数。"可是，当我们发现光在传播过程中发生了弯曲的时候，为什么不去"审视测量行为的准确性以及相关事物的物理、化学性质是否干扰到测量"，为什么非要怀疑平直空间的正确性呢？这些问题也不是绝对不可能回答的，但要回答这样的问题，就要保证特定的算术和几何学不受经验冲击，仅给出令人信服的理由以解释理性或知性对于算术与几何理论具体的作用机制也是不够的，还要应对我们现在可能完全无法想象的经验现象，特别是要考虑这些现象与未来的主流自然科学理论之间的冲突。若是执意坚持康德数学哲学，就难免要处理这些无头案；即便真有成功的那一天，这样的理论恐怕也是臃肿不堪的。失去了康德哲学的巧妙和精致，又能吸引多少人为了所谓的"真理"而保持耐心呢？

三、对西方传统哲学中"真理"概念的反思

有人认为，整体论"不能区分真理和有根据的信念"，这是一句很值得玩味的话。什么叫"不能"？这听起来像是一种能力缺陷，可是能力多高才算是没有缺陷呢？康德哲学不能说服所有人，可以根据这一事实反对康德哲学吗？我们只有事先确定了"正确的哲学理论能说服所有人"，才能把"不能说服所有人"当成某种哲学理论的能力缺陷。然而事实上有些人就是冥顽不化，不能说服他们很正常。所以我们并不能确定"正确的哲学理论能说服所有人"，因此不能把"不能说服所有人"当成康德哲学的能力缺陷。同样的道理，要把"不能区分真理和有根据的信念"当成能力缺陷，首先得确定"真理"和有根据的信念真的有区别才行。

"真理"一定是有根据的信念，这似乎没有问题。问题是要确定"有些有根据的信念不是真理"，否则"真理"和有根据的信念就没有区别。然而，当我们不明确什么是"真理"的时候，并不能绝对地确定这一点；当我们发现从某些

有根据的信念出发推导出了矛盾的时候，并不能立刻把责任推给信念。例如，我们有理由相信"运动是可能的"，而芝诺说这会导致阿基里斯追不上乌龟。但是我们并不会因此放弃"运动是可能的"这个信念，而是会在芝诺的论证过程中找问题；只有预先认定他的论证过程是"真理"（的一部分），才能确定"运动是不可能的"，才能放弃最初的信念。

因此，"真理"是在确定"有些有根据的信念不是真理"之前就必须被掌握了的东西。可是，如果"真理"并不存在，我们又如何掌握它呢？于是问题就变成了"真理"的存在性。假设有人主张，如果"真理"不存在，那么"真理不存在"就是真理。如果我们认为这个主张包含矛盾，那么导致矛盾的责任是属于"真理不存在"呢？还是属于"'真理不存在'是真理"呢？这样的判断先于"真理"的存在性证明，此时并没有"真理"来帮助我们做出绝对正确的判断，因此该判断依赖着一种信念；所以如果我们根据这个矛盾认为不能说"真理不存在"进而只能说"真理存在"，那么"真理"的"存在"就是依赖信念的。如果我们认为那个主张不包含矛盾，那么"真理不存在"就是唯一的"真理"——其他的东西如果是"真理"，那么我们一开始就不能有根据地相信"真理不存在"；特别地，这个唯一的"真理"不能帮助我们推知其他的"真理"（因为在这种情况下没有其他的"真理"），于是除此之外我们所相信的东西就只能是信念。

所以，"真理不存在"这个假设本身并不意味着"真理"存在并且有价值，于是我们还是要证明"真理"的存在性。很多人认为同一律就是一个典型的先天真理，假若同一律是"真理"的一个例子，即便我们有可能预先通过某种方式证明这一点，也无法预料到量子力学的理论和实验会和同一律发生冲突。当然，面对这样的冲突，人们总是有不止一种选择：或者修改同一律，或者修改量子力学，或者修改实验，也可能有其他选择。至于究竟怎么选，恐怕还是要诉诸信念——热爱哪个，就保留哪个，然后想办法修改其他的；如果我们宽容一些，就应该认为这些信念都是有根据的信念，所以"同一律是否是'真理'的实例"取决于有根据的信念。"可是，根据刚才的假设，同一律是'真理'的一个例子不是已经得到证明了吗？"是的，"运动是不可能的"也曾经得到证明，"上帝存在"也曾经得到证明；但是如果这样的结论实在太难接受——如果修改量子力学的理论或实验实在太困难，就总会有人去质疑曾经存在过的证明，无论它曾经看起来多么无懈可击。同样的道理，对于"真理"的任何可能的实例，都无法根据目前能够设想的情况排除与之相冲突的现象或信念；而在处理这个冲突的过程中，"维护'真理'的实例"这个选择至多是由某种有根据的信念决定的，所以"真理"的所有实例以至于"真理"的存在性本身都取决于有根据的信念。

综上，"真理"和有根据的信念是否有区别，取决于"真理"是否存在，而"真理"的存在性又取决于有根据的信念。如果到此为止我们已经证明了没有"真理"，只有有根据的信念，那么我们的证明是否也取决于某种有根据的信念呢？是的，但这并不成问题。"真理不存在"并不一定是真理——它最好别是真理，"真理不存在"也可以是信念——就像"真理存在"是信念一样。不仅如此，秉承着不同信念的人的努力方向很可能是一致的，只不过有的人认为自己在追求"真理"，有的人认为自己在追求信念而已。

这样看来，"真理"与哲学并不总是同一个东西。它们都是来自西方的概念，原本都不被所有的民族文化所共享，但相比之下后者更容易融入其他的文化背景。因此，包括康德主义者在内的哲学家们不应该把"没有真理"当成反对某一哲学派别、或者贬低其他民族文化的理由。具体说来，坚持经验主义、抛弃先验观念论之类的行为伤害的是"真理"而不是哲学，或者说，这样做伤害的只是某几种哲学而不伤害哲学本身，因为经验主义本身就是哲学。于是我们知道，反对"真理"是可能的，但反对哲学则会困难得多。因为反对哲学的观点本身就是基于某种信念的哲学思想，对这种观点阐发得越多，哲学就越充裕；而反对"真理"的观点并不是"真理"本身，阐发这种观点也不会使"真理"更充实。真正对哲学有害的既不是反对哲学的观点也不是其他"忤逆""恶毒"的理论，而是沉默。如果从某天开始所有人都停止思考和追问并不再述说任何观点，那么哲学就只是曾经存在过的东西。除此之外，任何毁灭哲学的可能性都是难以想象的。

基于以上考虑，我们认为没有必要为了"真理"而维护任何哲学，包括康德哲学。尽管维护康德哲学并不是绝对不可能的，但康德主义者最好能清醒地认识到他们面临的困难，以及他们这样做的动机。在现在已然深度科技化的社会当中试图追求西方传统哲学中的那种确定性并非不可以，但过于强调绝对必然性则会导致对科学技术的贬低和轻视，这并不符合深度科技化的时代要求，我们在不断发展、革新和反思的过程中必须对其保持高度警惕。

第二编

文化教育

2019—2020年中国乡村思想道德建设报告

员俊雅[*]

　　乡村振兴，乡风文明是保障，而思想道德建设是乡风文明建设的首要条件。《中共中央　国务院关于实施乡村振兴战略的意见》中明确提出："以社会主义核心价值观为引领，坚持教育引导、实践养成、制度保障三管齐下，采取符合农村特点的有效方式，深化中国特色社会主义和中国梦宣传教育，大力弘扬民族精神和时代精神。加强爱国主义、集体主义、社会主义教育，深化民族团结进步教育，加强农村思想文化阵地建设。深入实施公民道德建设工程，挖掘农村传统道德教育资源，推进社会公德、职业道德、家庭美德、个人品德建设。推进诚信建设，强化农民的社会责任意识、规则意识、集体意识、主人翁意识。"这段话对农村思想道德建设给出了详细的指导规划。

　　2019—2020年，我国农村思想道德建设基本以社会主义核心价值观为引领，以脱贫攻坚和乡村振兴的有机融合为抓手，结合农民生产生活实际有序推进，取得了较好的成绩。

一、农村思想文化阵地建设

　　农村思想文化阵地建设，首先是政治问题，党中央一直高度重视文化阵地建设。2019—2020年，从总体上来说，农村地区尽管存在多元文化价值的影响，但乡村思想文化阵地建设仍以社会主义核心价值观为引领，具有以下几个特征。

　　* 员俊雅，中国社会科学院哲学研究所副研究员。本文在成稿过程中，吸收了笔者在寿光挂职期间的研究成果，全文已收录于冯颜利、刘岳主编《中国乡村振兴蓝皮书（2019—2020）》，经济管理出版社，2021。

（一）把农村思想文化建设提到政治高度

1. "五级书记抓乡村振兴"提供了组织保障

2019 年中央 1 号文件提出了农业农村优先发展的政策导向。为实施乡村振兴战略、促进农业农村优先发展，中央作出了"五级书记抓乡村振兴"的制度安排。省市县乡村五级书记亲自抓乡村振兴，这从制度上保障了乡村振兴能够落到实处，保障了农村思想道德建设的正确方向。五级书记抓乡村振兴，有助于打通乡村振兴的上下关节，有助于各级党政机关制定有利于农村的政策措施。各级结合自己的管理职责，各自分工，建立了上下联动的组织机制。这种上下联动的组织机制，有力保障了乡村思想道德建设的顺利推进。

2. 正确对待宗教信仰，建设思想文化阵地

当前，农村宗教问题比较突出。合法宗教在传教过程中，存在被严重歪曲的情况，一些农村宗教组织领袖甚至借组织宗教活动的机会变相敛财，不但极大损害了合法宗教的声誉，而且损害了农民群众的合法权益。境外宗教势力在农村地区以地下传教的形式进行渗透，也是造成农村非法宗教活动频发的重要因素。此外，个别具有邪教性质的宗教组织也悄悄潜入农村。这些因素之所以能够占领农村阵地，与留守老人群体思想文化素质不高、精神生活贫乏、生活缺乏相应的照顾有很大关系。

面对这种情况，2019 年中央 1 号文件提出乡村治理体系建设是国家治理体系建设的组成部分，要重视农村宗教治理，依法治理农村宗教事务，要"严厉打击敌对势力、邪教组织、非法宗教活动向农村地区的渗透"。2019 年我国宗教界深入学习习近平新时代中国特色社会主义思想和党的十九大精神，致力于为农村脱贫攻坚和乡村振兴提供精神力量。不少农村地区将非法建立的公共宗教活动场所改造成新时代文明实践活动中心。但是要让这些文明实践活动中心真正发挥作用，还需要基层党组织加强引导和管理。

3. 总的方法原则：结合农村实际开展宣传教育

将社会主义核心价值观贯彻到新农村建设中，所采取的方式不应是抽象的教条说教，而应是结合农村的生产生活实践进行宣传教育，使农民群众能够以切身体验理解社会主义核心价值观。不少农村地区党组织采取了利用传统纸媒和现代电子媒体相结合的方式，全方位宣传社会主义核心价值观，同时也注重以群众喜闻乐见的方式宣传社会主义核心价值观。

（二）加强农村思想文化阵地建设的具体措施

1. 以重大时间节点为契机推进爱国主义教育

中华民族的传统节日、重要纪念日，都是推进爱国主义教育的大好时机。2019 年适逢新中国成立 70 周年，举国欢庆，是推进爱国主义教育的重要年份。以庆祝新中国成立 70 周年为契机，广大农村地区举办了各式各样精神文明建设活动，培养爱国主义情操。据《河南精神文明建设简报》报道，河南省长葛市"充分利用'中共许昌第一党支部旧址''中央河南调查组旧址''时代楷模燕振昌事迹展馆'等红色教育基地，设立文明实践分中心，在建党节、国庆节等重大节庆组织参观学习活动 15 万人次。"[①]

2. 传承红色文化，加强思想道德建设

红色文化是不少乡村地区的文化特色。在乡村振兴的背景下，挖掘红色文化内涵，推动乡村文化振兴，既推动了红色旅游，又带动农村思想道德建设。山东省昌邑市龙池镇是革命老区，有丰富的红色文化资源。据《农民日报》报道[②]，在乡村振兴的背景下，该镇党委牵头聘请党史专家、传统文化专家指导论证，组织在全镇开展镇村志编修工作，把建红色村史馆、编修村志的过程变成党员群众自觉参与、自我教育的过程，通过举办文化下乡、村史展览、抓好路墙亭馆建设等方式，既发展了红色旅游业又教育了党员群众，带动了农村思想道德建设。

3. 抗击新冠疫情，推进爱国主义、集体主义教育

2019 年底，新冠疫情暴发，人们的正常生产生活受到重大冲击。在抗疫的关键阶段，不少基层图书馆、农家书屋响应党的号召，整合数字资源，扩展数字图书阅读，丰富农民的居家阅读生活，为复工、创业提供精神食粮。抗疫期间，

---

① 河南省文明办：《河南精神文明建设简报》2020 年第 24 期，河南省文明网，http：//hen. wenming. cn/wmwj/202012/t20201218_ 5889934. html。

② 《山东省昌邑市龙池镇——"建馆修志"传承红色文化》，《农民日报》2019 年 2 月 27 日第 7 版。

农民响应党和国家的号召，居家抗疫，减少社交活动，居家阅读。这个过程本身就是推进农民进行思想道德建设的过程。

农家书屋、学习强国等线上服务平台，在疫情期间乡村思想道德建设方面发挥了重要作用。在农家书屋实体关闭期间，利用学习强国、微信等网络平台继续开展思想文化活动成为山东多数农村人居家生活的主要方式。为阻止疫情在全省蔓延、顺利开展居家防控工作，山东省委宣传部组织全省农家书屋工作者、管理者和文化志愿者开展"疫情防控·农家书屋在行动"活动，利用网络媒体丰富数字阅读资源、宣传科学防疫知识。同时，乡村教师利用自身优势，发挥了重要的思想文化引领和建设作用。

4. 积极推进县级融媒体中心和文明实践中心融合建设

组建县级融媒体中心，有利于整合县级媒体资源、巩固壮大主流思想舆论。2018 年 8 月 21 日—22 日，习近平总书记在全国宣传思想工作会议上指出："要扎实抓好县级融媒体中心建设，更好引导群众、服务群众。"河南省在政治上高度重视"两中心"的融合建设和发展，县（市）委书记担任"两中心"的总负责人。在硬件上高标准建设，分县、镇（街道）、村（社区）三级建设。根据《河南精神文明建设简报》2020 年第 24 期报道，河南长葛市"坚持市、镇（街道）、村（社区）三级一体化推进，统筹调配党建、政法、文化、体育、妇联等部门资源和力量，建成 9 个新时代文明实践分中心、16 个镇级实践所、313 个村级实践站，覆盖率达 90% 以上；整合长葛报社、长葛电视台，组建融媒体中心，打造'云上长葛'App、'今日长葛'微信公众号等 5 个新媒体平台，实现'两中心'区域全覆盖、资源全贯通。"①

二、以脱贫攻坚和乡村振兴的融合为抓手推进思想道德建设

思想道德建设是乡村振兴和脱贫攻坚的内生动力。2019—2020 年我国农村

---

① 河南省文明办：《河南精神文明建设简报》2020 年第 24 期，河南省文明网，http：//hen. wenming. cn/wmwj/202012/t20201218_ 5889934. html。

思想道德建设，紧密围绕脱贫攻坚和乡村振兴的融合展开，呈现出以产业振兴、脱贫攻坚带动思想道德建设的特点。

（一）以产业振兴带动思想道德建设

在实施脱贫攻坚战略和乡村振兴战略背景下，农村思想道德建设不是抽象地、空洞地说教，而是以两个战略的融合为抓手的。其中产业振兴是基础，以产业振兴带动农民的思想精神面貌提升。在这方面，四川省南充市顺庆区的经验很值得反思和借鉴。

第一，该区的精神文明建设以脱贫攻坚为抓手，在脱贫攻坚战中提高村民的思想道德水平，使精神文明建设和农村具体的生产生活相关联，在实践中较好地做到了物质文明和精神文明两手抓，使社会主义核心价值观在潜移默化中融入乡风、浸入民心。

第二，在脱贫攻坚过程中，抓住了脱贫攻坚的内核和灵魂。顺庆区通过培训、激励、宣讲、树立典型等手段，充分激发了贫困户脱贫的积极性、参与乡村振兴的主体性。

第三，与精神扶贫相结合的是产业扶贫，这是脱贫攻坚工作的重要物质保障。顺庆区字库碑村脱贫的重要方式就是建立乡村旅游产业，通过村庄基础设施建设和环境整治，搞起了村庄旅游。该村 2018 年乡村旅游收入超过 300 万元。[①]旅游业、特色种植养殖业发展起来，脱贫攻坚有了产业支撑，农民的思想道德境界自然也提高了。

字库碑村的实践表明，农村思想道德建设，就是要挖掘农民作为乡村振兴主体的内在精神动力。如果仅有一些形式主义的宣传，不能与农民的内心世界沟通，不激发农民脱贫攻坚的内生动力，那么思想道德建设就是无效的，社会主义核心价值观也是难以在农村树立起来的。

第四，开展一系列精神文明建设活动，以此为抓手弘扬中华优秀传统文化，弘扬社会主义核心价值观。顺庆区组织了"十大文明家庭"评选、道德模范表

---

① 刘洪和、李传君：《文明乡风润民心脱贫攻坚聚志气》，《农民日报》2019 年 2 月 26 日第 3 版。

彰、忠孝楷模、十佳好邻居等活动，以注重乡村文化软实力建设保障乡村振兴。这些活动，以社会主义核心价值观为中心，使新时代的农民在社会主义新农村形成新的乡土文化、乡土观念，在潜移默化中形成热爱农村、振兴农村的思想价值观念。

（二）以乡村环境整治带动思想道德建设

乡村环境整治是乡村振兴的重要组成部分。要打造环境优美、生态宜居的乡村人居环境，首先要抓农村的卫生条件。2019—2020 年，各地大力推动农村厕所改造和垃圾入桶。垃圾入桶达到了比较好的人居环境整治效果，是促使农民形成良好生活习惯、卫生习惯的开始。农村人居环境整治，建立宜居的"富春山居图"的文化意义十分丰富。以垃圾清理为重要举措的乡村人居环境整治，提升了新时代农民生活的幸福感、获得感。

（三）以文化产业带动农村思想道德建设

农村文化产业是社会主义市场经济新的经济增长点。在实践中，思想道德建设与农村文化产业相结合，带来了双赢的局面。广西壮族自治区柳州市文联在三江侗族自治县独峒镇独峒村开展了系列文艺扶贫活动，指导农民画创作、现场书写春联。经过当地组织的培训，农民画已成为当地农民创收的途径，不少农民不再外出打工，而是在农闲时节创作农民画致富。这一系列活动，不但提高了农民的思想道德水平而且带动了当地文化产业的发展。

三、深入实施公民道德建设工程

（一）以文化下乡带动乡村思想道德建设

文化下乡是提振农村思想道德水平的一个重要途径。据《农民日报》报道，2019 年元旦、春节期间，中央宣传文化部门和全国各地有关部门广泛开展了"我们的中国梦——文化进万家"活动。全国各级宣传文化部门组织小分队近

1.2 万支，在各地开展慰问演出、文艺辅导、非遗展示、送戏下乡、书画展览等一系列文化文艺活动，丰富了人民群众的文化生活。文化下乡活动具有如下特点。

1. 富于地方特色

结合当地文化的特点，传达当地的文化特色，有助于增强农民的地域认同感。陕西省的文化下乡活动组织了社火、木偶戏、秧歌、舞狮等传统民俗表演和面花、泥塑、剪纸、皮影等民间艺术展演、展览，以及"好歌唱三秦"民歌演出，全面展示了陕西文化的独特魅力，增强了陕西农民群众对陕西文化的认知和认同感。

2. 强调农民认同感

结合农民脱贫致富的生产生活经历，使农民对"送来的文化"有深刻的认可感。山西省书法家协会将书法艺术送到了山西省武乡县，结合农民当年的致富经历为农民题写春联。比如种果树致富的，就为其题写"果树满园香四海，手艺精湛走四方"，并题写横批"春色满园"或者"脱贫光荣"。这种文化下乡的方式切合农民生产生活实际，使农民在肯定自己辛勤劳动的过程中获得了思想层次的提升，加强了对"敬业"这一社会主义核心价值理念的认同。

3. 与农民打成一片

文化下乡积极融入农民的感情，使农民真正与主流文化打成一片。在贵州，近百支由文艺工作者和文艺志愿者组成的"多彩贵州山地文艺轻骑兵"队伍深入基层，元旦、春节期间在所有贫困县辖区内的每个乡镇至少开展一场活动。尤其是在贵州的送文化下乡活动中，村民和文化工作者、志愿者一起表演，使文艺下乡真正融入了当地农民的情感。这些民族地区的农民本身能歌善舞、热情开朗，自己准备了芦笙舞、葫芦丝演奏，和文艺工作者一起载歌载舞，真正在与民同乐的艺术表演中获得了自我认同感，也认可了文化下乡的价值。

4. 精准的文化下乡服务

开展精准的文化下乡服务，使文化下乡能更加有效地提升农民的思想文化素养。湖北省打造"红色文艺轻骑兵"共 873 个分队，重点服务革命老区、贫苦地区、边远山区、少数民族聚集区，以"订单式""点单式"的文化下乡方式，针对不同地区群众的不同文化需求，开展了 10920 场文化惠民活动，包括送戏下乡、非遗展示、社区文化秀、新春书画展览、公益电影播放等 20 多个类别。还利用抖音、斗鱼等新媒体平台进行线上线下互动活动 5000 余场次，全媒体推送活动信息 5300 余条，总浏览量突破 1 亿人次。这种"订单式"文化服务比较成功地满足了农民群众的文化需求，也从另一个方面反映了节假日期间农民文化需要之旺盛。相关部门应当抓住节假日农民群众休闲之际，高效推动文化下乡，丰富农民群众的精神文化生活，提高农村思想道德整体水平。

（二）推动文明实践中心等平台建设

文明实践中心是文化下乡推动农民思想道德水平建设的重要平台。湖南省永州市宁远县组织全县各文明实践中心（所、站），以"新时代·新宁远"为主题进农村、进社区、进景区演出，举办了多场村镇级春节联欢晚会，"农村春晚"成为提振当地农民精神面貌的新切入点。2019 年元旦、春节期间，广西依托新时代文明实践中心、新时代讲习所等阵地，将送文化活动与传政策、传法律、传科技等结合，打造城市乡村小课堂，努力探索"群众点单、院团配菜"的运作机制。

节假日的文化下乡以集中方式丰富了农民的文化生活，是短期内有效加强农村思想道德建设的方式，实践证明也很受农民群众欢迎。但是文化下乡应该常态化，社会主义核心价值观要主动占领农村思想文化阵地，在持续、稳定的文化浸润活动中推动农村思想道德水平不断提升。

（三）以树立先进典型带动农村思想道德建设

为了充分发挥农村思想道德建设先进典型教育人、引导人、鼓舞人的示范带动作用，积极在乡村营造孝老爱亲、向上向善的浓厚氛围，黑龙江省委宣传部、省妇联联合哈尔滨市委宣传部和方正县委、县政府举办了农村思想道德建设先进典型系列报告会，向广大农民群众讲述他们亲历的感人故事。类似的形式还有农村的道德讲堂。在脱贫攻坚的过程中，通过举办道德讲堂，提振贫困户的脱贫信心，成为产业扶贫之外的另一条文化扶贫战线。

四、推进诚信建设

（一）以信用制度建设为抓手推进诚信建设

当前农村诚信制度建设，除宣传作为道德品质的诚信、诚信的社会价值之外，比较新颖、关键的做法是结合银行信贷制度建设增强农民的诚信观念。在青海，邮政储蓄银行的"整村授信"政策让不少贫困村实现了脱贫致富。小额信用贷款，简单方便，手机就能操作，解决了农牧民融资难的大问题，深受农牧民欢迎。通过信用贷款，农牧民不但脱了贫，而且培养了信用意识。这个过程，其实是将思想道德建设融入脱贫攻坚工作的过程。它比单纯地宣传说教更能使农牧民快速有效地树立起"诚信"的社会主义核心价值观。

（二）以普法宣传教育为抓手使农民形成责任意识、规则意识

普法教育是加强农村思想道德建设的题中应有之义。乡村振兴越是深入进行，越要对农民加强法制教育，使农民知法、懂法、守法。山东省微山县昭阳街道举行"扫黑除恶·禁毒反邪"普法文艺演出活动，以生动活泼的形式，增强辖区群众学法、尊法、守法、用法意识，提升法治宣传教育效果。[①]

五、当前农村思想道德建设中存在的问题和改进策略

2019—2020 年农村思想道德建设取得了不少成绩。多数村镇能够紧跟上级党组织的领导，能够深入贯彻落实脱贫攻坚战略和乡村振兴战略，在产业扶贫、美丽乡村建设、乡村环境整治等方面，把党的政策真正落到实处。但仍然存在比较突出问题。比如，基层党组织思想道德建设流于形式、基层党组织宣传党的路线方针政策不够，农民思想中的封建落后思想仍未根除、农民面对市场经济的冲击难免产生各种非社会主义思想，甚至错误思想；还有一些农村地区封建迷信思

---

① 《普法促和谐弘扬新风尚》，《农民日报》2019 年 2 月 28 日第 8 版。

想沉渣泛起，赌博、吸毒、网贷也成为损害农民利益不可忽视的因素；家庭联产承包责任制虽然极大发展了农村生产力，但是由于对家庭维度的过多强调、集体经济力量的薄弱，导致不少农民重视个人家庭利益而忽略集体利益。另外，在县级融媒体中心和新时代实践中心建设过程中，还存在一些地区思想认识不足，偏重于将"两中心"的建设作为经济问题而不是思想道德建设问题的错误倾向，两中心的建设甚至成了各方赚取经济利益的手段而偏离了初心。面对这些长期积累、错综复杂的问题，要加强农村思想道德建设应当尝试从以下几个方面入手。

（一）以习近平新时代中国特色社会主义思想为指导，加强农村基层党组织建设

习近平总书记在《把乡村振兴战略作为新时代"三农"工作总抓手》的讲话中指出："实施乡村振兴战略，各级党委和党组织必须加强领导，汇聚起全党上下、社会各方的强大力量。""要充分发挥好乡村党组织的作用，把乡村党组织建设好，把领导班子建设强，弱的村要靠好的党支部带领打开局面，富的村要靠好的党支部带领再上一层楼。"①

乡村思想道德建设作为党的乡村振兴战略在精神文化层面的体现，必须发挥基层党组织的组织保障和模范引领作用。要加强农村基层党组织建设，可以尝试从以下几个方面入手。

第一，要抓住党支部书记建设这个关键节点。党关于乡村振兴战略的路线方针政策能否落实到个体农民身上，村党支部发挥着关键作用。在调研中，我们发现个别村党支部在脱贫攻坚战略和乡村振兴战略的落实中，形式主义作风严重，表现在对党的政策理解不到位、落实不到位，应付上级检查，浪费国家资源，以个人利益为重、敷衍集体利益，等等。究其原因，就是基层党组织建设不到位。基层党组织建设，尤其要抓好"一把手"——党支部书记的建设，要真正发挥村民自治的作用，从群众切身利益出发选举能带领群众振兴乡村的"能人""乡贤"。上级党支部、村民自治委员会要加强对村党支部和村务的监督，特别是农

---

① 《习近平谈治国理政》（第三卷），外文出版社，2020，第261页。

民自身，要提高自治意识和自治能力，要有渠道反映乡村治理当中存在的问题。

第二，农村党支部建设，要加强对党员干部的思想政治教育。要兴办农村党员培训班，使农村党员了解党的思想政治路线、国家法律法规、乡村振兴大政方针，使他们的思想跟得上国家发展大形势，成为乡村振兴的坚强战斗堡垒。在资金、技术和人才优先、公平向乡村流动的同时，要特别注意对乡村干部队伍的建设，要把农村一线作为锻炼、培养党的干部的重要途径，注意提拔优秀的"三农"干部。

第三，在党组织的领导下，尊重农民首创精神，创新村庄自治形式。湖北大冶市茗山乡的村民理事会制度体现了村庄自治形式的创新性探索，这个制度使一批能人、富人进入理事会和村"两委"任职，通过兴办企业、领办合作社带领农民增收致富、实现乡村振兴。①

（二）向农民宣讲党的乡村振兴战略，增强农民振兴乡村的主体意识

乡村振兴的主体是农民，这一点各级党委和政府要充分重视。相关政策措施符不符合当地实际，要先深入调研农民的看法。因为农民对自己村庄的生活条件是最清楚的，对自己的希望和需求是最清楚的，也是乡村振兴的直接利益相关方。

在脱贫攻坚推动过程中，发现农民当中存在不少"等、靠、要"的思想，甚至一些脱贫对象本身就没有脱贫动力，视党的脱贫政策为理所当然，"坐等"党和政府送钱送物的消极思想严重，有些人甚至态度傲慢。还有一些农民只注重家庭利益忽视集体利益，甚至一些党员干部本身也不重视集体利益，以集体事业为谋取私利的手段，对公共事业态度冷漠，甚至借机变相谋取不当利益。有些农民对党和政府的政策缺乏正确理解，缺乏大局意识，对乡村振兴的种种举措采取观望态度。诸如此类问题，反映出加强农村思想道德建设的迫切性。

（三）深入推进脱贫攻坚要与乡村振兴有机融合

在调研中，发现有些村庄的脱贫攻坚就是对照上级要求的几点贫困户准入条

---

① 陈江凡、何红卫、王泽农等：《牢牢把握乡村振兴的着力点》，《农民日报》2019 年 2 月 27 日第 1 版。

件，简单找出几个贫困户，向其发放国家补贴，按要求为贫困户改建房屋、庭院，发放救济资金，而入选的贫困户基本都是没有劳动能力的孤寡老人。虽然孤寡老人确实需要帮助，但这种脱贫攻坚方式存在应付工作的嫌疑，最根本的是，这种输血式的脱贫攻坚没有与乡村振兴的战略结合起来，缺乏产业支撑，是不可持续的。脱贫攻坚与乡村振兴相融合，才是解决贫困问题的根本路径。这是整体性、系统性思维方式。脱贫攻坚不是简单地给"划定"的贫困户输血，也不是定期给贫困户发放补贴而忽视整个村庄的可持续发展。只有找到乡村振兴的产业之路，激发乡村振兴的内在产业动力，脱贫攻坚才能取得彻底的胜利。说到底，没有与乡村振兴相结合的脱贫攻坚，其性质就转变成了救济工作，而不是真正的脱贫攻坚，也不具有世界意义。只有脱贫攻坚与乡村振兴的有机结合，才能在乡村产业发展、生态宜居、乡风文明的基础上，保住脱贫攻坚的成果。

（四）充分利用农村思想文化建设的多种手段

据中宣部数据显示，截至 2018 年底，全国共有农家书屋 58.7 万家，向广大农村配送图书突破 11 亿册。[①] 农家书屋在巩固农村思想文化阵地、推动农村精神文明建设方面已经发挥了重大作用，但是还存在不少突出问题，最根本的原因是农家书屋不能满足农民的精神文化需求。农家书屋不能是一个僵化的、形式主义的、应付差事的设施，应当转换思路，扩大经营服务形式和范围，无论图书的选择，还是文化宣讲形式的制定，都要符合农村的实际、满足农民的现实需要，实现"农民点单"式服务，使党的思想文化阵地能在农家书屋牢固地保存下来。利用农家书屋定期举办讲座，向农民宣讲实用的知识，促进农村思想道德建设，应当成为农家书屋的规律性、长期性活动，应当成为当代农村的"农民讲习所"。

当前我国农村居民的文化消费支出占比普遍增大，通过广播电视、网络新媒体、自媒体等平台获取信息成为农民获取信息、进行文化消费的重要形式。除了线下送文化下乡，还要注重占领线上思想文化阵地，利用各种网络平台向农民推送符合社会主义核心价值观的文化产品。

---

① 史竞男：《农家书屋深化改革再出发》，《农民日报》2019 年 2 月 27 日第 2 版。

除了运用传统的宣传手段，还应注意通过必要的经济手段来加强农村思想道德建设。在社会主义市场经济条件下，社会利益主体多元化、思想文化多元化，不少农民的思想观念受到一些错误思潮的影响，漠视社会主义核心价值观。针对这种情况，可以以农村银行信用体系建设为抓手，推动农村诚信建设；可以以乡村人居环境整治为抓手，推动农村居民正确的审美观建设；可以以产业扶贫为契机，在农村倡导"劳动光荣"的正确价值观念；可以以文化建设为抓手，推动在农村形成既继承优秀传统文化又弘扬社会主义核心价值观的良好社会风气。

（五）文艺汇演、送文化下乡已成为乡村文化建设的普遍形式，但这些形式要适应农村的新变化

文艺汇演、送文化下乡，这些乡村文化建设的传统形式已经比较普遍，相关主体也已经积累了比较丰富的工作经验，在实践中收到了比较合于预期的效果。但这些文化建设的传统形式面对新的社会条件时要注意不断变革自身，特别是要突出农民的主体性，吸引农民群众积极投入文化下乡活动。浙江省温州市平阳县在这方面做了比较成功的探索。平阳县 16 个乡镇成立了 181 个乡村艺术团。[1] 这些艺术团的突出特点是，吸引广大群众参与实现了从"送文化"到"种文化"的转变，打造了村民"自我创造、自我表现、自我服务、自我教育"的公共文化供给模式。随着乡村艺术团的不断成长壮大，不但服务了全县农民的文化需求，还有走入演出市场提振乡村经济的潜力。这种自我教育的模式，是最能调动农民思想道德建设积极性、最能达到教育效果的文化形式。

（六）推进农村思想道德建设，要有大局意识、系统思维

当前，个别农村地区领导干部在工作中存在重视物质文明、忽视思想道德建设的做法。其实思想道德建设作为一切工作的"灵魂"，是必须要与物质文明建设同时抓紧、抓好的。如果只重视物质文明、重视工作中"硬指标"的完成，最终由于人的思想道德建设滞后，这些"硬指标"也是难以维持的。所以一定要

---

① 金珍杰：《"众乐乐"的乡村艺术团晋升"新网红"》，《农民日报》2019 年 3 月 4 日第 5 版。

有物质文明和精神文明两手抓的大局意识、系统思维，在推进经济建设的同时，抓好思想道德建设，以脱贫攻坚与乡村振兴的有机融合为抓手推进思想道德建设。推进农村思想道德建设，一定要结合乡村振兴的实际，在脱贫攻坚和乡村振兴的有机融合中，在发展产业、美化乡村人居环境、推进城乡公共服务一体化等措施中，真正使农民群众认可并自觉践行社会主义核心价值观，使农民群众认识到社会主义核心价值观不是空洞的，就体现在脱贫致富的产业路径上、体现在美好的生活环境上、体现在城乡公共服务一体化的公平正义上。

六、小结

2019—2020 年农村思想道德建设的基本特点，是以社会主义核心价值观为引领，以脱贫攻坚与乡村振兴的有机融合为抓手进行的。2021 年是全面建设社会主义现代化的开局之年，是否能开好局，是否能保住脱贫攻坚的成果，是否能顺利推进乡村振兴，以社会主义核心价值观为主体的乡村思想道德建设仍具有举足轻重的作用。思想道德建设从来不是思想道德建设自身的问题，这需要以大局意识、系统思维来理解。要使社会主义核心价值观深入人心，必须有社会主义的经济基础、经济体制和机制作为坚强后盾。要扎实推进乡村振兴，社会主义核心价值观所反映的经济基础和体制、制度基础不断落实、完善，使社会主义核心价值观才能深入人心，农村思想道德体系才能真正建立起来。

实现乡村振兴与中华优秀传统文化的结合

——对寿光、青州弘扬中华优秀传统文化工作的思考

王 正

一、乡村振兴中的关键问题

乡村振兴是党中央、国务院近些年工作的重心之一。其实整个近代，中国社会面对"数千年未有之大变局"，乡村的破败和衰落始终是阻碍中国实现现代化、实现中华民族复兴以及实现中国人民站起来、富起来、强起来的核心问题之一。传统中国近三千年的社会一直是农业为主、农民与地主为主体的社会形态，而西方近现代文明的社会则是工商业为主、资本家与工人为主体的社会形态。以工商业为主的西方近现代社会的工业革命所形成的生产力形态和生产关系样态，深化影响了传统中国的生产状况和人际关系。这具体来讲可以分成内外两方面：就外在来说，是西方近现代文明尤其是工业生产和城市文明形态所形成的经济、政治、文化新形式新中心，造成了原来农村生产生活方式的急剧衰落，以及经济、政治、文化中心的彻底转移。当然，中国从唐代以来，以宋代、明代为高峰，开始形成以城市为中心的政治、经济、文化形态，但这种形态是和乡村能够进行良好互动的，而近代以来的工商业式的城乡关系打破了传统中国的这种城乡互动，尤其是具有人员流动性的良性城乡关系，使得城市对农村形成了一种"虹吸"甚至"吸血"的效应。由此，政治、经济、文化上的农村都破败起来。就内部来说，是农村的生产方式、生活样态等都因为自身的去中心化和边缘化乃至破败化而产生了彻底的变化。以人际关系而言，传统中国以伦理为本位的乡村形态渐渐变得以个体为中心，甚至以冷冰冰的利益为中心；以生产方式而言，传统中国的小农经济即以个体乃至小家庭为中心的经济形态难以再创造实现更好的经

济效益，或者说必须采取新的生产方式才能够有更好的生产效率，进而产生足够的利益，否则就只能在贫困线上下的低水平进行生活生产。

可见，近现代以来的中国乡村始终面临两个方面的建设问题，或者说乡村振兴需要从两个方面入手：一是乡村必须更新自己的生产方式，让自己的生产效率、生产利益等大幅提高；另一方面是乡村的文化样态及人际关系仍要适度维持传统的伦理本位的人情社会，尽量免遭现代工商业原子式个人中心主义的影响。为了挽救乡村的破败状况、扭转乡村衰败的趋势，近现代的中国从政治势力到知识分子乃至乡土中的有识之士，都进行了诸多努力。梁漱溟、晏阳初等在民国时期进行的乡村建设、平民运动等，是知识分子下乡的一种乡村改造运动。它的特点是知识分子和乡绅等人士参与热情很高，并得到政府的适度支持。但正如梁漱溟所讲的，他们的乡村建设运动的根本困境在于他们在动，而真正应当动起来的乡村不动；换句话说，农民作为乡村的主体，是没有被鼓励着动起来的，他们自身挽救乡村状况和改变自身生活的积极性非常不足。与此同时，国民党政府也进行了一些乡村建设、乡村治理运动，而其面临的根本问题同样是无法真正令农民自身动起来。当然，这其中的一些问题也在于参与乡村建设运动的一些政府人士和相关人士动机不纯，贪赃枉法、徇私舞弊的事情很多，结果不仅没有拯救乡村，反而让乡村更受污染。在当时，真正能够让乡村尤其是农民动起来的，是中国共产党领导的土地革命运动。因为中国共产党从马克思主义中接受了教育，知道生产力决定生产关系的原理，因此他们发现土地问题是农村问题的根本，而历代中国的农民运动大都以均田为根本追求，所以中国共产党以土地革命作为拯救乡村、让乡村自我改革的基本方式，取得了巨大的成果。不过，中国共产党的土地革命也留下了一些问题，即虽然有文字普及、消除文盲等文化普及方面的工作，但整体来说对农民的传统伦理、人情风俗保护不足，甚至因为过度号召人与人之间的革命性而伤害了传统中国的乡村伦理。

因此，我们当下进行乡村振兴运动，一方面要重视经济方面的问题，真切改善农民的生产生活方式，否则无法让农民真正动起来；另一方面要注意生产关系特别是乡村文化、人际关系的问题。只有这样，农村才能一方面具有活泼的生产力，从而有足够的经济效益产出，吸引更多人留到乡村甚至回到乡村、来到乡村；另一方面让乡村的人际关系冷漠等问题在传统文化的伦理人情味中得到拯救，使农民摆脱冷冰冰的利益社会，形成具有人情味儿的中国乡村状态。正是在这种认识与思考下，笔者在山东挂职期间到寿光和青州的诸多乡村进行了考察调研，了解了当地的乡村振兴情况，尤其是中华优秀传统文化弘扬工作所产生的诸多作用。当然，这主要还是体现在对人情社会的重建上，但是颇为有趣的是，对人情社会的重建也会带来溢出效应及经济的发展和乡村关系的和谐、稳定。

二、以文化发展促进乡村振兴

就笔者在寿光和青州的调研情况来说，他们通过各自的方式，从中华优秀传统文化普及和弘扬工作入手，为乡村振兴作出了很多贡献。

寿光的中华优秀传统文化普及和弘扬工作模式是一种自上而下、多点开花、普惠度广泛的模式。寿光的中华优秀传统文化普及和弘扬工作主要由寿光市关心下一代工作委员会（以下简称关工委）的主席王茂兴推动的，王茂兴曾任寿光市政协主席，退休后在关工委工作，因个人既对寿光人民有深厚的感情，又对中华优秀传统文化非常热心，从而认为两者的结合可以带来双赢的结果，因此他利用自身多年的各种资源，在寿光自上而下进行了一系列的中华优秀传统文化的利民、利寿光的行动。在他的领导下，寿光的中华优秀传统文化普及和弘扬工作主要由以下几个方面组成。

一是婚姻调解。王茂兴发现，寿光因为经济发展比较快，所以乡村出现了离婚率偏高的问题。为此，王茂兴带领一批义工在寿光市民政局离婚处做起了婚姻调解的工作。由寿光市的数百位义工组成的 10 余个团队，每天在民政局离婚处进行调解。他们通过讲述传统文化的夫妻之道、父子之道、母子之道等，给要离婚的人讲解家庭的重要意义，尤其是夫妻之间关系的来之不易以及亲子关系的重要影响等，从而达到一定程度上缓和夫妻矛盾进而让夫妻暂缓离婚，进入冷静期，乃至让家庭回归平和的状态。尽管目前的劝和成功率只能达到三四成，但事实上已经使寿光连续增长的离婚率开始进入了平稳期，甚至这两年开始出现了回落的现象，从而更好地维护了家庭的和睦及社会关系的和谐。这样的模式显然是只有借助自上而下的力量才可能推动的，否则是难以进入民政系统而发生普遍作用的。

二是幸福餐厅等。以王茂兴为中心力量的团队，借助诸多的行政资源，在寿光的很多乡镇、街道和村落开展了饺子宴、生日宴、幸福餐厅等活动。幸福餐厅是王茂兴等借鉴雨花斋的工作模式，在一些乡镇、街道进行的农村养老模式的一种探索。他们发现，农村老人养老最关键的问题是每天的吃饭问题，因为他们的儿孙即使在寿光本地工作，也会有中午不在家的情况，这样，老年人的吃饭问题就成了生活中最大难题。为此，他们开设了幸福餐厅，即由个体每顿饭拿出一二元，由街道、村等支持每顿饭一部分费用，保证每个村民至少中午能吃上一顿成本在十元左右的饭菜，要求菜至少是一荤一素，还有主食和汤。在这个基础上，他们又设置了饺子宴和生日宴。饺子宴即每月有一天为老人包饺子。因为在中国传统中，吃饺子是一件很隆重的事情，所以通过饺子宴可以提升老年人的幸福感。生日宴是为80岁以上的老年人庆祝生日，为他们改善伙食，尤其提供生日蛋糕，这样就让老年人有了更强烈的幸福感。通过幸福餐厅、饺子宴、生日宴，农村的老年人得到了老有所安、老有所养的幸福感，并收到了意想不到的效果——老年人之间多年的积怨，通过晚年的共同生活、共同养老得到了解决，从而让村子中很多陈年问题得到了一定程度的缓解，大大改进了村民之间的关系，也促进了村级、乡镇工作的推进。当然，其中关键的还是为中国农民的养老问题，探索了一种个人和集体互动的良好路径。

三是中华优秀传统文化的教育。由王茂兴领导的团队得到了寿光市委、市政府的大力支持，他们在市委、市政府南边的寿光新时代文明实践中心专门开辟了办公场所和教学基地，从而为他们的老年大学、传统文化人才培养、传统文化经典教育等创建了丰富的教学空间，让他们有了日常的活动基地。寿光的传统文化教育借助活动基地这个中心地点，培养了更多具有一定素质的义工团队，并为散落在当地各个乡镇、街道、村落、书院的传统文化培训点进行中华优秀传统文化普及和弘扬的培训工作。需要指出的是，王茂兴的团队也经常在寿光市委党校和寿光农村干部学院举办大型的针对乡镇机关干部的中华优秀传统文化培训活动，并将中华优秀传统文化普及和弘扬工作推进到其他机关单位、企事业单位等寿光的诸多领域，带动了更多干部群众加入其中，有更多寿光的基层村委开始支持中华优秀传统文化普及和弘扬工作。

青州的模式与寿光不同，它是由中国社会科学院宗教所赵法生研究员号召一大批民间志愿者共同推动，是以民间力量和村委支持为主的乡村振兴和传统文化复兴尝试。赵法生认为，儒学复兴有学术理论、实践落实两个层面，两者都很重要。尤其是鉴于传统中国人以"家"为中心的宗法社会解体后，新型可以安顿民众身心、生命的社会自组织形式尚未形成，所以他在青州进行了乡村儒学的一系列工作，尝试以儒学为原点，为生活在乡村的人重新建立一种美好的公共生活。有别于寿光自上而下的普及面更广的形态，青州的模式是以几个具体村落的乡村儒学讲堂工作和县中心的松林书院儒学普及工作展开的。一批具有极强责任心和极大爱心的义工，每周定期到乡村儒学讲堂进行义务服务工作，同时在县中心的松林书院进行传统文化教育工作。这两项工作具有一定的相似性，因此笔者对青州的中华优秀传统文化普及和弘扬工作以另一种模式进行相应讨论。

第一，关于儿童。青州的乡村儒学一方面针对乡村的留守儿童，另一方面针对县中心希望接受传统文化教育的儿童。这些孩子在父母或祖父母的带领下，到乡村儒学讲堂或松林书院学习相关课程。课程一般包含经典诵读、德音雅乐及一些身体锻炼和回家孝敬父母的实践活动等，如学习《弟子规》《孝经》《论语》《孟子》等经典著作，学唱《游子吟》等诗歌，让儿童回家后做家务乃至为父母洗脚等，从而让儿童对中华传统文化耳濡目染，并真切改变他们的精神气质和生活态度。

第二，关于中年人。这部分内容主要是针对来乡村儒学讲堂和松林书院接受教育的儿童的父母，因为他们有兴趣、有意识让孩子学习传统文化，他们自己也希望在其中受益。为此，赵法生和义工团队，开发了一批针对中年人的学习课程，既包括传统文化经典的学习，如《弟子规》《孝经》《了凡四训》等，也包括儿童教育方法、儿童心理改善等课程。另外，他们还专门设置了中年人交流的空间，让他们交流学习心得、家庭困难、教育经验等。应当说，这部分工作取得了超过预期的效果，中年人是社会的中坚力量，其实他们的心理健康和生活状态特别需要被关怀、被辅导，当前社会恰恰缺乏这方面的相关工作。而青州乡村儒学利用中年人送孩子来学习的时间，对他们也进行相应的教育、抚慰工作，由此获得了更多的认同，也让诸多参与者和家庭得到了更多的幸福。

第三，关于老年人。这部分内容主要针对乡村的留守老人，他们的生存状态其实堪忧。为此，赵法生和义工团队，每周到乡村儒学讲堂组织乡村老人一起学习传统文化，实际上是通过学习传统文化为老年人构建一种公共生活空间，从而让他们能更好地互相交流，以缓解他们的孤独。同时，义工团队会倾听老人在生活中的困苦并对他们进行开导和对一些问题给予帮助解决。另外，义工团队中的一些中医保健医生会为乡村老人解决身体上的一些病痛。赵法生目前也在尝试开展一些乡村老人养老的实践尝试，但目前情况还不太成熟。

三、乡村振兴中的文化工作如何继续推进

笔者通过在寿光和青州进行的中华优秀传统文化普及和弘扬工作的调研，发现相对于梁漱溟、晏阳初等人的乡村建设运动，尤其是其中的传统文化复兴来说，寿光和青州的相关工作有三点具有重要意义和值得借鉴的地方。

首先，乡村重建的推动主体问题。虽然寿光和青州的中华优秀传统文化普及和弘扬工作有自上而下和自下而上两种不同形态，但即便是自上而下的形态也是由乡村干部推动的，他们对乡村情况及民众需求的了解程度要远远高于梁漱溟、晏阳初等民国时期的知识分子。如梁漱溟曾说，他在搞乡村运动之前，跟农村没有关系，因此，他对乡村农民的痛痒问题其实没有最真切的了解。而青州、寿光的中华优秀传统文化普及和弘扬工作都是由乡村中的干部群众及来源于乡村的县级文化人士推动的。因此他们所进行的诸多传统文化和乡村振兴结合的活动内容，都能直切当地农民的需要和心中所想，能够深入地对农民生产生活和乡村振兴有实质性帮助。

其次，乡村重建中的空间问题。梁漱溟、晏阳初等所从事的乡村重建运动一方面试图和民国政府保持一定距离，尤其希冀知识分子下乡所带来的中立性，从而让乡村重建运动保持一定的中立性、独立性；另一方面又需要民国政府给予必要乃至充分的经济、科技等方面的支持，从而让乡村的经济状况得以振兴。这之

间的巨大张力，其实在很大程度上决定了他们的乡村重建运动难以进行。而在寿光、青州的中华优秀传统文化普及和弘扬工作中，我们可以发现两种不同样态所带来的差异性张力以及对此问题的更丰富理解。一是虽然如寿光的中华优秀传统文化普及和弘扬工作模式和寿光市委、市政府有很多关联，但因为从事最基层工作的主体还是以中小学教师等民间义工为主要构成的，所以其展开工作的很多形态还是具有一定中立性的，也就是可以对民众有真实的、中立的，而不是单纯出于宣传等目的的切实帮助。二是青州的情况几乎是由县城义工和乡村农民为主体进行的，其中立性较寿光更强。当然，青州的这种中立性并不是彻底的独立性，而是和当地村委有良好的互动关系，进而能够获得乡村空间的支持。可见，追求彻底的中立性既是不可能的，也是不必要的，而是应当在张力性中寻求对农民最有益的互动状态和适宜当地的工作方法。

最后，如前所述，梁漱溟担忧的他所从事的乡村建设运动的最大的困难在于乡村的主动性问题，也就是农民的积极性问题，这个问题无论是在寿光还是在青州，都得到了很大程度的解决，即农民经过了一段时间中华优秀传统文化普及和弘扬工作后，都开始具有自发、自主的行动倾向，他们的积极性正在日益高涨。而因为上述寿光、青州的两种形式有所不同，他们的具体情况也有一定差异。因为青州中华优秀传统文化普及和弘扬工作的中立性更强，所以义工和村民的互动性更强，当然这种中立性也造成他们的普惠面会比较小，但的确相关工作的互动性、村民受益的深入性要更加丰厚些，几个村子的村民的积极性、主动性大部分被调动起来。寿光的中华优秀传统文化普及和弘扬工作在互动深入性和农民主动性上相较青州要弱些，但是因为其自上而下的力量更强，普惠面较青州广泛很多，所以它事实上开始在农民心中种下改变乡村的种子，从而让更多人受益。尤其是寿光日益制度化的幸福餐厅、饺子宴、生日宴等，在解决农民养老问题的同时，也构建了农民的公共空间，从而一定程度上使村里的一些陈年问题得到了缓解，客观上促进了村民之间的和谐和村子的稳定，因此更多村民的主动性、积极性开始被调动起来。

当然，寿光和青州的中华优秀传统文化普及和弘扬工作中也有一些问题值得继续探讨和深入思考：一是未来乡村振兴中的中华优秀传统文化普及和弘扬工作能否形成更加完善而持久的民间力量和政府互动支撑的结构。一方面，民间力量能否得到更多经济资助和相关支持，以及自身的组织结构能否更加完善？另一方面，政府能否持续给予民间力量一定空间，并与之进行良性互动？二是未来乡村振兴中的中华优秀传统文化普及和弘扬工作能否和学术界深刻互动，实现良性的梁漱溟意义的"知识分子下乡"？尤其重要的是，学术界能否为民间、乡村提供真正有生命力的思想资源与意义理论？这可以分为4个方面：一是学术界应当起到正视听的作用，比如在目前乡村的中华优秀传统文化普及和弘扬工作中，一些参与者因为对传统文化的认识不够深刻尤其对传统文化的创造性转化与创新性发展没有了解，所以还拿着传统文化中的一些糟粕（如男尊女卑等）进行工作，长久来看，将造成很大伤害；二是学术界应当为民众提供真正可以让他们安身立命的新理论，即为普罗大众提供令他们能身心安宁的"信仰"理论，但目前这方面的成果是非常少的。三是无论是在寿光还是青州的中华优秀传统文化普及和弘扬工作中，女性的参与积极性和人数远远超过男性。其原因不仅有男性外出打工的因素，也有中老年男性恰恰缺乏公共性生活追求的因素，因此在未来的中华优秀传统文化普及和弘扬工作中能否吸引更多男性参加，以及男性能否通过其深入参与为乡村振兴带来更多的积极因素是一个重要课题。四是当乡村儿童成长后乃至走出乡村后，他们是否能参与并逐渐予以反哺，从而为乡村的持久振兴和中华优秀传统文化普及和弘扬工作的长期展开带来无穷的动力，而这就不仅需要乡村振兴中的文化建设工作，更需要乡村振兴的经济发展等方面予以配合。

总之，近年来，寿光和青州的中华优秀传统文化普及和弘扬工作如火如荼地展开着，它们不仅为乡村振兴带来了文化上的改变力量，而且浸润所及，带动了乡村的人际关系和谐、管理的有效乃至经济的发展。这提示我们，中华优秀传统文化具有多样的利益人民、利益国家的作用。当然，在这个过程中还有一些问题值得反思，还有一些工作应当得到进一步提升。这既需要现实参与者自身进行不断反省，更需要学术界帮助他们进行思想水平上的提升、观念理论上的更新乃至更多外来资源的引入，只有这样，中华优秀传统文化普及和弘扬工作和乡村振兴的良性互动才能更加持久并让更多的农民受益。

家园如何重构

——寿光、青州的乡村儒学观察与反思

范文丽

一、序言

2020 年 10 月至 2021 年 10 月，笔者与几名同人一起赴山东寿光挂职，得以从静室书斋走向田间地头，真切地观察文化史之外流动着的文化、乡村叙事之外鸡鸣犬吠中的乡村。行走，观察，讨论，思考……一年的挂职生活与工作重构了笔者的认知系统，笔者越过自身原本略显单一的知识体系，不断更新自己对这片土地的认知，试图去理解现代性给我们这个社会带来的结构性改变，去感知身处时代洪流中人们的伤痛与希望，去思考当下社会所面临的困境和可能出路。

2021 年 3 月，挂职团几位同人在寿光和青州两地参访由中国社会科学院宗教所赵法生研究员发起的乡村儒学活动，先后走访了孟埠村、北道村、井塘村、南兵村、青州市松林书院、寿光市仓颉书院等地的儒学讲堂，实地调研了乡村儒学儿童班、老人班、家长班、教务会，亲身参与讨论儒学讲堂的课程设计、运行方式、有效经验、潜在问题、未来愿景等。在走访和讨论中，笔者逐渐意识到，赵法生等推动的乡村儒学活动就像一剂药方，试图根治我们这个时代所面临的诸多"病症"，比如人口流失带来的农村养老困境，城市化带来的乡村凋敝问题，中国基层的文化振兴难题，等等。这些表面问题，共同揭示了当前中国的一个文化困境：传统中国以"家"为主心骨的宗法社会解体了，却尚未形成普遍有效的新型社会自组织形式。这一困境和它所带来的诸多社会问题共同显现出来，对应了那个贯穿千年的疑问：如何建立一个"老者安之，朋友信之，少者怀之"的幸福社会？

本文以考察期间的几处观察为起点，对农村空巢老人养老困境、乡村凋敝趋势、县域城镇在新时代的基层功能、县域文化振兴的可能方式等几个问题略作探析。

二、空巢孤影：农村养老之结构化困境

走在乡间小道上，见到最多的是各种各样的老人。走访北道村儒学点时，我们参加了老人班的开班仪式：几十位老人挤满了小屋，大家坐在自带的小凳上，听志愿者老师依《弟子规》讲人际关系相处之道。隔壁光线昏暗的小屋里，一个电取暖器红灿灿的，看着颇热烈，但屋里温度并不高。两位儒学班请来的中医志愿者在帮老人针灸、推拿，一些老人在絮叨着自己身体的病痛，一些老人则沉默着等待。在与志愿者的沟通中，我们了解到，让老人走进乡村儒学讲堂通常是很难的。"欲令入佛智，先以欲勾牵"，儒学讲堂通常会用发放奖励、提供服务的方式吸引大家前来，然后再慢慢想办法让大家留在课堂。

据了解，北道村目前400多常住口人中，有100多位老人，比例近30%，其中不乏孤寡、独居老人。北道村的老龄化现象不仅是当前中国农村的缩影，也是我国未来几十年中要面临的一个重大问题。根据2021年5月11日公布的第七次全国人口普查结果，我国14亿多人口中，60岁及以上人口约为2.64亿人，占比约为18.9%，其中65岁及以上人口约为1.91亿人，占比约为13.6%，国家人口老龄化的程度进一步加深。根据联合国的标准，中国已经是老龄化社会（65岁及以上人口占比超过7%），十分靠近深度老龄化社会（65岁及以上人口达到14%）。与此同时，出生率和死亡率都在下降，新生人口严重不足，而赡养压力却在逐渐加大。根据联合国的推演，亚太地区赡养率将从2000年的10.9%下降到2050年的3.8%。总之，我国社会的老龄化将会在接下来的几十年中逐步加重，成为一个无法回避的社会现实。

对不同的群体，衰老会造成不一样的困境。人是社会性动物，相应地，衰老也不仅仅是头白齿弱力微的生理进程。与肉体机能和思维能力一块萎缩的，还包括人的社会性和公共性。年轻时候，人可以有很多角色，通过血缘与家庭成员连

接，通过工作与职场同事连接，通过兴趣爱好与朋友连接，通过社会影响力与大众连接……而衰老，意味着人在社会关系这个层面也一并衰微——人与社会的连接点越来越少，能够维持的社会关系越来越单薄。对于今日农村的众多老人而言，他们的困顿不仅来自衰老本身，还来自生活结构所造成的社会性难题：年轻人进城了，但大量老人滞留在农村，他们或者无处可去或者不适应城市生活，成为衰败乡村的最后居民。他们年老体衰，知识和技能也基本过时，无法再为社会提供价值，又没有自组织能力。若无外在力量干涉，他们会成为被遗弃的一群人，将是老年贫困、老年孤独等问题的最主要承受者。

赵法生教授试图以乡村儒学的建设作为抓手，为农村的老龄化问题寻找解决方案。他打算在北道村试行一种互助养老模式，呼吁大家帮助需要照顾的独居老人，并对这种志愿服务行为进行积分，等到他们自己有一日需要帮助时，得分高的可以优先获得服务。这个听起来很美好的模式实际践行起来可能会有很多的困难：北道村不是封闭的系统，在离乡潮流中，人们会愿意为渺远的未来储值吗？照顾老人不是一种标准化行为，针对不同的行动，工分如何计算？这种类货币的积分制、类商业的运行模式适合用来处理这种传统依靠道德才能解决的问题吗？

目前，世界上已经有很多养老解决方案了。比如北欧福利国家的政府养老、当前我国各处试行的商业养老、民间自发形成的互助养老、社区提供辅助服务的居家养老，等等。然而，没有一种养老方式能够解决所有问题，因为老龄化问题本就不是"一个"问题，它是很多问题的集合。本质而言，它是"人要如何度过这一生？"这一宏大哲学问题的一个分支。具体而言，它是当我们无可避免地进入"衰弱肉枯筋皮裹，头白齿脱身羸瘦，扶杖蹒跚体难直，根衰苦迫力微弱，不能作事如弃薪"这种状态的过程中时，如何还能够让自己继续保有生存的安全、生活的幸福、生命的尊严？在我们这个社会中，它实际上还涉及更为深远和复杂的社会原因：随着城市化的发展、人口的大规模迁移、农业社会的解体，传统中国给老人提供赡养和综合性人际关系支撑的社会结构一并被破坏，飞速发展的时代进程无暇顾及逐渐蹒跚的老人，结果就是他们的身体、心灵以及社会关系三个层面均走向凋零。

这些问题之所以难以化解，在于其成因复杂，是一种结构化的困境——由多种原因互相交织、互相障碍而成的网络，将身处其间的人束缚于网络之中，难以解脱。这种结构性的困境，或许可以追溯到现代性本身的沉疴：它在给这个世界带来物质繁荣、个体自由、天性解放的同时，也埋下了种种危机。

三、"家园"凋零：现代化进程中的乡村

依费孝通之《乡土中国》，传统中国的基层是乡村——一种基于熟人关系的礼俗社会。乡村社会之运行更多地依赖于人与人之间个别性的情谊，而非普遍性的规则，后者是法理社会才通行的制度。在熟人社会中，秩序建立于依血缘而自发形成的亲疏远近"差序格局"中。在这种格局里，很难形成现代意义上的"公共生活"[①]，只有由近及远、由小而大的家国天下情怀。即使推及天下，也是一种"无私之私"——"以国为家""以天下为己任"向来为中国人所颂扬，本质上这是将公事变成私事，从而展现自己的无私。

这种乡村社会秩序在现代化进程中被冲得七零八落，这一冲击最早可以追溯到百年前的那场变局。当时正值五四运动之后东西文化大讨论的浪潮，有识之士忧心于中国文化的未来，在维持传统、中西并用、全盘西化等几种不同路线间展开辩论。然而，不管是哪一条路线，都认为中国传统文化是有问题的，是需要调适甚至推翻的。——在此之前，几十年的国力倾颓逼得知识分子们不得不反求诸己，反思和重审自身文化传统的价值。由彼时开始的中国现代化进程迄今已过百年，现代化本身就带着反传统的天性，而我们民族的现代化是从几乎国破家亡的苦痛中开始的，所酝酿的反思和批判力量更为彻底。过去百余年间，国人带着对西方文化的仰慕和对祖宗家法的轻视，走入现代化进程，与这一进程并列而行的，还有我国的工业化、城镇化。诸种因缘共同摧毁了中国大多数地区延续千年的宗法社会，传统的乡村凋零了，留给我们的是空心化的农村和拥挤的大小城市。农村是不同于乡村的。农村对应于城市，是一个经济概念，强调物质方面的

---

① 中国传统社会中，寺院曾经在某些年代承担过社会公共空间的功能。参见乔婧《重建寺庙：当代乡村社会的公共空间再重塑》，硕士学位论文，中央民族大学，2012。然而，在"政主教从"的中国文化传统里，寺院本身随着佛教的兴衰而起落无常，因此未能成为中国文化史中一种普遍而持久的公共生活形态。

内容差异；而乡村则对应于当下的都市，"指的是一个内涵更丰富、内容更综合、更有情感色彩和人文关怀的生产生活共同体，更加强调精神价值，生活方式和归属感，凸显的是相对于都市来说的综合性关系，它的本质含义是'家园'"[①]。

在肉眼可见的乡村种种衰败表象之下，潜藏着一个根本的问题：在今日的农村，人们没有一个完整的人际关系——农村正在被遗弃，少壮劳动力纷纷离开，留下的老弱病幼无法建立起一个完整的社会，更无法依靠这种残缺的人际关系得到身心之安顿。

所谓完整的人际关系，在不同的文化传统、不同的社会进程中，其构成要素并不一样。在传统中国，完整的人际关系是由宗族提供的，家既意味着小家庭，也意味着同姓、同宗的大家族。生长在大家族中，夫妻作为最小的社会单位，形成力量核心；上有老、下有小，形成明晰的责任牵绊和情感归宿；中间层的兄弟姐妹、堂兄弟姐妹、表兄弟姐妹之间密切往来，形成种种利益和感情的牵连与合作。与宗族伴随的是宗法，换言之，宗族为社会提供由法律到道德的一系列行为规范和共同生活契约。由此，家为人提供了丰沛的社会关系，而人作为社会关系的总和，其支撑力量绵密、丰富、多元。他们的个体生活世界嵌入由家族所构筑的集体生活世界中，身心皆有家园可安顿。

处于这种结构下的农村，才可以被称为乡村。这个名字带有人们对故乡、家园的期许。百年前的能人志士将铁拳砸向孔家店时，可能没有意识到，他们同时摧毁了中国人延续千年的传统的生活结构。这种生活结构提供了个体与个体之间联系的普遍方式，为人们构建了绵密、丰富的人际关系。然而，现实情况是，今日中国的大多数农村，已经失去了家园的含义。家园凋零的第一个特征，就是农村人口的流失。第七次全国人口普查显示，全国人口中，人户分离人口约为4.9亿人，其中，市辖区内人户分离人口约为1.17亿人，流动人口约为3.76亿人。流动人口中，跨省流动人口约为1.25亿人，省内流动人口约为2.51亿人。与2010年第六次全国人口普查相比，人户分离人口增加2.31亿人，增长88.52%；市辖区内人户分离人口增加0.77亿人，增长192.66%；流动人口增加1.54亿

---

① 王立胜：《乡村振兴方法论》，中共中央党校出版社，2021，第9页。

人，增长 69.73%。① 每年春节，几亿人次的人口返乡，已经成为当下中国一道独特的景观。

在这种人口流动的局面下，家族结构被破坏殆尽：中间层的壮劳动力多数已经离开故乡，以"原子态"散落在大大小小的城市之中，少量留在农村，往往挣扎在是否离开故土的两难境地中；孩子多数被带入大城市，少数留在农村，或者与父母一起面对城市化带来的乡村困境，或者成为双亲不在身边的留守儿童；大量的老人则无处可去——或者子女在大城市勉强立足无法给老人在城市提供一份生活，或者老人自身无法适应城市的生活——滞留在农村，成为留守老人。对于衰败之乡村的留守者而言，宗族社会的破坏同样带来宗法社会的破坏，不仅安置角色身份的家族丧失了，人们心理的依托也丧失了，原有的道德习惯被破坏，而新的规范系统又未能完全建立。人们变成一个个的"孤岛"，在各自的海域里面对生活的风浪。

身处充沛的人际关系中，人们可能无法意识到它的重要性，正如水中的鱼儿感受不到水的存在。然而，当我们从中被抽离出去，很快就能体会到，人的社会维度是生命非常重要的部分，不可或缺。亚里士多德说，"人是天生的政治动物"。马克思在《关于费尔巴哈的提纲》中说，"人的本质并不是单个人所固有的抽象物。在其现实性上，它是一切社会关系的总和"。马斯洛的需求层次理论认为，人在满足了最基本的生存和安全需求之后，还有社交需求——寻求与他人建立感情的联系；被尊重的需求——对尊严、成就、地位、威望的寻求；认知需求——好奇、探索，寻求对世界的理解；审美需求——欣赏和寻求平衡、美感、诗意、浪漫等；自我实现的需求——寻求自身潜能的发挥和完善；超越需求——寻求超出一己之身的宏大体验，比如科学探索、宗教信仰、为人民服务等。以上种种理论都指向关于人的一个现实：人需要通过与他者、与世界的互动获得自身存在的意义。

赵法生所推动的乡村儒学，就是希望通过儒学课堂为这个衰败的乡村重建曾

---

① 国家统计局、国务院第七次全国人口普查领导小组办公室：《第七次全国人口普查公报（第七号）——城乡人口和流动人口情况》，国家统计局官网，http://www.stats.gov.cn/ztjc/zdtjgz/zgrkpc/dqcrkpc/ggl/202105/t20210519_ 1817700.html。

经的那个家园，那个为人们身心提供安顿的地方。乡村儒学，其意不只在儒学，而是以儒学作为起点，试图在我们这个时代，重新建立起一种传统宗法集体生活之外的公共生活。公共生活的建立，有赖于足够数量的人群，更有赖于人群对人际关系的共识。

然而，若以农村作为乡村儒学的据点，最多只能为留守农村的人们增加一点寄托，它并不能改变城市化、现代化的发展方向，也无法扭转乡村凋零的趋势。实际上，如果想让乡村儒学真正发挥凝聚人心、建构家园之文化作用，想重建中国人心目中之乡土，着眼点可能不应该放在农村，而应该放在县域范围内的城镇。原因在于，不管从经济上、社会上来看，还是从政治治理上来看，县域范围内的城镇都已经成为当之无愧的新基层。

四、新基层：新时代县域的新面貌

县域城镇成为新乡土的可能性，是与我国的城镇化和大城市化进程息息相关的。第七次全国人口普查显示，全国人口中，居住在城镇的人口约为 9.02 亿人，占比为 63.89%（2020 年我国户籍人口城镇化率为 45.4%）；居住在乡村的人口约为 5.1 亿人，占比为 36.11%。与 2010 年第六次全国人口普查相比，城镇人口增加 2.36 亿人，农村人口减少 1.64 亿人，城镇人口比重上升 14.21 个百分点。[①]从人口比例来看，我国社会已经从以小农生产为主的传统乡村型社会转向以工业和服务业等非农产业为主的城市型社会，城镇化进程基本完成。这意味着，大多数的中国人将居住于大大小小的城镇，其私人领域和公共领域的建构都将在城镇生活中展开。换言之，中国的基层可能将不再以村落的形式出现，而是以县域城镇的形式出现。

在今日城镇化和大城市化进程中，县承担的是城乡连接的功能，县的发展生态，直接体现了新时代的城乡关系模式。王立胜《乡村振兴方法论》主张，乡村

---

① 国家统计局、国务院第七次全国人口普查领导小组办公室：《第七次全国人口普查公报（第七号）——城乡人口和流动人口情况》，国家统计局官网，http：//www.stats.gov.cn/ztjc/zdtjgz/zgrkpc/dqcrkpc/ggl/202105/t20210519_1817700.html。

振兴需要以县为基本实施单位来落实，因为县在国家治理体系中处于枢纽地位，在城乡关系中居于枢纽地位。"乡村振兴一定要根据资源禀赋和产业发展基础，进行突破村庄范围甚至乡镇范围的区域规划，在这个范围内有些村庄要消失，有些村庄要转型，一切服从于规划。"[①] 目前中国已经有很多县悄然符合了这种产业振兴的模式。

以县级市寿光为例，整个寿光的产业模式呈现"蔬菜种植业—大农业—完整工业体系"的三级模式：蔬菜作为寿光的标志性产业，在20世纪90年代率先通过大棚技术占领市场，通过规模化生产建立壁垒，为寿光发展赚取了第一桶金，同时帮助建立了寿光蔬菜之乡的形象。然后，寿光通过建立标准化的由育种，到种植，到蔬菜集散，到销售的完整农业产业化流程，在农作物生产方面建立起了丰富而细密的产业体系，市场份额足够大，壁垒足够高，势能足够大，成为蔬菜生产领域难以逾越的高山。最后，经由蔬菜产业搭建起来的相关辅助行业，比如育种、种植技术研发、农业机械、肥料基质等的生产、蔬菜集散物流、蔬菜加工产业链等，催生了寿光工业体系的成长。时至今日，寿光已经建成完整的工业体系，为财政提供的收入也远远超过了农业。

在这个过程中，寿光的农村运营模式也发生了巨大的变化：寿光的农民很大一部分居住在寿光县城或者乡镇，但是依然以种植大棚为生，每天驱车去乡间的大棚工作，夜晚再回到县城或者乡镇生活。如此，传统农民与土地的关系就发生了变化，农民不再被拴在土地上，而是成为以农作物生产为职业、以乡间大棚为生产车间、以种植技术为专业技能的新型职业农民。寿光经济的发展让其在众多县城中独树一帜，过去10年间，在基层人口流失的大环境下，寿光常住人口维持微增的同时，还吸引了许多前来务工的流动人口，总人口呈明显增长的态势。

除寿光外，县域经济的乡村振兴其实已经有许多案例，比如曹县就是一个县域经济通过特色产业获得经济大发展的案例。曹县原本有一个传承百年的寿衣产业，在10多年前才跟随时代潮流开始制作戏服、汉服。近两年，随着传统文化的勃兴，汉服逐渐从一个小众爱好发展成为一个大火的新兴事物。曹县抓住直播

---

① 王立胜：《乡村振兴方法论》，中共中央党校出版社，2021，第23—24页。

风口，以物美价廉的模式大举进攻汉服产业，将原本高姿态的汉服价格降到 100 ~300 元，迅速以"农村包围城市"的态势将从前集中在杭州、广州和成都的高端产业变成一个平民产业。2021 年，曹县汉服产业链上的商家已经有 2000 多家，原创汉服加工企业超过 600 家，成为中国最大的汉服生产基地。像曹县这样以一种产业带动整个县域经济的案例还有很多，比如许昌假发、黄桥提琴、郿鄠吉他、丹阳眼镜、浏阳烟花、兴城泳衣、诸暨淡水珍珠、沧州化妆刷、平度假睫毛、南阳艾草发热贴蒸汽眼罩……县在变化，在以新的面貌进入国际国内大循环。随着县域产业结构的变化，人们不再被束缚在传统以土地为核心的生产生活形态中，自然也就不再局限于代代相传的村落聚居方式了。

再过二三十年，中国人普遍的乡愁符号也许不再是炊烟袅袅、鸡鸣犬吠了，而更可能是县域城镇中的电影院、火车站、游乐场、美食一条街等。当然，这一愿景的实现前提是县域文化的繁荣，而县域文化的繁荣有赖于县域经济的充分发展。只有经济发展了，才能留住人口；只有充足的人口、完整的人际关系结构、多元而丰富的生活样态，才能滋养出意蕴深厚的文化。

对于年轻人口而言，当县域内部有了足够媲美大城市的就业机会和生活基础设施，背井离乡奔向大城市就成了次一级的选择，回到家乡则成为能够兼顾生活与事业、能够享受当下也可以面对未来的优选了。人群的聚集以及他们在聚集区内长期稳定的生活是区域内部文化产生的基础，文化产生之后又会形成凝聚力，促进人群的连接和公共生活的丰富与深刻。形成正循环之后，文化才可能发展。施韦泽认为，"文化的发展在于：个人思考追求整体进步的理性理想，并把它付诸现实……人作为文化承担者的能力，即人理解文化、为文化而活动的能力，有赖于他同时是一个思考者和自由人。"[1] 这里，首先需要有人群"整体"的存在，然后有富于责任感和理性精神的"个体"，通过思想活动和身体实践去承担文化的建设与传承。"一种新的公共意识必须非公共地产生。"[2] 县域城镇变成新的乡土的过程，有社会发展的必然性，也有赖于有意识的文化振兴事业。

---

[1] 阿尔贝特·施韦泽：《文化哲学》，陈泽环译，上海世纪出版集团，2013，第 52 页。
[2] 同上书，第 81 页。

五、县域文化振兴：公共生活的多元可能性

值得留意的是，乡村儒学虽名为"乡村"，其初心在于"替代传统中国乡村社会中学堂、祠堂和道堂的功能"①，但实际发展并不局限于农村地区。相反，其活动的中心点、真正有规模效应的往往都在县域的中心地区县城，在寿光是仓颉书院，在青州则是松林书院。这其实在无形中暗合了这个时代潜流行进的方向——故乡、乡土、家园等的实际承载者将不再是村庄，而更可能是县域城镇，一种更广义的乡村。

县域城镇作为文化振兴的主体，有其逻辑和历史的合理性。从行政管理的角度看，国家通过文书系统形成的信息传递网络对全域范围内的人、事、物实现管理和服务。在这个文书网络上，最基层的文书系统是县一级的系统，因为只有县级文书系统才提供完整的经济、政治、文化、社会、地理信息。纵观历史，县级行政区域的稳定性也为语言、风俗、节庆等地域特色文化的传承提供了政治上的保障。例如，古代中国的治理，就是以郡县作为基础单位来进行国家的基本知识体系建设的。2002年出土的里耶秦简显示，今日武陵山脉湘西龙山里耶镇，曾经是秦征服楚国之后设立的"迁陵县"。虽然县很小，人口也不过三四千人，但秦在里耶设立一县三乡，开发国土、编户人民、绘制地图，显示出不遗余力探明山川物产，务必使率土之滨皆归王化的使命感。里耶秦简中的一支竹简记载了当地深山里发现的一种并非丰产的植物"枳枸"（俗称"拐枣"），它的性状、位置、产果情况被认真描述、录入官方档案。② 车同轨、书同文、行同伦，中华民族大一统的宏图伟业正是通过一个又一个县域范围内的文化建设而得以成为现实。

那么，今日县域城镇的文化建设应当如何开展呢？这个问题可以还原成更基础的哲学议题：在一定规模的人类聚落中，人群如何联合？如何交流？如何拥有

---

① 赵法生：《乡村儒学的缘起与目标》，《宗教社会学》2017年第0期。
② 潘岳：《秦汉与罗马》，中青在线，http://news.cyol.com/content/2020—09/07/content_ 18767247.htm。

充沛的私人生活与公共生活？如何在历史的绵延中形成稳定和持久的有关生存、生活、生命的共同记忆？早在轴心时代人类理性文明初长成之际，哲人们就已经开始了对这些问题的思索。在华夏地区，孔孟之道以"亲亲尊尊"的生活伦常为中国人建立起内外有别、上下有序的宗法秩序，成为后世中国人与世界打交道的主流模式。在古希腊的雅典城邦，人们通过参与政治活动介入公共生活。哈贝马斯认为，在古希腊，私人领域主要包括生存欲望的满足和生活必需品的获得，公共领域则为个性提供了广阔的表现空间。① 因此，古希腊的公共生活建立在对谈和包括竞技与战争在内的公共活动之上。人们关心公共事务，珍视自己的观点和权利，参与统治者的选任和公共决策的制定。古希腊这种以"城邦"作为单位的公共生活样态相比于中国传统以"家族"作为单位的公共生活样态，更具有现代性。然而，这种方式也仅对于古希腊小规模的城邦而言可取。今日的世界，人口规模和人类的活动范围、活动方式早已不是小城邦可以容纳，人类社会也建构出了专业化的国家治理系统和规范的政治决策体系，对于今日的大多数人而言，古希腊城邦式的政治生活不太可能成为现实。

不过，公共生活还有许多其他的可能性，这些可能性也早在古希腊时期就显示出端倪。比如，体育活动就可以成为一种公共生活样态。希腊位于地中海滨海地区，气候温和、日照丰富，人们终年可以在暖洋洋的日光下进行户外活动。古希腊人通过体育活动参与公共生活的形式有很多种，最常见的包括体育健身活动，宗教庆典活动中的赛会，公共节庆中的体育活动，宴会中的体育表演，对体育话题的讨论，在希腊雕塑、戏剧、颂诗等文艺作品中对体育题材的表达。古希腊人热衷于竞技、表演、吟诗、辩论等，并且热爱狩猎、赛马、体操、击剑、游泳、拳击、赛跑、掷铁饼等竞技性体育活动，并且发展出了奥林匹克运动会这种持续至今的大型体育赛事。这些体育活动嵌入人们生活的方方面面，成为城邦公共生活的重要资源。体育活动不仅是游戏和经济，还参与城邦教育事业，比如希腊城邦的体育馆逐渐发展成综合性教育机构，除举办体育活动外，还为哲学家、

---

① 哈贝马斯：《公共领域的结构转型》，曹卫东、王晓珏等译，学林出版社，1999，第2—4页。

诗人和历史学家提供演讲场所。① 此外，来自广阔天地的人们通过体育活动的聚集来交流思想观点、生活方式、价值理念，共同塑造出古希腊充满人文气息的城市生活。由此，古希腊的"城市"得以成为"城邦"，后者区别于前者之处在于，其不只是地理概念，更是居民的精神之乡、心灵归属，建立于人群丰富的连接、共同的信仰和习俗之上。

以古希腊的公共体育事业作为参照，再来观察乡村儒学建设活动，可以看到二者跨越时空的共同性：在走访中，我们看到，孩子到儒学教室读《弟子规》、唱《游子吟》；家长们在儒学课堂讲述自己的家庭困扰和处理对策、国学带来的启发和生命的成长体验；老人到儒学课堂接受针灸，学习保健知识，分享处理人际关系的经验。每逢大小节日，儒学讲堂会组织饺子宴、节日联谊等活动。而且，在井塘村儒学点，我们还看到他们另辟一间屋子，供奉起当地民间宗教的主神，方便老人前来祭拜。此外，网络信息时代还给乡村儒学增加了一些新的色彩：每逢儒学讲堂举办活动，均有文字、图像或音视频记录发表在网络上，其影响力的发挥又多了一个途径。实际上，传统儒学中还有更多的思想资源可供挖掘，比如儒家传统礼仪、儒家戏曲、儒家节日……儒学可以作为一个切入点，成为文化振兴的一个起点。

儒学讲堂只是一种可能形式，公共生活的建立还有许多其他的可能性。只要县域城镇中的人口跟上了、经济发展了、生活丰富了，其他的交给时间即可。不管如何，县域城镇成为未来乡土情怀的承载者，成为我们所处时代之大多数人的精神家园，或许是时代赋予的使命，是城镇化和大城市化进程中必然要接受的功能定位。

六、结语

站在今日乡村的文化困境里，再审百年前热闹非凡的东西文化争辩、新文化运动，可以清楚地看到，国家的长治久安从来不可能以完成态的形式出现，而是

---

① 黄鑫：《作为生活方式的古希腊体育研究》，博士学位论文，湖南师范大学，2014，第95—96页。

只能在现实的种种缘起中、于诸多事件的动态发展中不断去靠近。这其间进进退退、反反复复皆是常态。当年的时代先锋们不顾一切地向传统开战，恰恰是他们碰到了那个时代的文化困境：几千年的儒家传统为什么没有塑造出一个天朝上国？我们所不屑一顾的"技"与"术"为何具备如此威力？他们作出的选择是，审视和批判自有的文化，从文化的缺陷中寻找原因。今日，他们所批判的儒家思想、宗法礼制如其所愿地被扫进了历史的"故纸堆"，人们却又突然惶惑地发现，已经身处精神的荒野，脚下都是路，却不知道往哪个方向迈步。

乡村儒学是惶惑之中现代人给出的一个解决方案，试图从传统的故纸堆中，发掘出思想和精神资源，配合当下的世界，给已陷入现代性沉疴的当代文化开一剂药方。然而，我们不得不面对的现实是，城镇化和大城市化进程已经轰隆隆进行，农村人口流失的趋势不可逆转，传统意义上的乡村作为家园的时代终究要走入历史。在新的时代中，我们要重构家园，需要配合国家经济、社会发展的现实进程。在这个进程中，县域城镇将会成为真正的基层，成为新时代的乡土，广义上的乡村。

乡土、乡村是文化概念，有着地理、经济信息之外的文化意蕴，囊括了人们的情感、信仰，彰显着一种具有整体性和内部关联的有机精神世界。中国传统文化的基本意象是渔樵耕读、炊烟袅袅，这是传统中国人精神家园的基本面目。这一文化意象生长于时空苍茫、人事浮沉中，生长于日复一日的长时段稳定生活形态中。在生产结构和生活方式都发生巨大变化的新时代里，人们如何建构自己的家园？这个问题，需要这个时代的人们用行动去回答。

传统文化与乡村振兴

——以寿光经验为中心的观察与思考

陈　明

乡村振兴是由党和国家部署实施的一项攸关中华民族发展与未来的重要战略。2018 年发布的《乡村振兴战略规划（2018—2022 年）》明确提出，要"科学有序推动乡村产业、人才、文化、生态和组织振兴"。有关农村的文化振兴，该规划指出，"实施乡村振兴战略是传承中华优秀传统文化的有效途径"，"深入挖掘农耕文化蕴含的优秀思想观念、人文精神、道德规范，结合时代要求在保护传承的基础上创造性转化、创新性发展，有利于在新时代焕发出乡风文明的新气象，进一步丰富和传承中华优秀传统文化"，更是指明了乡村振兴同保护传承、丰富发展中华优秀传统文化之间内在的、紧密的关联。

2020 年 10 月至 2021 年 10 月，笔者根据所在单位工作安排，在山东省寿光市教育体育局挂职副局长，分管传统文化教育工作。在为期一年的时间里，笔者对寿光本地弘扬中华优秀传统文化的宣传与实践工作进行了广泛深入的调研。基于调研的经验与感受，笔者认为寿光市在新时代如何继承弘扬、创新发展中华优秀传统文化，并将其与乡村振兴、基层治理、养老育幼、文化教育、移风易俗、精神文明与思想道德建设等工作有机结合等方面，作出了一系列非常重要的探索，也创造出很多非常具有时代性与启发性的宝贵经验。

笔者根据个人在调研中的一些观察与思考，对相关问题作一些初步的整理与总结。主要涉及如下内容。第一，寿光在全市各个领域深入开展弘扬中华优秀传统文化相关工作的具体情况。第二，笔者在寿光实地调研、访谈过程中的一些所见所闻、所思所想包括对寿光相关情况实地考察的现场速写；令人深受触动的两位当地老师的生命故事；因这些所见所闻而展开的初步思考。第三，对寿光今后推动相关工作的一些展望与对策建议——由于时间仓促，这一部分还略显简单，有待完善。

一、寿光全面推动弘扬中华优秀传统文化宣传与实践的"五进"活动综述①

2020 年 11 月 28 日，在我们到寿光挂职一个月之后，笔者和挂职团同人，利用周末时间，到寿光市新时代文明实践中心，拜访了寿光市政协原主席、关工委主任王茂兴。在这次活动中，王茂兴为我们详细介绍了当地弘扬中华优秀传统文化各方面工作的具体情况，让笔者产生了进一步深入了解的兴趣。此后，直至挂职结束前的时间里，笔者经常参与当地新时代文明实践中心的相关活动，并在2021 年担任"周末经典研读活动"的主讲人，为大家导读《论语·学而》篇。由此，笔者同实践中心主任李海梅以及长期参与活动的很多志愿者，结下了深厚的友谊。在同他们的日常交往及跟他们下乡调研考察的过程中，笔者对当地推动中华优秀传统文化宣传与实践的具体经验，有了更为丰富的了解。以下是相关情况的综述与调研报告，是笔者根据自己参与相关活动以及调研中的见闻所感，并结合相关文件与新闻媒体的报道，综合作出的。对于笔者在调研中的亲身见闻，特别是其中令笔者印象深刻并深受触动的部分，也附在其后。

寿光是山东省中北部的一个县级市，全市有 2000 多平方千米，15 个镇（街道、区），975 个行政村，人口 110 多万人。历史上，寿光经济并不发达，甚至曾以人口大量外出讨饭出名，文化相较比邻的具有历史传统的青州，就更加相形见绌。但改革开放以来，全市狠抓工业生产，大力发展第三产业，产业结构不断调整，趋于合理。随着经济快速发展，城乡面貌显著变化，由贫穷落后的小县城跃升为山东县域经济的排头兵。2021 年 12 月 6 日，全国县域经济专业智库社会组织——中郡研究所完成并发布了《2021 县域经济与县域发展监测评价报告》，揭

---

① 这一部分内容主要是根据笔者一行人第一次到新时代文明实践中心调研时，王茂兴为我们所作的相关介绍、提供的有关材料，并结合近年来媒体相关报道，以及笔者通过调研了解到的具体情况汇总所作出的综述。

晓第二十一届全国县域经济百强县、县域现代化发展质量优等级县市和县域经济与县域综合发展前 100 名县市名单，寿光排名第 23 位。作为全国知名的蔬菜之乡，广大农民靠着蔬菜种植致富。随着社会经济的发展，百姓收入的提高，如何满足基层群众精神文化上的需求，解决普通人在社会日常工作生活中存在的身心伦理困扰，提升社会道德与精神文明水平等社会现实问题的重要性凸显出来，迫切需要得到解决。对此，寿光市当地一些退休领导有敏锐的感觉到，并致力于思考针对这些问题的解决办法与实践路径。

2015 年，寿光响应党中央弘扬中华优秀传统文化的号召，成立了寿光市传统文化宣传教育中心，由市委常委、宣传部部长任名誉主任，主任由市政协原主席、市关工委主任王茂兴担任，副主任由市人大、市政协退下来的四名同志担任，市教育局、文化局、报社等部门作为成员单位。在全市招募志愿者，组成传统文化志愿者讲师团，分成 15 个小组，每个镇（街道、区）一个组，开办"道德大学堂"，负责相关镇（街道、区）的学校、农村非企业的传统文化宣传教育工作。王茂兴特别讲到 2015 年，刚开始利用媒体刊登传统文化志愿者讲师招募启事，社会各界人士纷纷报名参加，共招募志愿者 160 多名。随着宣讲活动的开展，越来越多的人加入到志愿者队伍中，到第二年秋季，全市志愿者讲师团成员就有近 400 人。讲师团的骨干由老干部、老战士、老专家、老教师、老模范组成，号称"寿光五老"，成为宣传传统文化的火种与当地受群众欢迎的网红。

党的十九大后，寿光市成立了传承发展中华优秀传统文化实施公民道德建设工程领导小组，领导小组下设办公室，抽调人员从事传统文化传承发展工作。按照全市的统一部署，15 个镇（街道、区）、145 个市直部门、975 个行政村、68 家大中型企业，全部成立了由单位"一把手"任组长的领导小组，负责本镇村、单位传统文化学习活动的组织领导工作。全市形成了党委统一领导、党政群协同推进、有关部门各负其责、全社会共同参与的中华优秀传统文化传承发展工作格局。为保证相关工作的部署与落实，配合出台了一系列重要文件。2017 年 12 月 28 日在全省率先制定下发了《寿光市传承发展中华优秀传统文化推进乡村文化文明振兴工作方案》，在全市开展"传统文化普及学习""文明行为养成"等

"十大行动"，制定了《寿光市2018年中华优秀传统文化普及学习工作方案》《寿光市乡村普及学习中华优秀传统文化工作方案》《寿光市乡村普及中华优秀传统文化辅导员职责》。传统文化普及学习总体安排3年时间：2018年为打基础阶段；2019年为深化提升阶段；2020年为巩固提高阶段。通过学习，达到人人有良好的道德、家家有良好的家风、村村有文明的村风，争取全社会文明和谐提高到一个崭新水平。

为扎实有效地推进机关、农村、企业学习优秀传统文化，寿光市在各镇（街道、区）、市直部门、大中型企业及975个行政村各选聘了1~2名热爱传统文化、热心公益事业的人员担任传统文化辅导员，于2018年春节前后在市党校集中开办了6期传统文化辅导员培训班，每期5天，集中封闭式培训传统文化辅导员1260人，目前这些辅导员已成为乡村文化振兴的骨干力量。

配合传统文化的学习与宣传，解决教材问题，寿光在有关专家的指导下，编印出版了《孝德教育读本》。读本中收录了《弟子规》、《孝经》、《寿光二十四孝》和中共中央办公厅、国务院办公厅《关于实施中华优秀传统文化传承发展工程的实施意见》等。市财政投资150多万元，将《孝德教育读本》印发给每位干部、教师及全市24万户农民家庭，让全民学习传统文化。同时，还出版了《〈大学〉解读》《〈论语〉解读》《〈孟子〉解读》《〈中庸〉解读》，发给副科级以上干部自学。在这次调研活动结束后，王茂兴也赠送给我们他们编写出版的教材读本。

为在全市范围内推广传统文化，寿光全面开展了传统文化进农村、进学校、进机关、进企业、进家庭的"五进"行动，并举办了"孝老饺子宴"等一系列文明实践活动，将优秀传统文化的理念，春风化雨般融入具体行动中。

传统文化进农村，据王茂兴介绍，他们在深入基层的调研中，关注到基层特别是农村地区的老年人，在养老方面存在困难，特别在生活与情感方面缺乏照料与关心。于是他们将孝亲敬老传统的弘扬作为推动传统文化宣传与实践工作的切入点。针对农村教育薄弱的现实，他们在每村设立道德学堂，每月一次，学习《孝德教育读本》等传统文化书籍，并定期组织宣讲活动。为将孝德宣讲与乡村养老等现实问题的解决相结合，他们倡导在乡村为80岁以上老人开办饺子宴。

2017 年，采取试点先行、逐步推广的办法，由市新时代文明实践中心指导协调，市传统文化宣教中心牵头负责，在圣城街道北关村、洛城街道惠民村试点创建"孝心示范村"，村党支部组织党员干部和部分志愿者为 80 岁以上老年人举办"孝老饺子宴"。试点取得了超出预想的良好效果。不仅短时间内在村子里带动了孝亲敬老的风气，而且拉近了村"两委"与村民之间、村民各家之间、村民家庭内部成员之间的情感距离。由于此前传统文化宣讲活动已经让广大村民在观念上重新对传统孝亲文化建立起了解与认同，因此在各村为饺子宴举办推动募捐与志愿服务的活动时，获得了广大村民的积极响应。由于村民的捐款远远超出了当年所需的实际支出，一些村子为饺子宴还设立了专项公共基金，从资金上保证了这项活动的持续开展。也有村子出现了村民踊跃报名承办饺子宴的情况，需要排队等待 1 年以上才能轮到。甚至外出打工常年在外的村民也积极响应，回村承办或参与其中。而且每次举办活动，村民也以志愿者的身份，积极参与筹备和组织的各项事务，带动培养了村民参与村集体公共事务的意识与热情，以及村民之间的交流与互动。随着活动的开展，参与包饺子，并为饺子宴或为参与老人提供慰问品而捐款捐物的志愿者越来越多，而且有些村还在开展饺子宴的同时为老人举办文艺演出与健康义诊，关心老年人的身体健康，并丰富老年人的文化娱乐生活。正如一些报道所说的，在饺子宴上"老人吃的是饺子，得到的是尊重和尊严，年轻人付出的是劳动，得到的是道德的提升和快乐"。由于这些氛围的带动、情感的增近，村子里因一些利益纠纷导致的冲突与矛盾，也自然化解。因为试点取得了良好效果，饺子宴也开始向寿光其他村镇推广，目前已经在全市范围内全面铺开。各村根据本地情况，从每年定期举办两次、四次到每月一次不等，像笔者重点调研的台头镇南兵村，固定在每月的农历初十举办，在寿光饺子宴的推动实践中，表现尤为突出。下面笔者还会从实地调研的经验，展开详述。此外，同饺子宴一起推动的，还有为 80 岁以上老人过生日的活动，村干部会带着蛋糕和慰问品前去祝寿，或与饺子宴同时集体举办。无论是饺子宴，还是为老人过生日，子女们都陪伴左右，由此加强了子女与老人的互动交流，以及兄弟姐妹之间的团结，对他们也是一次孝道的教育。因为村干部亲自参与为老人过生日活动，也增进了村干部与村民之间的了解与感情，这也使得村子在推动其他工作时，会获得群众的积极响应与支持。此外，很多街道和村镇还为老人办了幸福食堂，为75岁以上老人提供营养午餐、晚餐。幸福食堂采取市里补一点、街道拿一点、村里筹一点、个人掏一点的方式，老人每餐只掏很少的钱。这也是寿光逐步推广的一种居家分住、集中吃饭的新型养老模式。这也将孝老爱亲的宣讲活动最终落实为日常生活实践，并同切实解决基层养老的现实问题相结合，探索出一条新的道路。

传统文化进学校，重在以孝德宣讲带动校风建设。自2016年春天开始，寿光从关心青少年的角度出发，以全市33所初中一年级学生（1.2万人）为重点，对学生、家长及教师进行传统文化教育，每月一次，每期一年，连年进行。重点讲授传统孝道和子女教育相关内容，产生了良好的效果。

传统文化进机关、进企业，就是在各机关、各大中型企业陆续开展学习传统文化活动。市里将传统文化纳入市党校培训体系。按照中办、国办文件中"要把中华优秀传统文化纳入党校教学重要内容"的要求，寿光市在干部培训中增加了传统文化教学内容，有6万多名党员及干部至少参加过两次传统文化培训。据统计，2017年在市党校参加轮训的36000多名党员也都接受了传统文化教育，2017年以来举办的9期科级干部培训班，以及26期党外干部、工会干部、妇女干部培训班上有2000人聆听市传统文化志愿者讲师团的老干部及山东大学、山东财经大学教授宣讲传统文化。

传统文化进家庭，提倡户户定家训、村村评先进，每年评选好媳妇、好婆婆、"五好"家庭，弘扬孝道，改善风俗。此外，为解决离婚率持续升高这一社会难题，寿光以老干部、老党员为骨干，成立了寿光市婚姻家庭志愿者辅导中心，招募了260多名志愿者，在民政局离婚登记处工作日期间值班，进行婚姻调解，挽救了很多失和家庭。

以上主要根据新时代文明实践中心以及乡镇参与推动相关活动同志所作的介绍，以及实际调研了解的情况，并参考相关活动资料与新闻报道作出的综述。下面主要围绕笔者在实际调研中的观察与思考，作一些具体的展开。

二、台头镇南兵村传统文化宣传与实践经验的调研实录

南兵村位于寿光市台头镇东南部，益寿河西岸，伏龙河东支流北侧，西北距镇政府驻地北洋头村 5 千米，人口 780 余人。在寿光传统文化宣传与实践活动中，南兵村走在前列，并取得了非常显著的成绩。因此，南兵村作为寿光传统文化宣传与实践具有突出表现的模范村，经常接待前来参观与学习的各种调研与考察团。笔者与挂职团的同人，也是因为新时代文明实践中心陪同宗教所赵法生教授对当地进行调研活动，第一次有机会走进南兵村，实际观摩当地举办的饺子宴与传统文化宣传活动。到南兵村实地调研一周前，我们有幸结识了村民侯圣德老师，并了解了他从对传统文化一无所知，到成为村里传统文化宣传辅导员的特殊经历。以下是初识侯圣德老师，以及在实地调研、深入了解南兵村经验之前，先了解到的有关他的故事。

2021 年 3 月 13 日早晨，笔者同王正、范文丽出发前往青州，参与调研中国社会科学院宗教所赵法生教授在青州推广乡村儒学的实践情况。新时代文明实践中心的李海梅主任，特别安排寿光市台头镇南兵村的侯圣德老师开车接我们一同前往。侯老师一路讲起他学习传统文化的经历。他最早接触传统文化是 2018 年 3 月 31 日到 4 月 4 日，参加王茂兴在寿光市委党校办的传统文化学习班。侯老师讲，参与这次学习纯粹是偶然，当初村里本来是派前任村书记参加，后来因为老书记家里临时有事，现任书记苗乃东就请他前往，当时也就是把这次学习当作村里派下来的任务来完成。然而意想不到的是一连听了三天课，他觉得非常好，特别是看到宣传传统孝道的一些视频，一些当代孝亲典范的亲身经历，让他大为感动。他回去就跟苗乃东讲，特别感谢能有这个机会让自己接触到传统文化，发自内心要在村里作传播传统文化的种子。第二天他就在村里刷上了宣传传统文化的标语，像"积善之家必有余庆，积不善之家必有余殃"等。从此，每天下午都用大队部的大喇叭，为大家念一些如《弟子规》《孝经》等传统文化方面的读本。但因为村民缺乏相关传统文化的知识基础，光念这些读本，大家的反应常常是听不懂。于是他找一些跟这些读本或经典相关的解释书籍来读。由于每天都

读，一两个月下来，能找到的通俗读本也读完了。这期间，他也积极参与寿光市的各种传统文化宣传培训与讲座活动，听得多了自己的视野与想法也开阔了。于是他就围绕村子里日常生活中存在的问题，像如何孝顺照顾老人、家庭如何和睦、如何搞好兄弟姐妹的关系、如何处理婆媳之间的矛盾，等等，又将在培训、讲座中听到的，书上读到的，网上搜集到的资料，根据不同问题组织起来编成讲义。为了便于更多村民学习收听，他也由最初利用大队部的广播宣传，到在村民微信群中发语音宣讲，后来又申请了荔枝 FM 账号，用平台将宣讲内容制成节目文档。随着侯老师的课越讲越好，他的讲课节目也越来越多地被村民经过微信朋友圈转发给更多人，并在寿光市传统文化各种交流群里传播。

侯老师说，经过一段时间的分享，村民中慢慢产生了一些意想不到的变化。比如有一户人家，因为经济问题产生矛盾，兄弟多年不来往，往年春节母亲只能在兄弟中的一家过年。因为时常在群里听到关于孝道的内容，兄弟之间终于冰释前嫌，这一年的春节，一家人过了个团圆年。另外，有个村民经常和村委作对，常年无所事事，游手好闲。受到传统文化的带动影响，他不仅开始做生意，改善了自家生活，还拿出钱来资助村里的饺子宴，逢年过节还拿着各种粮油食物慰问村里的贫苦户，并积极参与村里各项公益活动。村民慢慢开始对他刮目相看，日子越过越红火。据说这位村民有次跟朋友喝酒，别人问他现在怎么变得这么好，他回答说是侯老师每天在群里讲得好，自己也得学着做。侯老师说自己最初讲的时候，还时常引来别人的侧目，大家也会在背后说"就显他能了"。虽然听到大家这些议论，他心里也会难受，但想到是自己认准的方向，他告诉自己一定要坚持，不能放弃。后来大家不仅慢慢接受，而且越来越多的村民积极收听。侯老师说有次早上录完节目却发送失败，没有按时发到村民的群里，大家碰到他都问："今天你怎么没讲啊？"可见大家每天都有关注。随着侯老师长年累月的坚持，他也赢得了村民的信赖，村民家里有什么矛盾，也会找他来调解说和。

侯老师还讲到自己学习传统文化前后的变化，他说自己只有初中文化水平，以前的生活就是工作挣钱，养家糊口，什么挣钱就干什么。自 2018 年偶然参加培训活动当起了村里传统文化辅导员，他的生活发生了很大的转变，好像人生一下子有了新的目标。后来的两年多时间，他投入到传统文化的学习之中，参加了很多培训活动。而且，随着村里当年9月开始办饺子宴与幸福院，他又积极投入其中，跟村里退休教师苗乃俊一起，筹办村里每个月的饺子宴，从置办食材到组织活动，以及活动前后打扫收拾等各种事情。他说在两年多时间里，他基本没有再出远门打工，当地有什么临时工作他就去干一些，从到工地干零工到刨红薯，平时只要有空闲就到幸福院去帮忙。他说自己讲传统文化，也得学着做。

直到2020年年中，村里前任书记程效明邀请他到自家办的防水材料厂负责进货，他才开始有了一份稳定的工作。侯老师说，他们厂以前负责进货的人常常拿回扣，甚至出现私下让别的厂贴标卖假货的情况，自己能够有这份工作，还是因为讲传统文化，参与村里志愿活动，程效明觉得自己人品靠得住。虽然现在侯老师因为工作忙了起来，要按时上下班，但讲课、参与村里的志愿服务时依然一点不含糊。他说现在每天早睡早起，晚上九点半上床睡觉，早上四点半起床。五点前先在荔枝FM上将十几分钟的传统文化课录好，然后发到南兵村村民群里，一年之中除了大年初一，天天雷打不动。他说他现在的生活很简单，除了上班，就是学习。后来去南兵村调研时，笔者亲眼看到侯老师平时备课的笔记本，厚厚几大本，每页工工整整写满了字。原来侯老师都事先将每次早间讲课的内容写在本子上，而且他说因为每天讲，所以他备课都是提前准备十几天的存量，这样心里才踏实。侯老师说，现在因为有工作，不能天天在幸福院做义工，但每个月村里的饺子宴，还有逢年过节及村里的其他志愿活动，他一定到场做义工。因此，每个月单位的假期存休他一般都不用，等村里有活动，或参加市里新时代文明实践中心举办的各种宣讲学习活动时，再休假使用。而且侯老师说现在他在本职工作上也要求自己做到尽心尽力，因为每天讲课都要起早，所以本来每天八点上班，他一般七点左右就到公司了。先到公司各处转转，一旦发现问题，就在上班开工前处理好，以免影响工作。他做这一切从不张扬，就是图心安踏实。

另外，侯老师是一位性情中人，在2021年3月13日调研中发生的一件事情，让笔者感受到他给我们讲述的关于自己学习传统文化的经历与心得，确是发自心底的真情与真意。那天上午，侯老师开车带我们到青州市北道村儒学讲堂调研，跟讲堂的孩子们一起参加新学期的开学典礼。主持人让我们作为代表发言。

轮到侯老师发言，他一上台就激动哽咽，许久说不出话来。大家开始都认为他是花粉过敏，后来才知道他是被现场的氛围所触动而激动不已。他出门到外面待了好一阵，才平复心情。在发言中，侯老师讲，自己这么激动，是因为看到现场的孩子们这么小就有机会学习传统文化，令他非常羡慕。因为他自己是到了五十岁才开始学习，所以内心特别有感触，一时就激动得泪流不止。因为这次活动的机缘，也让笔者跟侯圣德老师成了忘年之交。笔者添加了他为微信好友，也关注了他在荔枝 FM 的播号，经常收听他每天在村里关于传统文化的分享。笔者发现侯老师分享的内容非常丰富，重点围绕和村里普通人日常工作生活相关的主题，还有传统文化中关于为人处世的道理，每逢传统节日，像清明、端午、重阳，也会介绍传统的节日风俗，以及这些风俗背后的伦理教化意涵。每天十分钟的讲述，既有人生大道理，也穿插着名人名言、经典文句，以及古人与现代人的小故事，用带着乡音的朴素语言，娓娓道来，听起来既精彩又生动，对笔者也有很多的启发。侯老师因为长期在传统文化宣传与志愿服务方面的突出表现，被评为 2020 年度寿光市最美志愿者。新时代文明实践中心的李海梅主任，给笔者介绍侯老师在第一次参加培训做分享时，紧张得连话都说不成句，现在即使面对几百位听众，也能从容讲述，娓娓道来，三年多的时间，进步简直是突飞猛进。因为他的课越讲越好，现在也经常受邀参加市里各种培训活动，并进行主题演讲或经验分享，他的坚持与努力，让更多的乡村普通人有机会接触到传统文化，并从中受到启发，获得人生智慧。

在青州调研活动结束一周后的 3 月 20 日，因为中国社会科学院宗教所赵法生教授来寿光讲座，借此机会我们挂职团又跟赵法生教授一起，在寿光关工委副主任马金涛与新时代文明实践中心李海梅主任等人的陪同下，来到侯圣德老师所在的台头镇南兵村，进行实地调研。这天刚好是南兵村每月一次的孝老爱亲饺子宴。我们来到时，饺子已经包好，一盖帘、一盖帘地摆放在桌子上，厨房的大锅已经烧好水，饺子准备下锅。厨房外面，来吃饺子的老人已经坐好，桌子上还摆着两个大蛋糕，准备为当月过生日的老人庆祝，也有因老人行动不便，代为领餐的家属，拿着保温桶等在外面。现场有很多穿着义工服的志愿者，井然有序地做着各种服务工作。侯老师介绍说，这些来服务的人都是义工，大家来做服务都是义务出力，而且坚持只帮忙、不吃饭，这也确保大家对饺子宴的捐助完全用于公益支出。为了进一步了解南兵村的经验，在 4 月 21 日，也就是当月饺子宴的举办日，笔者再次来到南兵村，这次村里还为老人们安排了文艺演出。前来演出的是临近东望村的志愿演出队，演出内容很丰富，有舞蹈、歌曲、地方戏曲和小品。村里的志愿者，在厨房内外忙着包饺子，老人们就坐在院子里看演出。侯老师介绍，这个演出队，也都是义务服务的，平时大家组织排练，如果自己村里或邻近村里有需要，他们就会来支援。南兵村的饺子宴，每月一次，每年总会安排几回这种演出活动。每逢春节，还会挑天气好的时候，村里出钱请专业的戏班子来演戏。让老人们在吃饺子的同时，能看看节目，丰富一下文化娱乐生活。

这两次到南兵村调研，观摩饺子宴，笔者都与南兵村现任党支部书记苗乃东进行了座谈与交流。从他的讲述中，笔者对南兵村经验有了更深的体会。苗乃东书记讲，其实南兵村很早就有敬老爱亲的传统，早在 20 世纪 80 年代，丁庆儒书记在任的时候，每逢中秋节，即使没有什么钱，也要给老年人送个苹果、送块月饼。其间因为村里一些矛盾，乱了一段时间。苗乃东书记任职以来，村里渐渐稳定下来。苗乃东书记还说，他之前其实一直做企业，因为亲戚关系，了解到防水行业，就到北京去学习技术，后来自己建了厂，生意越做越红火。后来村里选举他作书记，他就将厂里的生意交给家里人打理，自己专心忙村里的事情。苗乃东书记讲，他治村的经验就是党支部坐镇，党员带头。因为党员看党支部，群众看党员。村里的年轻党员，每人负责一个巷子，承担所属区域的卫生管理，以及帮助解决村民生活遇到的各种困难。所有党员，有条件的要负责照顾贫困户，大家轮流负责，为他们生活所需提供各种帮助。侯圣德老师讲，苗乃东书记任职以来，特别是自从 2018 年村里开始做传统文化的宣传活动以来，潜移默化，村里的风气慢慢有了转变。因为村子里办饺子宴、给 80 岁及以上老人过生日，村子里孝亲的风气被带动了起来。如果谁家的儿女或媳妇不孝顺老人，在村子里就会被大家批评。这种孝亲的风气在南兵村有个特别明显的例子，就是村里的所有老人都住正屋，没有住偏房的。调研时赵法生教授听到南兵村这个情况后，大为赞叹。他说，他最早推动乡村儒学的原因，就是他在湖北、山东等地调研时，看到一些老人晚年孤独凄凉没人照顾的状况，以及听到当地农村老人自杀的事情，受到触动而要在乡村推动传统孝亲文化，改善老年人的生活现状。赵法生教授讲，他在山东一些地方调研时，看到老年人把房子让出来给儿女成家用，自己到一些偏僻的地方弄个简陋的老人屋，基本上就处于自生自灭的状态。苗乃东书记也说，寿光虽还没有出现老人屋这种极端的情况，但是一般村里老人都将最好的正屋让给儿女成家后住，自己住进偏房。从居住地方的改变，也显示出老人在家庭中的地位下降。但南兵村没有一户是这种情况，老人住正屋已经形成了传统与风气，谁家要敢让老人住偏房，肯定会被大家说不孝，因此没人敢那样做。

南兵村从 2018 年 9 月开始举办饺子宴的同时也响应市里的号召办起了医养一体幸福院，解决老人的吃饭与医疗问题，这让老人的晚年生活有了基本保障。据苗乃东书记介绍，村里将原来红白理事会用来办白公事的场地，改造成"医养结合幸福院"，全村 51 名 75 岁以上老人在这里集中吃饭，如果老人行动不便，还可由子女或亲属代为领取。老人在这里每天吃两顿饭，早上九点，下午五点，75 岁到 80 岁的老人一天 3 元钱，80 岁以上老人一天 1 元钱，90 岁以上老人一天 0.5 元钱。根据"市财政补贴一部分，村党支部出一部分，社会各界捐一部分"的补贴原则，老人只需花极少的钱，就可以吃到营养均衡的美餐，而且饭菜一周七天不重样。幸福院除了解决老人的吃饭问题，还为老人提供基本医疗服务，跟寿光市第四人民医院合作，定期开展健康知识咨询与讲座，每月为老人进行免费健康体检，并为村里每位老人建立了健康档案，详细记录老人的血压、心肺功能及健康史、精神状况等，实行"保姆式"诊疗保健康复服务。南兵村是寿光市第一家村级医养结合幸福院。所谓医养结合是一种有病治病、无病疗养，医疗和养老相结合的新型养老模式，集医疗、养老、康复为一体，整合了养老和医疗两方面资源，为老年人提供持续、健康的医养服务。对老人进行集中供餐，最大限度地提供优质的饮食服务和生活照护，实现"老有所养"；将卫生室搬进幸福院，医生可全天候为村内老人提供医疗服务，实现"老有所医"。这也是寿光市探索实践出的一种符合农村特点的医养结合新型养老模式。通过南兵村的调研，笔者更深入切实地感受到，寿光在弘扬传统文化的实践中，以传统孝亲文化为切入点，将传统孝道文化的宣讲同切实解决基层百姓的养老问题有机结合，并在这一过程中带动村民志愿服务的参与热情与积极性，三者合力，最终起到带动乡风改善的良好成效。

此外，在调研中，苗乃东书记在介绍他的经验时还谈及，要想带动好的风气，改善村风，一靠党员带头，二靠平时多宣传、多鼓励。如果村里的公共事务，你不做、他也不做，大家互相推诿，结果什么事情也做不成。因此，党员要带头，先把事情做起来，群众也会跟着积极参与。现在大家已经养成了关心公共事务的习惯，村里有任何事，都不用担心没人做。发现问题，只要谁在微信群里说一声，大家都会积极响应。而且大家关心公共事务，参与志愿服务的热情，也不限于村里的事情。侯圣德老师讲，前几年夏天寿光暴雨成灾，市里的抗洪部门号召各村出人装沙袋，苗乃东书记在微信群里一号召，南兵村就有几十人响应，是邻近各村里来人最多的。还有自2020年发生新冠疫情以来，在疫情防控期间，家家户户积极参与村口执勤、为老弱病残家庭送去生活必需品等志愿服务活动，共计1200余人次，形成了"党员带头、户户参与"的浓厚氛围。苗乃东书记还讲，另一个经验就是平时多宣传、多鼓励。他特别强调，在这方面侯老师起的作用很大，每天早上讲十分钟，大家有空都会听，日久天长，就听到心里，就会学着、照着来做。村党支部的苗乃俊老师也特别用心，自从侯老师开始在村里宣讲传统文化，他也一同积极参与村里的公益活动，而且还把村里的好人好事，每日逐一记录，当天晚上九点以前，他还会将白天搜集的好人好事整理好并发送到"魅力南兵"村民微信群里。这不仅对做好事的村民是一种鼓励，同时对其他人也是一种启发与教育，以此形成"人人争做好事，人人以此为荣"的良好氛围。在我们去南兵村调研时，苗乃俊老师还将自己记录好人好事的好几个笔记本拿出来给我们展示，村里的重要事件，以及大家平日里做的好事，都被逐一记录下来，可以说是一部村里的"光荣史"。而且苗乃东书记介绍，现在每年年终都要搞评比，比如"五好"家庭、好媳妇、好婆婆、美丽庭院等，有很多的项目，由村民集体来评，大家都希望能够获得荣誉，得个荣誉牌挂在门口很骄傲，这也带动了村里风气的改善。

以上就是笔者在南兵村调研时所见所闻，看起来都是些小事，却带动整个村子的良好风气，笔者觉得其中很多实践经验以及其中蕴含的道理，都值得笔者继续再作深入思考。还有南兵村最美志愿者侯圣德老师，他的故事也令笔者特别感动，因此笔者在寿光期间与他结下了深厚情谊。虽然后来笔者结束挂职回京，但笔者依然与这位亲切的老大哥继续保持联络，也时常收听他的传统文化讲课，并经常作一些电话交流，希望从他那里继续了解南兵村最新的发展以及那里的人和事。

三、有关当地民政局婚姻辅导特色服务工作的观摩与调研

在寿光民政局婚姻登记中心，有一支常年驻守在那里的婚姻辅导团队，为前来准备离婚的夫妻提供指导，凭借他们的努力，在最后关头挽救了无数的失和婚姻与家庭。笔者来到寿光挂职不久，在与挂职团同人一起到新时代文明实践中心调研时，就听王茂兴介绍过寿光婚姻辅导团队成立的过程。

据王茂兴介绍，寿光市于 2015 年成立了传统文化宣传教育中心，组建了 160 人的志愿者讲师团，经过培训、自学，人人都能登台宣讲传统文化。他们在调研工作中发现，2000 年寿光市协议离婚仅 174 对，到 2016 年协议离婚便上升到 1651 对，一系列严重的社会问题也随之而来。鉴于这一社会问题的严重性，为改变协议离婚数量居高不下且愈演愈烈的态势，促进婚姻家庭和谐，2017 年 1 月，在市委、市政府领导的支持下，以志愿者讲师团成员为骨干，寿光市婚姻家庭志愿者辅导中心正式组建。通过媒体向社会招募志愿者，吸收热心公益事业、热爱生活、善于沟通、有一定法律知识基础的爱心人士参加。婚姻家庭志愿者辅导中心将全体志愿者划分为 18 个小组，每组 20 人，选出组长、联络员。在民政局婚姻登记处，工作日均有一个小组人员值班，设 8 个辅导室，对前来办理协议离婚的夫妻进行辅导。如今，志愿者队伍已发展到 360 多人，既有德高望重的退休老干部，又有在职干部职工及个体工商业者等社会各界人士。婚姻家庭志愿者辅导中心提炼了引导分流、倾听分析、判断辅导、跟踪回访四步工作流程，对前来离婚的夫妻做全方位的辅导工作。根据《寿光日报》2021 年 7 月份的最新报道，自婚姻家庭志愿者辅导中心成立以来，截止到 2020 年底，4 年时间寿光市婚姻登记中心共对 10458 对要求离婚的夫妻进行调解，成功劝和 4296 对，劝和率为 41.1％。2021 年上半年寿光市协议离婚夫妻同比减少 80 多对，实现近年

来首次减少，预计全年可减少 200 多对。而在离婚冷静期内婚姻辅导劝和率也大幅提升，达到 45% 以上。

在寿光挂职期间，笔者先后两次到寿光婚姻登记中心调研、观摩，并参与爱心九组的婚姻辅导工作。这一组成员，由新时代文明实践中心李海梅主任带队，其中骨干孙继红老师作为寿光最美志愿者，因为她在调解工作中的突出表现，最近寿光电视台还对她作了专门报道。这一组的成员中，退休的长者居多，其中有两位还是夫妻，也有两位年轻人，一位是年轻的妈妈，另一位是她的朋友。在调研中，通过跟辅导团队的老师交流以及现场观摩，了解到导致夫妻离婚的原因，除了婚内出轨、家庭暴力等极端情况，大多是缘于家庭日常生活中的矛盾与琐事，因为这些问题不能及时得到解决，日积月累不断升级，最终导致"日子过不下去"。在调研期间，听到前来离婚的夫妻讲得最多的话就是"过够了"。

根据调研期间的有限观察，笔者也发现了一些现象，值得深入思考。首先，随着女性地位的上升，在婚姻中自主、平等意识增强，更容易因为生活条件与个人情感方面的需求不能被满足而提出离婚的诉求。一个非常有意思的观察是，来离婚的夫妻，男性往往都低头不语或沉默寡言，表现出觉得没有面子或不好意思。而相较之下，女性往往气势很盛，更能清楚明晰地讲述家庭矛盾与离婚的理由。而且在离婚的态度上，男方往往犹豫不决，女性表现出的态度更为坚决。笔者所观察到的 3 对夫妻中，女方提出离婚的诉求，原因都是认为男方收入不理想，不能改善家庭生活条件；男方不能积极参与家务劳动与子女教育，不顾家；缺乏情感的沟通与交流，男方不能在情感上体贴关心；男方不能协调婆媳之间的关系与矛盾。特别是婆媳共同生活的家庭，妻子往往抱怨丈夫对婆婆言听计从，称其为"妈宝男"。笔者还注意到，很多年轻夫妻，结婚几年，都已经有了一两个孩子，前来离婚时，表现还是很孩子气，对于夫妻如何相处，对于共同养育子女的责任，无法理解对方，大多是从个人的角度来思考问题，前来离婚的决定也颇为草率。另外，笔者发现在山东一些地区还是存在重男轻女的现象，而这也是很多矛盾产生的根源。调研那天遇到一个颇为极端的个案：有一女子刚刚剖腹产，生下一个女儿，医嘱要求必须 3 年后才能再次怀孕，却被婆婆与丈夫逼着赶快生儿子，否则就要离婚。虽然对当地重男轻女之风早有耳闻，但亲自接触到这一具体的案例，着实令人感到震惊。此外，调研那天前来离婚的另外两对夫妻，也令人深感唏嘘。一对夫妻已经年过半百，两个女儿都已经20多岁，人言"少年夫妻老来伴"，携手半生将孩子抚养长大，按说夫妻终于可以轻松一下。但却因为抚养孩子的任务告一段落，常年积蓄的矛盾在孩子上学，工作离家后，缺乏缓冲而激化爆发。另一对年轻夫妻，竟然带着不足四岁的女儿来离婚，小伙子以种棚为业，憨厚老实，二人本是中学同学，按说有一定的感情基础，但妻子觉得婚后丈夫忙于种棚，不够体贴浪漫，缺乏情感沟通，执意离婚。小伙子低头听着妻子抱怨，一时突然失声哭泣。其间4岁的女儿并不知晓父母带她来到这里所为何事，以及对她今后的生活意味着什么，只当是出来玩耍，一会儿拽拽爸爸，一会又爬到妈妈身上，看到此情此景，不免为孩子的命运担心难过。

另外，笔者发现很多前来办离婚的夫妻，其实并非经过周全考虑之后作出的慎重决定。与其说是来办离婚，心态上毋宁说是前来找"青天大老爷"评评理，断断是非。而抱持这种心态前来办离婚的，又以女性居多，虽然她们嘴上态度坚决，但只要吐尽一肚子苦水，有人能够对自己满腔的委屈不平抱以同情理解，并能够站在自己的立场，对男方那些非原则性的错误，比如不体贴、喝酒打牌不顾家等毛病，加以批评，男方认错改正态度良好，往往这种情况的劝和率会很高。而在调研过程中，笔者也亲历了辅导团队的人在面对前来办离婚夫妻表现出或怒火中烧，或痛哭流涕，或言辞激烈等各种极端情绪状态时，却能心平气和地善加安抚、耐心劝导与细心调解。他们不仅善于倾听，能够站在当事人的角度给予充分的理解，而且能够调动自己的人生阅历经验，用所学习的传统文化知识，以及新闻报道、影视戏剧、周边人事等具体案例，从人情世故、事理因果到家庭责任、社会担当等方面，晓之以理，动之以情，来帮助当事人站在自己的角度，站在对方的角度，分析道理，明确利害，进行细致耐心的调解与劝说。调研那天，有两对夫妻的调解过程都经历了两三个小时，虽然最终一对劝和，另一对还是坚持办离婚，但调解员都做到了全心投入、全力付出，非常令人感动。

在这次调研中，笔者感受到家庭作为构成社会的细胞，家庭的问题是透视社会问题的一个重要窗口。今天由于经济发展、社会转型、伦理价值观念的变化，家庭也面临着很多新的挑战。因此，如何经营好自己的家庭，创造融洽和乐、幸福美满的家庭氛围，需要每位家庭成员认真用心，善加努力。不仅要承担好自己在家庭中的角色责任，也要随时关心体贴每位家庭成员的情感状态，并且在日常言行与具体关系、事情的处理中，要细致贴心，充分考虑到他人的感受，并且随时作出相应的调整与改善。当然，要做到这点诚非易事，在我们的成长教育过程中，很少能够获得相关的知识学习与能力培养。由于社会转型的剧烈，来自父母辈的生活经验亦未必能够适合子女的生活现实，因此大多数人其实都是懵懂无知地步入婚姻生活，只能在生活的磕磕绊绊、摔打磨炼中，慢慢自我成长。如果夫妻在这个过程中，不能经由生活逐渐磨合出彼此适合的相处方式，不免就会产生各种矛盾分歧。如果这些问题不能及时获得恰当解决，夫妻情感不断被各种问题矛盾消耗磨损，最终难免走向矛盾升级、情绪爆发与感情破裂。这也让笔者感到，寿光在婚姻登记处为前来离婚的夫妻进行矛盾调解、婚姻辅导，仿佛是在"婚姻重症ICU"，为行将破裂的婚姻，进行最后的抢救治疗。很多参与辅导工作的志愿者都讲，因为参与这个工作，真是看尽人间百态，也因为这些经验，让他们开始自觉意识与反思自己在处理家庭关系时，存在的种种不足，并努力作出调整与改善。在他们看来，调解别人家庭矛盾、婚姻关系的过程，也是自我学习、不断成长的过程。而由于参与了这一工作，他们很多人的家庭关系都得到了更好的改善。他们的这些讲述，不仅让笔者深刻理解了在社会志愿服务过程中，服务社会、帮助他人与自我完善、学习成长之间的内在关系；也让笔者意识到，为了能够更好解决家庭问题，我们还需要通过家庭教育、学校教育、社会教育等方式，提供相关的知识与能力的培养，并在社区中提供日常的家庭咨询服务，这样才能够从根本上缓解目前离婚率过高的社会问题。

另外，由于参与调解工作的志愿者，很多都长期投入学习与宣传传统文化的活动之中，因此，笔者观察到他们在调解工作中，时常会运用传统文化中一些伦理教化方面的知识与内容。这也让笔者意识到，传统社会中，因为时代与社会结构的特点，在家庭关系与伦理规范中，往往强调男主外与女主内的分工模式，在夫妻关系中，具有男尊女卑的观念，强调夫妻之间的主从关系。到了强调男女平等的现代社会，如果继续强调这些在具体历史条件下所提倡的伦理规范，显然不太合适。如果以这样的一些伦理观念，对年轻夫妻进行一些家庭辅导或道德劝说，难免会引起他们心理上反弹，从而影响劝说的效果。而我们看到，在今天一些专业的儒学研究者中间，还有部分学者继续强调传统"三纲"观念的当代适用性，这类主张并没有充分考虑到伦理观念的社会性、历史性与因应时代需加调整与变革的必要性。而如"三纲"等伦理观念，乃是在汉代特殊的政治、社会、历史条件下被提出的，虽然这一伦理观念在历史上作为传统教化的内容被为政者持续强调，但并不意味在现代社会中，依然应被继续延续与提倡①。孔子论及三代礼乐的历史变迁，有因革损益之说。礼作为一种伦理教化的形式，具有人性基础，亦因应社会伦理建构的需求而建立，虽然其人性根源与义理基础具有一定的普遍性与共通性，但其具体内容与形式，却需要随着社会历史条件的变迁，而以因革损益的方式，不断加以变革与创新。这也应是我们在今天对于优秀传统文化进行创造性转化、创新性发展中，所应特别关注的重要课题。希望今后自己亦将其作为专业研究持续聚焦的议题之一。

四、杨虹老师的生命故事及跟她一道对当地移风易俗工作的调研

因为自己作儒学的研究，所以一直以来都很关心儒家传统思想与文化的现代转型问题。其中有一个议题为笔者所特别关注，即儒家的礼乐文明传统是否能够为当代中国人日常生活的重建与社会伦理问题的解决提供有益的思想与实践资源。2020 年 5 月初，笔者接到寿光市委党校杨虹老师的电话，说她正在着手计划进行一项关于寿光移风易俗课题的研究，问笔者是否有兴趣参加。由于笔者对这

---

① 中国社会科学院哲学研究所研究员李存山先生曾与清华大学历史系方朝晖教授，针对"三纲"问题展开论辩，参见《三纲之辨》，《光明日报》2013 年 2 月 25 日第 15 版。李存山先生强调我们今天对于传统文化，应从常与变的角度，进行综合全面的分析与把握。他认为中国文化经数千年之久而未中断，此中内在的精神支柱、思想基础，可谓中国文化的"常道"。至于"三纲"之说，不是出于千古不变的"天理"，而是中国历史变化的产物，儒家伦理可以而且应该随着中国历史新的变化而变化。由此，在今天我们应当重视人伦、解构"三纲"，使儒家的伦理观念作出适应现代社会生活的调整。对此观点，笔者亦深表认同。李存山：《重视人伦，解构三纲》，《学术月刊》2006 年第 9 期；李存山：《中国文化的"变"与"常"》，《中国高校社会科学》2014 年第 3 期。

个问题很感兴趣，也因为一直以来对于杨老师非常敬佩，所以就一口答应。

说到杨老师，她曾被新时代文明实践中心传统文化办公室借调多年，对传统文化的学习与宣传有浓厚的兴趣与长期的投入。在一次活动中有幸认识杨老师，因为她跟寿光几位宣传传统文化的老师都是朋友，大家时常在参加活动后吃饭小聚，慢慢就熟悉起来，跟她的交流，给笔者留下深刻的印象。杨老师在市委党校从事教学研究工作，也经常为政府各单位及群众，做思想政治方面的讲座。但她的讲座并不只是空讲大道理，也从不停留于简单宣说教条，而是从自己的工作生活经验出发，有自己真实体会与真情实感，将思政课讲得有声有色。正像她自己所说的，如果自己讲的，自己都不相信，自己都从不去实践，又怎么能够感动别人？她还说，要讲好一堂课，自己的内心要先经过一番改变，希望别人去学习的，自己要先学着做到，这样课才能讲好，讲出自己的真实体验，才能讲得有说服力。有次她跟笔者说，她听别人宣讲时常会强调舍己为人的奉献精神，她觉得这还没有讲到实处、深处，因为如果一个人在别人眼中能够做到无私奉献，他自己也一定在做的过程中感受到了快乐与幸福，否则他不可能一直如此坚持不懈。笔者觉得她的体会真是非常深刻，让笔者想到孔子讲的为己之学——只有能够在内心感受中打通人我的隔别，才能对他人与世界有一种发自内心的关切与关怀，如此才能达到《中庸》所谓"至诚尽性、成己成物"的境界。

在笔者的眼中，杨老师就是这样的人。听她讲过几件小事，让笔者印象特别深刻。她说起有一回去中央党校（国家行政学院）参加学习，看到大家吃自助餐的时候有些浪费，心里觉得很不安。于是就在会议交流的时候，讲到自己的观察与感受，倡议大家能够注意节约。因为她讲到的这些是发自内心的真诚，而且在语言表达的方式上，也特别注意听者感受，所以得到大家一致的响应与支持。于是接下来的几天，之前浪费的情况大为改观。另外，她也说起自己除了完成单位安排的教学工作，还很注意观察周围的社会生活，特别是老百姓日常生活中遭遇到的问题。一旦发现这样的问题，就追踪展开调研，然后写成政策建议，希望通过自己的努力，借助自己在市委党校工作的平台，切实有助于这些问题的解决与改善。前几年她注意到，元宵节时当地有燃放孔明灯的习俗，但每到这个时候，种棚的农民就会特别紧张———一旦燃烧的孔明灯落到大棚上就会发生危险、作物遭受损害，为此农民常常通宵不敢睡觉要派人轮流把守。杨老师看到这个情况，经过深入调研写成对策建议，后来得到市委的批复，市政府多个部门联合执法，禁放孔明灯，解决了农民的困扰。杨老师说，个人的力量虽然微薄，但只要善于用心努力，其实还是可以尽己之力，让我们的社会与生活有所改善。还有一次，笔者要去南兵村调研，刚好杨老师也要去邻近的社区，为劳教释放人员做讲座。她说虽然从前没有接触过这个群体，但她相信一定能够用真诚让他们感受到自己的善意，她讲这话时的真诚与自信非常令笔者感动。第二天，活动结束后，笔者搭她的车返回市区，一路问她讲座的情况。她说因为之前没有接触过这个群体，开始心里还有些紧张，但实际跟他们交流后，发现这个群体很多人其实都是很有能力的，也很讲义气，我们不应该因为他们在人生中犯过错误就歧视他们，因为只要他们真心回头，其实可以为社会作出很多的贡献。她说为了在讲座前跟听众有所互动，她专门设计了小问卷，根据问卷得到的信息，她调整了讲座内容，从听众的反馈看，讲座取得了很好的效果。杨老师说她今后一定会持续关注这个群体，希望能够发挥自己的力量，多跟他们作一些交流与互动，能够为他们重新加入社会提供尽可能多的帮助。每次跟杨虹老师交流，听她谈工作的进展与心得，都能够从她的身上学到很多。这次有机会参与她的课题研究，又是一次很好的学习机会，当然是求之不得。

　　笔者和杨老师利用工作日中午的休息时间，连续几天就调研提纲作了详细讨论。在调研阶段，我们对城区圣城街道，以及化龙镇、台头镇等地一些领导、群众，进行了访问座谈，并到化龙镇北柴东村、贾家村等地进行了实地调研与座谈，也调研、观摩了当地的一些婚礼实况。跟化龙镇一些长者的交流，给笔者留下了特别深刻的印象。化龙镇的贾老师、燕老师、梁老师都是村里传统文化学习宣传的积极分子，他们虽然都已经七八十岁，但身体特别硬朗，人也很有精神，尤为难得的是他们学习的热情特别高。每次市里的新时代文明实践中心搞活动，他们都积极参加。因为化龙镇离市区较远，他们要从村里先骑电动车到公交车站，中间再转几趟公交车才能到达目的地。如果活动八点半开始，他们凌晨四点多就要起来，五点多就要出门，往返要花上几个小时的时间。但他们的学习积极性特别高，真正做到了风雨无阻。而且这些长者知道我们调研移风易俗的问题，给予了我们非常多的支持与帮助，不仅为我们讲述当地风俗的历史变迁，以及对于近些年移风易俗改革的看法、想法，而且还作为联络员，如化龙镇贾家村的贾老师，帮助我们在村里作调查，利用他在当地村民中的影响力与信任度，向更多的村民征询意见，了解大家真实的想法，令我们非常感动。

笔者和杨老师在调研访谈中，对于当地一些社会风俗的变迁及移风易俗的改革，有了很多具体的了解。比如关于丧葬风俗，当地从前的丧葬风俗遵循传统的礼俗，礼仪程序繁复，持续时间久，参与人数多，支出也非常大。20世纪60年代到"文化大革命"时期，一些传统的礼俗都在破"四旧"过程中被废除了。改革开放以来，随着经济发展，某些旧的礼俗又都回来了，而且愈演愈烈，很多有钱人甚至借此机会炫富。很多葬礼上，吹吹打打，摆流水席，吃上几天，扎各种纸人、纸马，甚至房子、汽车来焚烧，其实并非为了怀念故去的老人而是为了显示有钱。老人们说，近些年村里成立了红白理事会，白事由理事会专门负责，提倡节俭，事主家里只需要出很少的钱，而且也不摆流水席，一律吃包子，原来的奢侈之风被遏制，花费也少了。另外村里设立整洁干净的公共墓地，将原来零散的坟丘一律迁至公共墓地安葬。对于这些改革措施，村里的大部分长者是非常支持肯定的。但唯一引起大家争议的问题是，对于丧事简办，各村在执行相关措施的时候，尺度有所不同。在村民的感受里，有些村子的措施过于激进，如果老人夜里过世，早上十点前就要发丧入土。这让老人们感觉难以接受。老人们认为，有些村子则可以到去世后第三天再发丧，这才比较合理，老人们认为丧事至少应该要三天，给子孙一个守丧来怀念自家老人的时间。现在很多年轻人，对自己家的老人越来越不重视，把老人当作负担，老人生病也不在床前尽孝，老人死后更巴不得赶快把老人埋了了事。现在丧事简办，有些村子激进到当天就发丧入土，反而迎合了这些不肖子孙的想法，其实跟现在村里提倡孝道的精神不符合。跟老人们座谈后，一方面感到这些老人们非常通情达理，对于改革提倡新风俗也非常地理解与接受，另一方面他们提出的问题，也令我们深思。关于婚俗的问题，老人讲，现在村里推广移风易俗，建立红白理事会，但基本上还是白事介入比较多，对于红事则介入较少，甚至根本没有干涉。现在农村办婚礼，确实存在彩礼过重，仪式支出过多，特别是为了给儿子娶媳妇，不仅事先要满足女方提出的各种条件，如备车备房，支付彩礼，而且婚礼筹办也要老人负责，出钱出力，但婚礼中收的份子钱，却基本归了儿子和儿媳妇，后续还礼还得靠老人自己出。往往一场婚礼下来，不仅欠下很多亏空，还劳神费力，感觉就像"脱了层皮"。燕老师的儿子不久前才办过婚礼，他说虽然距婚礼已经过去一段时间，但现在还没有完全缓过来，筹办婚礼借的钱还得慢慢偿还。经过调研，大部分群众都希望，今后红白理事会应该更多介入红事，提倡婚礼简办，或举办集体婚礼，对婚宴的规模、彩礼、份子钱，也能提供一些指导意见，这样既能够遏制奢侈之风，让婚礼办得既节俭又庄重，也可减轻父母的经济与精神负担。笔者和杨老师根据调研的情况，又经过深入讨论，最后由杨老师执笔，写成调研报告，经由党校渠道上交市政府相关部门，并得到了领导批复。

虽然笔者已经离开寿光，但在回京后的两个月时间里，笔者依然跟杨老师经常保持微信和电话联络，在撰写这篇报告的过程中，又跟杨老师通过几次很长的电话，向她了解相关情况。杨老师热情地为笔者提供了很多帮助，经过跟她的交流，笔者对寿光开展传统文化实践的一些具体过程，以及中间很多的细节情况，又有了不少新的掌握，这对笔者深入思考、研究寿光经验有很多的启发。

五、在新时代文明实践中心讲授《论语》，并参与相关传统文化活动的体会与心得

自 2021 年春节假期结束，笔者返回寿光后，应新时代文明实践中心李海梅主任的邀请，参加寿光市新时代文明实践中心的经典汇讲活动，并为当地传统文化爱好者、传统文化宣讲团义工及中小学老师讲授《论语》，针对《论语·学而》篇各章进行了完整的讲读，并同参与活动的老师进行了深入互动与交流。因为市教育局安排给笔者的主要工作之一就是发挥个人专业所长，辅助本地开展传统文化教育与宣传的相关活动与工作，所以对于在新时代文明实践中心主讲《论语》，教育局领导也给予笔者很多的关心与支持。

虽然，笔者此前在本单位的研究室组织过《论语》读书会，并在中国社会

科学院大学开设过"孔孟研究"课程，但此前的听者主要为专业领域的研究者和哲学专业的学生。给没有专业基础的社会人士与传统文化爱好者讲授《论语》，对笔者而言，确实是全新的体验。因为宣讲团的义工有中小学教师，也有普通传统文化爱好者，相关基础与需求有所不同，为了面向不同听众，兼顾不同需求，笔者把杨伯峻《论语译注》、朱子《论语集注》、钱穆《论语新解》提供给大家，作为预习与讲读的参考读本。最初在讲读每一章时，笔者尝试为大家细致串讲朱子《论语集注》，并以钱穆《论语新解》为基础，对每一章的义理思想加以阐发，再结合我们当下的社会日常工作生活，作一些尽可能的发挥。令笔者感到收获很多的是，在每次讲读后，李海梅主任还会特别安排一段时间让笔者跟大家互动交流，一方面为大家答疑，另一方面是聆听在场听众的心得分享。在这个过程中，笔者发现在王茂兴同志等一大批退休老领导的号召、组织与带动下，在新时代文明实践中心李海梅主任等一大批热心人士对宣传推广传统文化事业全力投入下，其实在寿光本地已经带动起学习传统文化的热烈氛围。有越来越多的传统文化爱好者被培养、带动并参与其中，经过多年的学习交流，他们不仅在传统文化、经典阅读等方面具有了相当的基础，而且很多热心公益的人士成为传统文化的公益宣传员，并在相关的一系列公益活动中发挥了很大的作用。

因此，在心得分享的环节，听到他们讲各自学习传统文化的过程，以及因为学习传统文化发生的改变，待人处世方式的调整带来的对于家庭关系、亲子关系等方面的改善，还有他们投身公益活动的经验与心得，这些不仅让笔者对当地传统文化学习与传播的情况有了非常丰富具体的了解，而且他们每个人的生命故事、经验分享，也让笔者深受感动。此外，大家的提问也让笔者在这种对话交流中有很多收获。因为大家往往由经典的文本义理延伸到他们在当下现实工作生活中所遭遇的一些问题，以及因这些遭遇而产生的焦虑、困惑与反思，其中涉及家庭关系、人情交往、职场工作，以及子女教育等方方面面的情况。对笔者而言，他们的很多问题一时间笔者也难以提供令他们满意的答案。但这些经验对笔者来说是特别宝贵的，让笔者产生很多反思。

近代以来我们面临民族危亡，在救亡图存的紧迫形势下，曾经有过批判传统的思潮，这一思潮甚至延伸到20世纪80年代。伴随中国经济的发展，国家实力的增强，国家、民间与知识界都开始意识到继承与弘扬中华优秀传统文化对现实与未来中国的发展所具有的重要意义。在国家层面，早在 2013 年 11 月 26 日习近平总书记视察山东曲阜时的重要讲话中，就曾指出"弘扬中华优秀传统文化，要处理好继承和创造性发展的关系，重点做好创造性转化和创新性发展"，"两创"课题的明确提出，为我们在今天弘扬中华优秀传统文化指明了方向。在民间层面，我们看到越来越多由民间推动，以民众为主导的传统文化热潮①。民间社会对传统文化学习与传播的热情，既同随着经济发展、生活改善，人们对精神生活的需求日益增强有关，还源于在经济发展、社会转型中，人们在身心安顿、精神伦理方面所遭遇的困扰，因而迫切希望从传统文化中寻找资源，以解决相关问题。在学术思想界，自 20 世纪 90 年代国学热以来，很多高校与研究机构相继成立国学院、创办国学类学术研究刊物，培养国学研究人才，推动国学研究发展。新世纪以来，在传统研究领域，有关儒学以及儒学中的经学研究日益发展，不仅一些大学相继成立儒学研究院，而且每年都有大量研讨会围绕相关问题展开讨论，更时有儒学研究者围绕现实问题的发言与讨论见诸媒体，引起关注。作为中国哲学领域以传统儒学作为研究方向的学者，既为传统文化复兴与儒学研究繁荣的现状感到高兴，同时也为自己在这种现状中，所应选择的研究道路与方向而感到困惑。在传统文化复兴热潮持续的今天，知识思想界以传统文化为工作领域与关注焦点的人，自然应该以有品质的学术思想工作回应来自国家与社会的期待。但如何理顺个人在时代中的生命感受、专业的研究工作与社会现实关怀之间的张力关系，其实是不太容易协调与处理的问题。在专业研究领域，我们往往在学科内部，根据个人的学术兴趣以及所在研究机构的工作安排，选择研究课题，并运用自己的专业训练，依循学科内部被普遍认可接受的研究方法，展开个人研究，呈现研究成果。但这种研究工作意义的赋予与认定，往往被封闭在学科内部，并不必然寻找与现实的联结或对现实保持开放。

　　但在笔者讲读之后，聆听大家的心得分享、解答大家问题的过程中，笔者愈

---

　　① 张志强的《传统与当代中国——近十年来中国大陆传统复兴现象的社会文化脉络分析》（《开放时代》2011 年第 3 期）一文对此社会文化现象有非常详细的分析。

加强烈地意识到，自己在从事传统文化研究时，需要作出更多努力，才能在个人生命感受、社会现实关怀与专业研究之间，建立起有机的关联。因为社会中的众多普通人投身传统文化学习的热忱，不仅出于个人的兴趣，更多是为在现实生活中寻求精神思想资源，以解决日常遭遇的身心困扰。无论是他们所遭遇的困扰，还是寻求身心安顿的精神需求，对笔者而言亦多有共鸣。要想诚实面对自己的研究工作，并期待自己的研究工作除了在专业内部对于相关知识积累应具有的学科意义，对于关乎当下现实的问题也能具有一定的意义，就必然要想办法让自己的研究能够有效面对与回应现实，特别是那些跟自我与同时代人切己相关的现实课题。对笔者而言，因为以上这些经验对于自我的触动，期待在今后一段时期，能够以当下中国人身心困扰切己相关的精神伦理问题，作为切入方向，在中国传统文化中寻找相关学术思想资源，进行一些尝试性的研究探索。

以上这些经验也让笔者意识到，在今天从事传统文化研究，或传播传统文化，应当具备一定的历史感与现实感。也就是说，我们应当认识到，无论是传统还是经典，都不可能不经转化而照搬到现实中即能发挥解决现实问题的功效。虽然笔者看到很多热心传统的人士，他们提倡、推广并身体力行地诵读经典，但这毕竟只是学习经典、接近传统的起点与入门，而非自然就能将一切现实问题迎刃而解的万能法宝。回看历史，其实所谓的传统亦非固定有形、可以把捉的永恒性存在，而是流动鲜活、生生不息的历史过程。经典产生于文明开创的源头，并在文明的发展中，因其持久的启示性而被人们奉为经典。但经典的启示性正在于不断启示后来者，基于对历史文明经验的反省，不断因应时代所面临的挑战，以创造性的诠释与作为，让经典所承载的价值于现实中再度焕发生机，并持久延续。由于近代以来，面临现代性的历史转变与中西碰撞的文明挑战，都使得我们所遭遇问题的复杂性与挑战性要超过古人。近代以来，中西文明之间的碰撞，虽曾让我们历经磨难与曲折，但西方文明的挑战也成为我们反省自身历史文明的契机。虽然我们曾有过全盘否定与批判历史传统的思潮与阶段，但实际我们一路走来，直至今天的历史道路，仍是我们自身文明传统的更新与发展。因此，我们只有在对自身的文明传统以及近代以来的历史经验进行贯通性理解与把握的基础上，才能更好理解与把握现实，并基于现实的挑战与需求，实现中华优秀传统文化的创造性转化与创新性发展，从而让我们的文明朝向理想的未来。意大利史学家克罗齐说"一切的历史都是当代史"，指出当代的现实性正为我们叩问历史、理解历史提供了新的契机。清代史学家章学诚强调"源流互质"，强调人们只有通观文明的起源与发展，才能全面地理解文明的历史，并在文明根源性价值的召唤下，承继与发展文明的创造性经验中，获得解决现实问题的实践启示。这些都提示我们在今天从事传统文化研究，需要深入地理解我们所身处的现实，只有这样我们的工作才能真正具有承载现实的意义，并有助于导引现实朝向一个更好的未来。因此，挂职的工作，以及参与新时代文明实践中心经典讲读的交流活动，对笔者而言，都是难得的接触与了解现实的契机。这些对于笔者深入理解传统，寻找传统文化研究与现实问题的结合点，都是非常宝贵的经验。

最后，如果对当地今后推动相关工作作一些展望与建议，或许就是应当积极从当地传统文化研究者与爱好者中间不断发现与培养相关人才，并与本地以外的高校、研究机构和相关学者建立长期深度的交流与合作。笔者在调研中发现，寿光当地在村镇传统文化宣传站的组织建设与宣讲培训活动中，已经涌现出众多具有相当文化素养，并热心公益的爱好者与志愿者。他们中间有潍坊科技学院、市委党校的学者，有长期致力于当地传统文化公益学习组织与教学工作的民间学者，有中小学教师、退休领导干部，有老年大学的学员，等等，他们长期参与新时代文明实践中心组织的各项公益学习、交流与志愿服务活动，形成了初步的学习与交流的组织与网络。虽然他们具有积极的学习交流主动性和参与热情，但还是较为被动地参与新时代文明实践中心组织的相关活动，彼此之间横向的交流与合作还较为松散。如果寿光当地可以利用新时代文明实践中心这个交流平台，对各个领域的参与者与人才资源进行有效的组织与整合，便可形成长期稳定与密切连带的学习与实践共同体，对于当地推广传统文化宣讲与实践活动中的经验，围绕不同的主题，定期进行经验分享与交流讨论。这样可以将当地不断推动的传统文化宣讲实践活动在不同村镇社区、机关单位、教育机构、行业领域等实际学习实践中产生的鲜活经验与遭遇的问题困难，进行及时的分享汇总与交流讨论，还可以使自上而下推动的宣讲活动，通过自下而上的交流渠道，获得及时最新的经验总结与效果反馈。这必将有利于寿光推动的传统文化宣传实践活动与当地社会各个行业领域的具体特点，以及群众工作生活中的实际状况、现实需求进行深度融合。通过及时的效果反馈、经验的总结推广与问题的发现解决，可以促进当地传统文化宣讲与实践活动，不断因应当地实际与群众需求，进行内容与形式的调整、扩充与丰富，由此必将有利于取得更好的宣传效果与现实改善。

同时在调研中，我们还发现，当地非常重视跟本地以外的传统文化研究机构、专家学者展开长期的交流合作。但这些合作，更多体现在邀请这些机构与专家学者到当地指导工作或开办讲座，这样做虽然对提升当地传统文化学习实践工作具有一定的帮助，但这种较为单向式的指导授课与合作交流，未必能够结合当地的实际情况与现实需求。笔者认为应该以寿光传统文化宣传与实践人才骨干组成本地的研究团队，更加具有自主性地同其他研究机构与学者展开深度的交流与合作。根据自身实际需求，邀请相关领域学者与研究团队，围绕当地传统文化宣讲与实践过程中的鲜活经验，以协同调研、合作研究等方式，不断予以丰富完善，并加以理论总结，同时对遭遇到的困惑问题及时加以切实有效的解决。通过经验交流、理论总结及问题困惑的及时解决，不仅有助于当地传统文化宣传与实践活动开展，在既有经验不断丰富完善的基础上，持续创造出更能贴近现实、深入生活、打动人心的宣传、实践形式与方法，更能够将寿光在实践中探索出的宝贵经验，以理论学术成果的形式加以宣传并供其他地区参考。对此，笔者虽已结束挂职，但仍会持续关注寿光相关实践活动的开展情况，并尽己所能积极参与其中，以贡献自己的微薄之力。

从"送"到"种"：论寿光市"三位一体"的县域文化哲学

何博超 [*]

寿光市在县域文化建设方面长年处于山东省内的领先水平。早在 2018 年，寿光就入选"第三届山东省文化强省建设先进市县"。[①] 近些年，其文化建设模式成为山东省大力树立的典范。当时，山东省委副书记杨东奇针对寿光市文化工作的汇报作过如下批示，"寿光市通过探索实施'三位一体'模式，着力打造县域公共文化服务体系，对于巩固提升文化巩固设施，文化惠民，文化服务保障的能力和水平很有借鉴意义"。批示还指出，"可以适当方式在全省推介"。[②] 与"三位一体"模式相联系的还有寿光市文化建设的核心理念：从"送文化"到"种文化"的转变。本文试根据所掌握的材料（如文件、报道、调研记录等）来阐述寿光市文化工作，尤其是公共文化服务的基本情况、运作过程及形成的值得借鉴的经验模式。

概言之，寿光市的县域文化建设体现了一个重要特点：既有文化树立的静态

---

[*] 笔者于 2020 年 10 月至 2021 年 10 月在寿光市文旅局挂职一年，其间得到了文旅局领导和同事的大力支持，他们提供了重要的内部工作文件，也以口述方式介绍了不少文化建设和基层工作方面的信息，并帮助本人完成了各种文化调研，在此表示感谢；尤其要感谢寿光市委宣传部副部长、文旅局局长范福民和前任局长李伟东，以及寿光市文旅局张锡贵副局长、李瑞成主任、任强主任等同志，还有寿光市圣城街道办事处副主任张智涵（笔者挂职期间，他任程立上口村驻村书记）。

① 参评的市（县、区）共 107 个，评选标准见文件《山东省文化强省建设先进市县考评管理办法》。应该指出，潍坊市本身就是山东省文化建设的标杆。

② 中共山东省委宣传部：《山东宣传工作》2020 年第 17 期，页首批示。基于批示，公开的政府通知补充和调整为，"近年来，寿光市在文化设施建设、活动开展效能和管理机制方面不断探索创新，通过'三位一体'模式着力打造县域公共文化服务体系，实现了由'送文化'到'种文化'的转变，取得了良好的社会效益，对于提升公共文化设施建设水平、扩大文化惠民范围、增强公共服务保障能力具有很好的借鉴意义"。山东省文化和旅游厅：《山东省文化和旅游厅关于在全省学习推广寿光"三位一体"模式打造县域公共文化服务体系的通知》。

原则，又有动态的应变、调整与扩容。通过县域公共文化的建设，乡村文化的振兴得到了大力发展，文化的振兴促进了整体的乡村振兴，从而让乡村、县域、城市在联合的纽带中共同提升。正如有的学者指出，"乡村建设的重点是文化建设"①。在这样的建设中，县域和乡村的文化不是对大都市文化的想象性替代，而是与之协同发展的重要形式。②

一、寿光市文旅局及文化建设的基本情况

寿光市文旅局共有事业编制 84 人，与宣传部合用行政编制 31 人，另有合署办公的弥河生态省级旅游度假区管委会行政编制 5 人，现实有正式在编人员 102人，加编外人员共 150 余人。下属事业单位为文化旅游事业发展中心、文化市场综合执法大队、文化馆、图书馆、博物馆、历史文化中心、非物质文化遗产保护中心和文艺创作室。其中，历史文化中心又称墨龙书院，是墨龙集团总裁张恩荣先生投资 3 亿元建设的，主要陈列展示张恩荣个人收藏的古玩、字画及赏析以及明清时期宫廷和民间家具等珍贵藏品。这一点体现了寿光市企业家对文化建设的贡献，而良好的文化建设反过来对企业的发展也有促进作用。

2020 年，由市文旅局总结上报的《寿光市探索实施"三位一体"模式，全力打造县域公共文化服务体系》一文在《山东宣传工作》上发表，得到山东省委副书记杨东奇专门批示肯定，省文旅厅下发文件要求在全省范围内推广，当时，潍坊市委常委、宣传部部长初宝杰，潍坊市副市长马清民也分别作出批示。

---

① 经典的讨论参见贺雪峰《乡村建设的重点是文化建设》，载《大国之基：中国乡村振兴诸问题》，东方出版社，2019。

② 威廉斯一针见血地指出了英国资本主义是城乡差距、矛盾、张力的根源，乡村也成为城市想象的替代。但是我们不禁要问："当亚当耕地，夏娃纺织之时，谁又是绅士？"雷蒙·威廉斯：《乡村与城市》，韩子满、刘戈、徐珊珊译，商务印书馆，2013。

城市化对农村的确产生了冲击。沈艾娣指出，"自从20世纪初开始，人们已将现代化等同于大规模城市工业化"，"大多数人变得认同现代化和工业化是提高本国在国际社会中的地位、提高生活水平的核心。这一模式的问题是，对村民来说，作为农民，他们觉得自己被边缘化了，甚至被抛弃。"沈艾娣：《梦醒子：一位华北乡居者的人》，赵妍杰译，北京大学出版社，2013，第139页。当然，城市化和工业化是社会发展的基础，但当中国经历了大规模城市化和工业化的时代之后，在今天，"现代化"包含了更多元的方面。对乡村的改造可以采取更平缓、渐进的方式进行。而"文化"恰恰是让村镇向城市转变的"触媒"。这方面参见黄平主编《乡土中国与文化自觉》，生活·读书·新知三联书店，2007。

2021—2022 年，寿光市文旅局将加快推进中国华力集团文旅小镇项目、山东鲁商集团全国高端农村旅游示范基地项目的洽谈力度，着力抓好"双招双引"工作。①

二、寿光市文化旅游资源以及近年来发展情况和理念

寿光是"三圣"故里，"三圣"即文圣仓颉、农圣贾思勰、盐圣夙沙氏。寿光历史悠久、文化璀璨、人杰地灵，汉字鼻祖仓颉在这里创造了象形文字，盐圣夙沙氏在这里煮海为盐，世界上第一部农学巨著《齐民要术》的作者贾思勰诞生于此。寿光是"中国蔬菜之乡""中国海盐之都""中国农耕文化之乡""中国民间文化之乡"。先后荣获全国文化先进县（市）、中国优秀旅游城市、国家生态园林城市、国家卫生城市、国家环保模范城市，是江北地区唯一拥有"中国人居环境奖""联合国人居环境奖"两项殊荣的县级市。2017 年，寿光以全国县域第 5 名的成绩成功创建为"全国文明城市"，是中央确定的改革开放 30 周年全国 18 个重大典型之一，2018 年被确定为全国新时代文明实践中心建设试点市、纪念改革开放 40 周年集中宣传和推广典型。

近年来，寿光将文旅产业作为推动乡村文化振兴，创新提升"寿光模式"的重要支撑，不断创新工作机制，强化要素保障，文旅产业发展成效显著。截至目前，全市规模以上文化企业达到 24 家，国家一级场馆 2 处（文化馆、图书馆），A 级以上景区 6 家（AAAA 级景区 4 处，AAA 级景区 1 处，AA 级景区 1 处），国家级农业旅游示范点 2 个（蔬菜高科技示范园、林海生态博览园），国家湿地旅游示范基地 1 处（巨淀湖景区），省级旅游度假区 1 处（寿光弥河生态省级旅游度假区），旅行社 23 家，星级酒店 2 家（温泉大酒店、富华大酒店），营业中网吧 54 家，电影院 9 家，KTV18 家，酒吧 2 家，游戏厅 3 家，印刷企业 48 家，从业人员 2.4 万余人，形成了结构较为合理、要素初步健全、功能日渐完善、特色

---

① 一部分内容来自《寿光市文化旅游情况》（寿光市文旅局内部材料）。另一部分内容来自笔者综述的调研笔记、文旅局领导和基层工作人员的访谈及其汇报。

较为突出的产业体系。2019 年全市旅游接待人数 1004.74 万人次，同比增长 8.57%，实现旅游消费总额（旅游总收入）102.47 亿元，同比增长 12.84%。

其中，寿光市林海生态博览园先后创建为国家级湿地公园、国家 AAAA 级旅游景区、全国首批农业旅游示范点、国家级休闲渔业示范园区、中国体育旅游精品景区、中国森林氧吧。其独创的林藕渔立体种养模式、千亩荷塘、休闲垂钓中心、水上高尔夫、霜雪湖水上运动中心、国内独一无二的东方不沉湖、20 千米生态景观水道、千姿百态的湿地景观，构成了一幅美如江南的水上世界。著名的佛教文化圣地——宁国寺，以其恢宏的建筑群和浓浓的传统文化氛围，成为景区一道亮丽风景线。一年一度的林海植树节、槐花节、桑葚节、荷花节、百果采摘节、新年祈福庙会等节会活动，充分展现景区独有的旅游文化资源。景区完善的吃、住、行、游、购、娱服务体系和专业服务团队，为游客提供优质服务，充分挖掘和利用景区丰富的旅游资源，推出以特色景点、专业基地为载体的系列主题游园活动，为每位游客奉献上一份生态旅游的"盛宴"。

寿光市蔬菜高科技示范园是集农业观光旅游、会议展览举办、科技成果推广、科研技术培训、蔬菜加工销售于一体的国家级农业科技园区，园区先后被批准为国家 AAAA 级旅游景区、全国首批农业旅游示范点、山东省旅游下乡示范点、国家引进国外智力成果示范推广基地。菜博会是由省政府主办的八大展会活动之一，被商务部认定为 AAAAA 级专业展会，每年 4 月 20 日至 5 月 30 日在园区举办，共有 50 多个国家和地区、31 个省（自治区、直辖市）客商及游客参展参会。

孙家集街道三元朱村是冬暖式大棚发源地、中国特色经济村，2014 年被评为国家 AAAA 级旅游景区。该村先后获得"全国文明村""中国十大特色经济村""全国先进基层党组织""全国生态文化村""全国五四红旗团支部"等荣誉，村党支部书记王乐义先后获"全国劳动模范""全国优秀共产党员"等称号，连续四届出席党的全国代表大会。

巨淀湖景区是潍坊最大的天然湿地，寿光市唯一的天然湖泊；2012 年入选全省首批湖泊保护名录，2017 年被评为首批国家湿地旅游示范基地、省级内陆休闲渔业公园，为国家 AAAA 级旅游景区，国家湿地公园、全国休闲渔业示范基地，是中国北方单体湿地面积最大的景区、中国单体木栈道最宽最长的景区、中国湿地生态实验景区、中国沿海内地面积最大的环渤海湖泊湿地。

寿光市宏源酒文化博物馆是山东省首家白酒文化博物馆，2012年被批准为国家AAA级旅游景区。该博物馆主要由酒文化长廊和农圣馆、酒器展厅、刘子厚馆、古镇展馆、宏源白酒传统酿造技艺馆、荣誉展厅六大展厅两部分组成。

寿光市航海博物馆（天妃宫）在2009年被评为国家AA级景区。清光绪十九年（1893年）羊角沟新建天妃庙，左关帝、右龙王，清光绪二十五年（1899年）又得到重修。民国二十二年（1933年），败瓦残垣倾圮不堪，又由商人倡议重修。2006年1月，航海博物馆筹建委员会发出"盛世修庙修典，和谐社会共建共享"的倡议。

寿光市全力拓展旅游发展链条，着力打造以"爱国教育、使命担当"为主题的红色教育研学游、以"科技博览、蔬菜观光"为主题的绿色农业观光游、以"海上体验、湿地度假"为主题的蓝色滨海休闲游、以"三圣故里、古韵留存"为主题的文化寿光体验游四条精品旅游线路。

在中宣部举办的新时代乡村阅读季活动中，寿光市2019年、2020年连续两年获得全国第一的优异成绩。在侯家莘庄东北遗址发掘中，首次发现唐宋时期盐业遗存，填补了寿光历史空白，并引起新华社、大众日报等多家媒体关注报道。先后举办"第四届文旅惠民消费季""第三届乡村文化艺术节""疫散花开　大美寿光"和"让文物活起来"等文艺展演活动10余项，推动"送戏下乡"、非遗展演展示、"文化扶贫惠民演出"和有线电视户户通扶贫等民生惠民活动8项，截至目前，民生实事送戏下乡150场、公益巡演200场任务已全部完成，公益电影放映已完成6380场，后期将加大公益电影放映工作力度，力争尽快完成民生实事电影放映1万场任务，其中，2020年潍坊市"一村一年一场戏"文化惠民演出活动启动仪式在寿光市举行。①

2021年以来，寿光市文化旅游工作取得了六个方面的成绩。

---

① 部分内容来自笔者的调研笔记，基本信息参见《寿光市文化旅游发展概况》（寿光市文旅局内部材料）。

一是"双招双引"全面提速。先后引进羊口老商埠海洋生态文旅城项目、国图集团潍坊国际传播绿色创新产业园项目等文旅重点项目。其中，羊口老商埠海洋生态文旅城项目被列入山东省"十四五"规划重点项目库。招商引资认定高端技术人才（团队）3个，位列潍坊各县市第一，圆满完成全年任务目标。

二是品牌带动显著提升。全力打造"水上王城"田园小镇，成功创建山东省首批精品文旅小镇；全力争创文旅品牌，三元朱村成功入选山东省首批景区化村庄，巨淀湖成功入选第三批省级中小学生研学基地，陈少敏纪念馆、巨淀湖红色研学基地、三元朱村红色研学基地入选山东省100家红色研学基地名单；动漫作品《农圣贾思勰》积极申报中国文化艺术政府奖第四届动漫奖，目前作为山东省唯一动漫作品已被推荐到文化和旅游部；建设的全国最大的以汉字演变为主题的艺术馆——仓颉汉字艺术馆即将开业。

三是全民阅读活动勇创佳绩。在中央宣传部、农业农村部联合组织的2021新时代乡村阅读季活动中，寿光市文旅局取得了全国县级优秀组织奖、优秀管理员第一名和阅读达人第二名的好成绩，在全国层面打造了"书香寿光""文化寿光"新名片；在寿光全域推广建设"学'习'书屋"，2021年7月，山东省新时代文明实践中心建设工作现场推进会议在寿光市召开，与会人员对寿光市依托农家书屋建设"学'习'书屋"工作经验给予充分肯定，并一致表示该做法值得全省学习借鉴。8月，山东省委宣传部再次到寿光市就新时代文明实践中心及农家书屋建设进行调研。

四是改革创新勇于突破。联合寿光市社保中心共同推出"刷电子社保卡借书"服务，读者只需出示手机上的电子社保卡二维码，就可开通借书功能，寿光市图书馆也成为潍坊市首家开通"电子社保卡免押金信用借阅"服务功能的图书馆。精心策划"馆藏古籍赏析"系列微视频，其中，30余篇作品先后在"学习强国"平台上签发。

五是文艺精品亮点频出。筹备成立了寿光红色文化研学会，根据陈少敏真人事迹创作编排了京剧舞台剧《春来边区》，并新创《党旗飘扬　百年征程》、京歌《丰碑》等20多个专题文艺节目，以高质量文艺精品向祖国和党献礼。

六是文化传承持续深化。创新打造寿光非物质文化遗产一条街和线上寿光非遗街，开发巨淀湖小米、侯镇草编等30多种特色旅游商品和文创产品，打造了"寿光好礼"品牌体系，其中南庄情侣水果小黄瓜，被列入2022年北京冬奥会优质产品推荐名录；积极进行非遗项目申报工作，葫芦雕刻、仓颉造字的传说已在第五批省级非物质文化遗产名录中公示，永胜堂中医骨伤疗法提交复议申请并通过，现等待正式公布；文物保护深入推进，寿光边线王遗址和双王城盐业遗址群成功入选山东百年百项重要考古发现。①

从2021年开始，寿光市文化旅游工作有三个方面的推进计划。

一是实施品牌带动战略。依托丰富的文旅资源和"中国蔬菜之乡"品牌优势，突出落实"精品旅游产业"项目，指导双王城生态经济发展中心全力打造"水上王城"田园小镇项目。2021年4月，该处入选山东省首批精品文旅小镇。以冬暖式蔬菜大棚发源地为内涵，紧密结合旅游景点和当地历史文化，指导三元朱村成功入选山东省首批景区化村庄。

二是实施招商带动战略。加快推进羊口老商埠海洋生态文旅城、巨淀湖啤酒文化旅游项目、三元朱农耕文化休闲旅游项目、侯镇古街、青柠微影项目等重点文旅项目建设。目前，羊口老商埠海洋生态文旅城项目已列入山东省"十四五"规划重点项目库。羊口老商埠海洋生态文旅城、三元朱农耕文化休闲旅游项目入选潍坊市重点招商项目库。

三是实施"旅游+"战略。依托寿光市蔬菜、湿地、海盐等文化旅游资源，打造观光、休闲、度假、科普、体验等重点文旅项目和精品旅游线路。依托蔬菜资源，整合菜博会、三元朱村以及新建的蔬菜小镇等农业旅游园区，积极培育打造全国最大的农业旅游研学基地，全力推进农业旅游全域化发展。依托海盐资源，积极开发盐雕、盐灯、盐保健品等系列海盐文创产品，培育打造娱乐、休闲、美容、康养等卤水温泉体验项目，借助小清河复航，重点打造羊口老商埠海洋生态文旅城。依托湿地资源，开发温泉度假、康养保健、影视文创、体育健身

---

① 来自笔者会议记录，以及寿光市文旅局《2021年及过去五年工作总结和2022年及未来五年工作打算》（内部材料），2021年11月。

等文旅体验项目，重点对林海生态博览园、巨淀湖风景区进行改造和提升，打造寿北湿地旅游带。[①] 尤其是，2021年10月12日，成都力方集团与天津大学设计总院到羊口镇洽谈"塘头古街"项目，就成立合资公司等相关事宜达成一致意见，并围绕项目规划、产业策划、投资预算、项目周期、项目推进、项目运营等方面进行了深入交流。项目计划于2022年年初开工，首开区预计2022年10月进行试运营，预计2023年5月全部投产营业。

在2022年，寿光市文旅局计划实施如下五大工程，这些工程也是对上述三方面的深度延伸与拓展。

一是实施龙头引领工程。学习上海、浙江等先进地区的经验，借鉴青州、安丘等兄弟县（市、区）的做法，探索组建文旅投资产业集团，强化对寿光市文化旅游资源整合的资金技术支持，规划设计合理便捷的旅游线路，切实加强对景区的监督管理，不断完善提升文旅功能。借菜博会搬迁、弥河分流和京沪二通道寿光站设立的机遇，将AAAAA级景区建设纳入高铁站规划中，以"农耕文化"为主线，注入旅游参观、民俗体验、蔬菜学府、非遗传承、文化复兴等要素，规划建设以蔬菜文化为主题的"世界农业公园"，积极培育全国最大的农业旅游研学基地、网红打卡地和国家AAAAA级景区。

二是实施文化带动工程。在硬件设施上，盘活当地特色文化资源，配套完善全市、镇街、村居三级公共文化服务体系，力争打造100处公共文化服务示范点。在管理机制上，引入激励机制，修订完善《综合性文化服务中心星级评定办法》，加大对镇街、村级文化场所的奖评力度。在服务效能上，探索"镇街文化场馆＋"服务功能，依托基层文化站成立基层扫黄打非工作站，推进屯西工作站创建全国扫黄打非示范点。在突出特色上，进一步加大创新力度，鼓励企业、社团组织等社会力量参与城市书吧、分馆建设，共同构建以公共图书馆、综合书城、特色书吧、社区书屋等为支撑的15分钟现代公共阅读服务体系，掀起全民阅读热潮，提升市民文化素质。

[①] 来自内部文件，其中公开的内容参见《寿光市文旅局扎实推进文化旅游项目建设》，"寿光文旅"微信公众号，2021－06－10。

三是实施文旅惠民工程。积极探索与省内外高校和历史研究机构合作的新思路，共建科学研究和传统文化教育基地，组织开展优秀传统教育、历史警示教育和非遗技艺传承教育，深入开展进农村、进景区、进校园、进课堂活动，充分发挥文化"以文化人"的教化作用。继续壮大公益培训联盟，通过文化大比武、文化走亲等措施，形成"周周有演出、月月有活动"的文化氛围，争取年送戏150场、送电影1万场以上，让全市民众共享文化盛宴。积极举办文博会、开海节、荷花节、牡丹节等特色文旅展会，继续扩大文旅惠民消费季、"我们的节日"系列主题活动、乡村文化艺术节等活动的影响力，切实活跃寿光文旅市场。

四是实施文化传承工程。深入实施齐鲁文化（潍坊）生态保护区提升工程，积极融入胶东经济圈一体化建设，全力构建完善的保护传承、宣传展示和产业运作体系。加强文物保护工作，以呙宋台遗址为依托，组织专家进行初步规划，重点打造国家级遗址公园，提升当地文物保护环境。加强非遗体系建设，积极构建"非遗＋合作社""非遗＋讲师团""非遗＋电商"的"1＋N"发展模式，充分利用线上线下市场优势，打造非遗活动品牌，推动非遗项目自身传承发展。

五是实施"旅游＋"工程。依托农业资源优势，整合菜博会、蔬菜小镇等现代农业资源，提升内涵，丰富业态，积极培育全国最大的农业旅游研学基地，打造农业观光旅游线路。以防潮大坝建设为契机，借助小清河复航，整合巨淀湖、林海生态博览园、极地海洋世界等资源，培育开发海上观光、温泉度假、康养保健、体育健身等文旅体验项目，打造海上观光旅游线路；依托红色资源优势，发挥陈少敏纪念馆、牛头镇抗日武装起义纪念馆等阵地优势，讲好红色故事，传承红色基因，打造红色研学旅游线路。启动历史文化溯源工程，深入挖掘、包装"三圣"文化，整合历史文化中心、仓颉书院、羊口镇发展馆等文化场馆，加入文物展示、非遗展演等要素，打造历史文化旅游线路。①

---

① 来自笔者会议记录，以及寿光市文旅局《2021年及过去五年工作总结和2022年及未来五年工作打算》（内部材料），2021年11月。

有学者曾提出"四树立"模式，"建设县域文化要树立经济文化互动发展理念。在制定任何一种县域发展战略时，都必然地试图全面了解所要面对的县域客体，要对此有清晰的认识与把握，这是基本的常识"，"树立'文化是核心竞争力'的理念。通过文化建设，重塑干部群众思维方式和行为方式，提高全社会'文化自觉'水平，凝心聚力，务实创新"，"树立'抓文化就是抓发展'的理念"，"树立'人人都是文化建设主体'的理念"①，寿光市的文化建设基本上也遵循了这样的规划。用文化资源和文化产业自给自足，不但未影响经济，反而促进了经济的发展；确立文字与盐业成为"概念性"的文化资源，由此将文化作为县域竞争力的组成。

文化产业的发展、文化资源的拓展都是文化建设的重要方面。但是，在公共文化服务上，寿光市政府从未忽视这一惠民工作，他们用文化产业来资助公共文化，将后者作为最终的目的。而良好的公共文化氛围，反过来又会提升文化资源的质量。

三、公共文化建设模式：由"送文化"转向"种文化"的"三位一体"

在 2016 年的寿光市"十三五"规划中，寿光市政府制定的目标为"坚持物质文明与精神文明协调发展，坚持社会主义先进文化前进方向，坚持社会效益和经济效益相统一，加快文化改革发展，加强社会主义精神文明建设，提升寿光市文化软实力，努力建设智慧人文高地和文化强市"。在文化方面的工作有"培育和践行社会主义核心价值观""完善公共文化服务体系""推动文化产业繁荣发展""树立'大旅游'理念""推动旅游服务向观光、休闲、科普、度假、体验并重转变，带动文化、健康、养老等产业融合发展"。② 从实际的施政工作来看，

---

① 王立胜：《乡村振兴方法论》，中共中央党校出版社，2021，第305—306 页。这样的模式还用于同属于潍坊市的青州市。在历史文物古迹上，青州要强于寿光；但寿光也具有独特的文化优势，比如文字、盐业等历史人文资源和巨淀湖湿地这样的自然风光资源。

② 寿光市人民政府：《寿光市国民经济和社会发展第十三个五年规划纲要（草案）》，2016 年 1 月，第34、71—72 页。

可以认为，到 2020 年，这些目标基本顺利完成。

很自然，此时尚未提出"由'送文化'到'种文化'的转变"和"三位一体模式"这样的表述。这是因为，此类经验性话语必须是在工作展开后才能总结出。^① 虽然在规划中，寿光市已然提出了一些范式性名词，如"两网两通""四种模式""五网""'三自'治理模式""两区、四带、十大基地、十大产业"^②"'五位一体'立体化社会治安防控体系"等，^③ 但是在公共文化建设方面，寿光市政府谨慎地留了"伏笔"，尚未用较有概括性的表达来涵盖。

值得注意的是，"几位一体"的表述此时还仅用于社会治安建设方面，而且，范式性表达更多地体现在"以资源为中心"的文化产业上，而非"以服务为中心"的公共文化建设上。可以认为，寿光市政府保留了一种"自然"的态度来看待文化服务的发展。这当然不是"放任自然"，而是"遵循自然"。以寿光市最为熟悉的蔬菜种植来比喻则是，种植者按照"自然"规律，利用工具与养料来培育，而蔬菜的生长也依靠"自然"法则来进行。种植者既不会袖手旁观，听之任之，更不会拔苗助长。在五年的"生长"中，寿光市文化终于结出硕果，而政府工作者也由此发现了文化建设的规律，从而总括出了"三位一体"和"由'送文化'到'种文化'的转变"这样的经验。"种"字是寿光市文化建设的精髓所在。

当然，我们在规划中可以找到种种原则，它们就如养料与"生长"的定律。比如，就"完善公共文化服务体系"而言，这样的原则有"公益性、基本性、均等性、便利性"，"以政府为主导、基层为重点，加大公共文化投入，完善文化基础设施，推动基本公共文化服务标准化、均等化发展"，"引导文化资源向城乡基层倾斜，构建覆盖城乡、便捷高效、保基本、促公平的现代公共文化服务体系"，"增加城市便民性公共文化设施的覆盖率"，"实施农村广播'村村响'和

---

① 在规划制定将近一年后，我国有关公共文化服务的保障法案才通过。通过后寿光市政府迅速加以宣传，将之用于文化工作。参见《中华人民共和国公共文化服务保障法》，第十二届全国人民代表大会常务委员会第二十五次会议于 2016 年 12 月 25 日通过，自 2017 年 3 月 1 日起施行。

② "两区"即寿光市主城区与双王城生态经济园区。

③ 寿光市人民政府：《寿光市国民经济和社会发展第十三个五年规划纲要（草案）》，2016 年 1 月，第 93—94 页。

广播电视节目无线数字化覆盖工程，创新推广农家书屋建设新模式，实现镇街免费综合文化站、标准化文化大院、乡村文化小广场等全覆盖"。① 就"推动文化产业繁荣发展"而言，这样的原则有"拓展文化领域，繁荣文化市场，推动文化产业结构优化升级，培育新型文化业态，扩大和引导文化消费"。②

就是在这样的"种植"中，截至2021年，"寿光市已建成了市级公共文化设施为龙头、镇街综合性文化服务中心为纽带、村（社区）综合性文化服务中心为基础的三级公共文化服务网络体系，三级场馆共计1000多个，公共文化设施全部免费开放，实现了'10分钟公共文化服务圈'全覆盖，群众步行10分钟，就可享受公益性文化服务，满足了群众日益增长的文化阵地需求"③。在文旅局汇报的表述中，我们也终于发现了"种文化"和"三位一体"这样的概括："寿光市以让城乡居民无差别同享'文化阳光'为目标，坚持群众需求导向，重点在文化设施建设、活动开展效能和管理机制上探索创新，以'三位一体'模式推进县域公共文化服务体系建设，实现了由'送文化'到'种文化'转变，市民参与度和文明度显著提高。先后荣膺全国文化先进县（市）、山东省文化强省建设先进县市等多项荣誉。2019年，在中央宣传部举办的新时代乡村阅读季活动中获得了优秀组织奖全国第一名的好成绩。"④

总体上，在2016—2020年，寿光市文化旅游工作在五个方面都落实了"十三五"规划的"三位一体"和"种文化"策略。

一是公共文化设施日益完善。新建图书馆分馆、文化馆分馆60余处，已建成并免费开放三级公共文化场馆达到1000多个，构建了以"城市核心文化圈"为龙头、"城郊辐射文化圈"为纽带、"乡村特色文化圈"为基础的三级公共文化旅游服务网络。其中，山东省委副书记杨东奇对寿光市创新"三位一体"模

---

① 寿光市人民政府：《寿光市国民经济和社会发展第十三个五年规划纲要（草案）》，2016年1月，第72页。

② 寿光市人民政府：《寿光市国民经济和社会发展第十三个五年规划纲要（草案）》，2016年1月，第72—73页。在规划之后，寿光市政府出台了一系列公共文化建设方面的文件。

③ 《夯实基础 注重实效——全力提升群众文化生活满意度寿光市文旅局工作侧记》，"寿光文旅"微信公众号，2021‑09‑11。

④ 寿光市文化和旅游局：《寿光市探索实施"三位一体"模式 全力打造县域公共文化服务体系》；中共山东省委宣传部：《山东宣传工作》2020年第17期，第2页。

式推进县域公共文化服务体系建设作出批示肯定，山东省文旅厅专门下发文件要求在全省范围内学习推广寿光经验，并列入全省文化旅游工作典型案例。

二是全面阅读亮点突出。积极建设市民阅读中心，成功打造"你选书，我买单"系列阅读品牌，实现了图书馆区域无线 Wi-Fi 全覆盖。寿光连续三年获中央宣传部、农业农村部"新时代乡村阅读季"活动全国县级第一名，寿光市文化和旅游局先后荣获全国"我爱阅读 100 天"读书打卡活动优秀组织奖、新时代乡村阅读季优秀组织奖和"庆华诞 畅阅读"读书打卡活动优秀组织奖，更连续多年被山东省委宣传部评为"全民阅读活动书香机关"，洛城街道屯西村荣获全国服务农民、服务基层文化建设先进集体，孙家集街道三元社区农家书屋荣获全国示范农家书屋。

三是文旅品牌创建成果丰硕。成功创建山东省购物旅游示范市，新创山东省唯一一家国家湿地旅游示范基地，并新增国家 3A 级旅游景区 2 处、3A 级旅行社 5 家、山东省工业旅游示范点 3 处，山东省旅游商品研发基地 1 处；成功申报省级非遗项目 3 项，认定各级非物质文化遗产代表性项目名录 119 项，建立了完善的县、市、省、国家四级政府非遗名录保护体系；图书馆成功创建为国家一级馆，并荣获山东省"打赢疫情阻击战 汇聚文艺正能量"文艺作品征集"优秀组织单位奖"；推动革命文物保护利用，寿光成功列入"国家第二批革命文物保护利用片区分县名单"，强化文物保护工作，博物馆先后荣获"国家二级馆"、"全省博物馆十大优秀社会活动教育活动案例"和"山东省县级及县级以下历史文化展示工程示范点"。

四是文化惠民工程持续推进，连续开展五届文化惠民消费季活动，间接拉动消费近 5000 万元；培育发展庄户剧团 200 多家，建立民间文艺演出队伍 1000 多支，送戏、送电影下乡 6 万余场，公益培训惠及 15 余万文艺爱好者；"千场公益巡演"、民间文艺团体大赛等文化惠民活动各具特色，全民阅读工作扎实推进，有线电视户户通扶贫工作圆满完成。

五是文旅融合成效显著，文化旅游发展质量和效益进一步提升，游客接待总人数由 2017 年的 816.19 万人次增长到 2019 年的 1004.74 万人次，旅游总收入由 2017 年的 87.6 亿元增长到 2019 年的 102.47 亿元。

如果说"种文化"是合乎自然规律的政策，那么"三位一体"就是自发种植出而非强行嫁接出的文化体系。这一模式含有三个方面，每个方面都有一个"三位"的结构，每个结构都以县域和乡村的客观情况（地理、经济、政治、民俗等）为出发点。①

第一，打造"三个文化圈"，建设高标准文化公共设施。概言之，打造市镇村三级公共文化服务网络体系，满足群众文化阵地需求。寿光市深入实施文化惠民工程，加强全市各级文化服务设施建设及效能发挥。目前，寿光市已建成了市级公共文化设施为龙头、镇街综合性文化服务中心为纽带、村（社区）综合性文化服务中心为基础的三级公共文化服务网络体系。

一是城市核心文化圈。在中心城区建设市文化中心、市民阅读中心和蔬菜博物馆等大型场馆，按照"缺位补位"原则，借助社会力量，联合社区、企业、培训机构等建设城市书吧、图书馆分馆等补充性文化场所。重点打造两个"文化圈基地"：市文化中心为群众艺术培训核心基地，历史文化中心为传统文化教育核心基地。

二是城郊辐射文化圈。在城镇街道（14 处）全部高标准建设了综合性文化服务中心，面积均在 2000 平方米以上，内设图书馆文化馆分馆、公共电子阅览室、书画室、儒学讲堂、历史文化展室等。文化服务功能齐全的镇级场馆是缩小版的"市级馆"，作为一级中转站，全面辐射所辖各村文化服务场所。

三是乡村特色文化圈。在村庄社区结合各村历史文化背景和发展特色，以"村文化大院"为基本载体，利用废弃、闲置用地，精心规划设计，充分挖掘当地文化底蕴、人文特色，建广场、上设施，提升打造了乡村记忆馆等村级文化场所，以及韩家牟城汉字文化馆等 107 个文化特色村暨公共文化服务示范点。

第二，实施"三大工程"，大力开展文化惠民活动。

一是"文化带动"工程。认真落实各级文化惠民政策，盘活当地特色文化

① 除了笔者的调研记录，主要资料还来自寿光市文化和旅游局《寿光市探索实施"三位一体"模式 全力打造县域公共文化服务体系》，载中共山东省委宣传部《山东宣传工作》2020 年第 17 期，第 2—5 页。另参见寿光电视台《刚刚，寿光市为民办实事新闻发布会举行》，"寿光云"微信公众号，2021 - 10 - 09；《夯实基础注重实效——全力提升群众文化生活满意度寿光市文旅局工作侧记》，"寿光文旅"微信公众号，2021 - 09 - 11。

资源，打造了107个文化特色村暨公共文化服务示范点，鼓励发展民间博物馆、艺术陈列馆等公益性文化项目，公共文化资源进一步向基层延伸。

二是"文化下乡"工程。普及戏曲进校园、非遗进校园活动，让戏曲文化、非遗文化等传统文化在年轻一代中得以传承。组织文化志愿服务队进军营、进福利院、进学校、进社区等，丰富人们精神文化生活。

三是"文化服务"工程。以办好"我们的节日"系列活动为目标，先后举办了重大节庆系列群众文化活动、民间文艺团体大赛、文博会系列演出、庆祝新中国成立七十周年系列活动、文化惠民消费季等群众文化活动，市级文化、图书、博物和非遗等专业人员下沉到大街小巷、田间地头，对庄户剧团和民间文艺演出队伍进行专业培训指导。2019年，培训各类城乡文化人才20000多人次，培育发展庄户剧团200多家，建立农村秧歌、高跷、腰鼓、舞龙舞狮等民间文艺演出队伍1000多支，年送戏1200余场、送电影11000余场，各类文艺演出、文化活动无差别普及，惠及广大群众。

第三，构建"三大体系"，确保文化服务保障有力。

一是投入体系。寿光市财政每年度拿出1000万元作为文化建设专项资金，同时要求各镇街增加文化建设专项资金，双管齐下，为公共文化服务建设提供保障，切实提升公共文化基础设施水平。

二是考核体系。创新推行基层综合性文化服务中心星级评定，制定出台了《寿光市综合性文化服务中心星级评定工作实施方案》，涌现出屯田村、韩家牟城村和三元朱村等星级站点典型，形成了争先恐后、比学赶超的良好氛围。

三是政策倾斜体系。积极探索"引进社会力量"多元投入模式，政府在土地价格和税收方面给予支持，引导企业和私营经济体出资、文化部门提供服务，最大化利用民间资本和社会力量发展公共文化。创新组建了公益培训联盟，由民间文化机构发起、群众自发参与的文化活动越来越多，通过文化大比武、文化走亲等措施，形成了"周周有演出、月月有活动"的文化氛围。

这"三位一体"的文化建设模式又立足于"纵向"的两个方面，它们与"惠民"这一中心密不可分。

第一，精准对焦群众文化需求，文化惠民活动社会覆盖率达到100%。在广泛征求群众意见的基础上，寿光市精准对焦群众需求，以需定购，在做好疫情防控的前提下，全市各级文化场馆广泛开展内容丰富、形式多样的线上线下文化活动。

一是国家级惠民活动。推动国家级文化惠民活动落地寿光、发挥效能，增加了寿光公共文化服务群众在全国的曝光度。以奋力攀登、勇争一流的工作作风，参与到中央宣传部"品红色 阅经典 我爱阅读100天"新时代乡村阅读季活动中，推动中央电视台"劳动如歌"、中国文联"圆梦工程""关爱农村儿童、点燃艺术之光"等高端文化活动落地寿光，增强群众文化获得感。

二是县级惠民活动。市级场馆积极参与、创新开展各项公益文化惠民活动，文化活动和文艺人才培养真正走向大众。寿光市文化和旅游局围绕建党100周年，举办了千场公益巡演、公益性艺术培训、全民阅读、历史文化宣讲等活动，组织各馆开展相关文化惠民活动1800余场，文化活动精彩纷呈。

三是社区惠民活动。镇街充分利用文化服务阵地平台，让文化走进家门口。各镇街开展了"文化走基层·送福进万家"、送戏送电影下乡、戏曲进校园、非遗进社区、无人机表演等活动，创新性开展"文化走亲"系列线上线下文化惠民活动2000余场，覆盖率达到100%。

以图书阅读为例，寿光市文化和旅游局全力开展全民阅读活动，在全市营造出多读书、读好书的浓厚氛围，开展了书润乡村、"全民阅读，学生进农家书屋"、"好书推荐"、少儿国学朗诵大赛、寿光市网络诗词大赛、新时代乡村阅读季、"好书送基层"、"送书进大棚"、农民工阅读等一系列线上线下读书、用书活动，使满城书香更加浓郁，为建设"书香寿光"添砖加瓦。2021年2月，山东省委宣传部启动了第六届全民阅读先进典型推荐活动，寿光市文化和旅游局被授予"书香机关"荣誉称号。2021年7月，山东省新时代文明实践中心建设现场会在寿光召开，与会人员对寿光市农家书屋创新性亮点做法"学'习'书屋"工作经验给予充分肯定，并一致表示该做法值得全省学习借鉴。①

第二，搭建全方位、立体化公共文化服务新形式，为群众享受文化服务保驾

---

① 部分内容来自笔者的调研笔记，基本信息参见寿光市文旅局《寿光市文化旅游发展概况》（内部材料）。

护航。

一是拓宽宣传渠道，市镇村三级引领文化新风尚。积极在寿光政府网公布寿光公共文化服务目录，在寿光电视台开办文化专栏；各镇街利用户外电子屏、新媒体以及通俗易懂的宣传画等，大力宣传文化建设成就、亮点及文化惠民政策、实事等；各村（社区）充分利用微信群、"村村响"等广泛进行宣传，提升群众文化生活知晓率、满意度。这样的宣传起到了科尔班所说的"大地的钟声"——在中国语境里，也类似广播喇叭——的作用。[①] 随着现代电子媒介的发展，政府会采取某种"无声的钟"来继续引导和凝聚民众。

二是选取关键指标，优化资源配置，补足共性短板。为提高图书利用率，寿光市文化和旅游局配备了专门的图书调配车，对各服务站点的图书定期调配。为解决场所人员管理问题，探索实施"钥匙交到百姓手中"的新办法，切实提高了文化场所的服务效率和设施利用率，打通公共文化服务群众的"最后一公里"。

三是政府保障主导，多元化投入公共文化服务。寿光市财政每年拿出1000万元作为文化建设专项资金，同时要求各镇街增加文化建设专项资金，为公共文化服务建设提供保障。创新探索引进社会力量的多元投入模式，引导企业和私营经济体出资，最大化利用民间资本和社会力量发展公共文化。创新实施了阵地场所星级评定工作，通过考核促发展，形成了各镇街建设文化场所争先恐后、比学赶超的良好氛围。[②] 这样的文化就是我们党所致力建设的新式文化，它实际上完全打破了传统乡村（如华北农村）的"文化网络"[③]。

除了一般性的纲领与规划，我们还可以从具体的活动来审视寿光市文化建设

---

①　阿兰·科尔班：《大地的钟声：19世纪法国乡村的音响状况和感官文化》，王斌译，广西师范大学出版社，2003，第二章第一节《集体的钟》。

②　寿光电视台：《刚刚，寿光市为民办实事新闻发布会举行》，"寿光云"微信公众号，2021-10-09；《夯实基础　注重实效——全力提升群众文化生活满意度寿光市文旅局工作侧记》，"寿光文旅"微信公众号，2021-09-11。

③　杜赞奇：《文化、权力与国家：1900—1942年的华北农村》，王福明译，江苏人民出版社，2003，第一章《权力的文化网络》；李怀印：《华北村治晚清和民国时期的国家与乡村》，中华书局，2008。

的展开。不妨以2021年6—7月该市文化活动的安排为例（见表1）。① 2021年是中国共产党建党100周年，6月至7月，寿光市开展了丰富的政治文化类活动，全市政治热情极高。除了这一类，寿光市仍继续开展常态化的其他文化活动。寿光市并没有把政治与文化剥离，政治本身就属于文化建设的一环，而且文化活动有效地推动了政治宣传与动员。

表1　2021年6—7月寿光市文化活动安排情况

序号	活动类型	活动时间、地点	内容介绍
1	寿光市图书馆尼山书院国学公益诵读班	时间：6月5日、6月12日、6月19日、6月26日 地点：寿光市图书馆尼山书院	【儿童教育类；传统文化类】由2015年感动寿光人物、世纪学校教师吴伟担任讲解老师，诵读《弟子规》《论语》《大学》《中庸》《孟子》等。让广大青少年更全面地了解国学、认识国学、感受经典文化魅力，树立正确的世界观、人生观、价值观，实现传统文化教育与德育教育的有机结合
2	寿光市图书馆"红心向党"百年红色经典图书展	时间：5月24日—7月31日 地点：寿光市图书馆及西城分馆	【政治类；革命历史类】为庆祝建党100周年，传承红色精神，寿光市图书馆举办以"颂建党百年，读时代华章"为主题的"红心向党"百年红色经典图书展，在图书馆及西城分馆分别开设了红色图书专用展区
3	第五季"你选书·我买单"活动	时间：2021年6月—2022年5月 地点：寿光市图书馆	【公益文化类】为打造"全民阅读·书香寿光"，更好地满足广大市民对公共文化的需求，保证市民朋友能够阅读到自己真正喜欢的图书，寿光市图书馆通过让读者自己网上挑选图书的方式，只需一部手机，通过线上借阅平台，足不出户就能借到心仪的图书
4	寿光市图书馆"最美故事妈妈"第九、第十期周末故事会	时间：6月12日、6月26日 地点：寿光市图书馆西城分馆	【伦理亲情类】"最美故事妈妈"公益阅读推广项目——绘本故事演讲，期待爸爸妈妈们参与到我们当中来，一起用故事传递爱

---

① 参见《寿光市县（市、区）文旅局6月份群众文化活动安排上了》，"潍坊文旅"微信公众号，2021-06-07。这里选取一些较有代表性的文化地点及其活动。内容介绍中的"类型"为笔者所加。

序号	活动类型	活动时间、地点	内容介绍
5	寿光市"书香少年"培养计划——70天阅读习惯打卡活动	时间：4月23—7月1日 地点：寿光市图书馆	【儿童教育类】 在4月23日第二十六个世界读书日来临之际，寿光市图书馆联合七星子文学社读书会推出"寿光市'书香少年'培养计划——70天阅读习惯打卡活动"。读一本好书，能让孩子得以明净如水、开阔视野、丰富阅历，益于人生。而要想孩子的才华能够得到增长，就必须给孩子储备力量——坚持每日读书，养成每日阅读的习惯
6	寿光市图书馆尼山书院公益阅读写作班	时间：6月6日、6月13日、6月20日、6月27日 地点：寿光市图书馆尼山书院	【儿童教育类】 阅读是写作的源泉，写作是阅读的升华！为了真正给寿光少年儿童提供最高水平的阅读和写作平台，寿光市图书馆联合七星子城市书吧、寿光市七星子青少儿文学社，在图书馆尼山书院成立阅读写作公益讲堂，由七星子文学社社长、阅读写作教育教学界领军人物——木孜老师亲自担任主讲
7	"翔海建筑"杯寿光市第十五届民间文艺团体大赛	时间：5月31—6月5日 地点：仓圣公园	【民间文化类】 为更好繁荣农村文化，丰富群众文化生活，由市委宣传部、市文化和旅游局、市文联、市新时代文明实践中心主办，市文化馆、市京剧艺术团承办的"我们的中国梦·文化进万家""翔海建筑杯"2021年寿光市第十五届民间文艺团体大赛在仓圣公园举办。此次大赛有来自各镇街28支队伍、不限门类的126个节目角逐金、银、铜奖，这既是对文化馆日常文化辅导培训工作的一次检测，也将更多更好的艺术作品送进了千家万户，广受群众好评
8	一年一村一场戏	时间：6月 地点：各镇（街道）、村（社区）	【革命历史类】 以建党百年为主题编排文艺节目，以群众喜闻乐见的形式进行巡演，提高群众的文化获得感和幸福感，营造建党100周年浓厚氛围
9	"红心向党　党史教育进社区"巡演活动	时间：6月 地点：各镇（街道）、村（社区）	【政治类】 围绕党史学习及习近平总书记重要讲话精神，发挥京剧团的专业优势，编排以红色经典为主的文艺节目，以大家喜闻乐见的演出形式在20个城市社区进行演出，加深党史学习成效，增强影响力，扩大教育面

续表

序号	活动类型	活动时间、地点	内容介绍
10	"红心向党　传承红色基因"戏曲进校园活动	时间：6月 地点：30所市直、乡镇中、小学校	【传统艺术类】 京剧团发挥特有的专业优势，通过专业京剧演员在寿光市30所市直或乡镇中小学校园内进行"戏曲进校园"授课活动以及京剧样板戏红色经典唱段的展演，丰富学生们的校园文化生活，进一步提高学生们的艺术修养，带动校园党史教育，营造建党100周年的浓厚氛围
11	"文化进万家唱响百年梦"	时间：6月 地点：文家街道、上口镇、化龙镇、营里镇	【民间文化类】 群众文化艺术节公益巡演活动以当前时代主题为主线，编排精彩文艺节目并进行巡演，从而助力乡村文化振兴，进一步丰富广大人民群众精神文化生活的同时，营造建党100周年的浓厚氛围
12	"文明实践进基层　志愿服务惠邻里"圣城街道党史学习教育"我为群众办实事"公益巡演活动	时间：6月 地点：圣城街道各城市社区	【公益文化类；革命历史类】 在各城市社区进行主题鲜明的文艺演出活动，营造和睦相处、和谐发展、绿色文明、共建共享的良好氛围。做到群众在哪里，文明实践就延伸到哪里，打通教育群众、引导群众、服务群众的"最后一公里"
13	庆"七一"颁奖晚会	时间：6月 地点：文家街道、化龙镇、上口镇	【政治宣传类】 通过文艺演出及表彰先进激励全街道父老乡亲及干部职工，厚植爱国主义情怀，以饱满的工作热情、扎实的工作作风自觉融入圣城街道新时代建设中，助推街道高质量发展，以更加优异的成绩向建党100周年献礼
14	孝亲敬老饺子宴	时间：6月16日、6月19日 地点：稻田镇桂河三村、东桂村	【伦理类；老年关怀类】 在全村营造孝亲敬老的浓厚氛围，引领敬老、养老之风，助推文明风尚，让年轻人学会知恩、感恩、报恩，为构建互助友爱、美丽和谐的新时代新农村添砖加瓦
15	"学百年党史，感悟真理力量"红色电影观影活动	时间：每周三、六、日 地点：侯镇古商贸街	【革命历史类】 每周播放3部以上红色电影，供群众免费观看，增强群众的爱党爱国情怀，传承红色基因

续表

序号	活动类型	活动时间、地点	内容介绍
16	送戏下乡活动	时间：6月1日—6月19日 地点：纪台镇各村文化广场	【传统文化类；民俗类】 一村一场戏文艺巡演
17	为老人祝寿送蛋糕志愿服务活动	时间：全年 地点：化龙镇各村	【传统文化类】 传承中华优秀传统文化，弘扬敬老爱老风尚，举办为老人祝寿送蛋糕志愿服务活动
18	文艺巡演	时间：6月24日 地点：上口镇西北上口村文化广场	【乡村文化类】 文化进万家，唱响百年梦。定期到村开展公益巡演，丰富村民的娱乐生活，增进感情交流，弘扬传播正能量
19	菜园友谊评比活动	时间：6月10日 地点：田柳镇职工菜园	【乡村生活美学类】 根据前期田柳镇人民政府为有意向的单位职工分发的40个小菜园，组织职工进行菜园评比活动，采用现场投票的方式，选出种植菜园小能手前三名
20	观看电影《沂蒙红嫂俺的娘》	时间：6月 地点：营里镇党委大院	【革命历史类】 深入推进党史学习教育活动，庆祝建党100周年，每村集中上一堂"电影党课"，激发村民爱国热情，弘扬爱国主义精神

就上述活动的性质而言，都是对公共空间的开辟和拓展。在这样的活动中，不会出现如王笛所说的情况："虽然'现代化'也给城市带来了较宽阔平整的街道、新的设施、相对'文明'的城市面貌以及跟随时代的娱乐形式，但这一切是以民众逐渐失去代代相传的相对稳定的传统和生活方式为代价的。而且，城市公共空间和公共生活的重建，经常并非以民众利益为考虑的，也并不容许他们对此享有平等的权利。所以，对大多数下层民众来讲，我们或可以这样认为：他们失去了一个旧世界，但并没有得到一个新世界。"[①] 通过对寿光的考察，我们可以

---

① 王笛：《街头文化：成都公共空间、下层民众与地方政治，1870—1930》，李德英、谢继华、邓丽译，中国人民大学出版社，2006，第397页、第二章的"社会空间：茶馆与文化"。

认为，群众拥有了平等的文化权利，而且保持着稳定传统的生活方式——当然已经随着现代器物的推动被重塑为"现代性的传统"。在公共空间里，他们获得了"认同"与集体意识，他们始终生活在"新世界"，而且是不断更新的世界里。

按照王笛对成都茶馆的描述，茶馆里存在三种不同的"政治"：相关一般大众的"平民政治"，改良者推行的"精英政治"，以及政府的"国家政治"。三种政治其实就是三种文化。王笛要考察的就是国家文化如何介入民间文化。此种文化需要借助"国家权力"，"有利于中央集权"并具有"全国统一模式"。[①] 他似乎更关心这类文化对民间自发文化的干扰。但与之相反，在寿光市的公共空间以及活动场域里，我们能够看到三种政治的平等和谐。国家文化从不以优越的姿态强加于民间文化之上。它力求"种植"出既合乎国家文化也合乎民间文化的"自然（第二自然）文化"。前者更像是种植技术、养分、工具等，后者则是自然作物。两种文化共同接受统一的方针政策，在公共空间及其活动中展开各种形式的交流——尽管也存在分歧和论辩，最终形成有利于集体的共识。

就上述活动的开展模式，可以分为如下一系列步骤或环节：（1）多点推进。（2）点点成线。（3）以点带面。[②] 比如，活动类型 A，在多点（设有 a，b，c，d 四个地点）有规律进行；选择其中样板性的典范，假设为 a 和 b；将之确立为其他地点的学习模式。再进行活动类型 B，同样在多点有规律展开，以此类推。而对于 B，此时的范例假设为 a 和 c，这样，a 成为最为突出的模范。将 a 模式分别与 b 和 c 在 A 与 B 中的模式加以比较和抽象，由此得出了"a－模式"（综合了 b 与 c）并加以推广（点点成线）。如果活动类型继续增多，如 C 类型、D 类型，那么同样可以以某一个地点的模式作为代表，综合其他地点的优势，得出一个比如"b－模式"。当然，这样的总结是动态的，比如以年为单位，T_1 下，"a－模式"更优，但 T_2 下，"b－模式"的效率更高，由此则得出"b 模式"，等等。正是在这样的操作中，"三位一体"的文化建设原则被总结了出来，而

---

① 王笛：《茶馆：成都的公共生活和微观世界，1900—1950》，北京大学出版社，2021，《中文版序言》、第 10 章《秩序——公共空间的政治》。

② 录自文旅局工作人员的访谈口述。点面结合是我国政府工作中经常使用的具有极强实用性和经验性的表述。类似工作经验也见寿光台头镇南兵村对"美丽庭院"的建设和推广方式。

文化就这样被自然地"种植"了出来。整个过程始终是动态的，符合了"自然生长"的规律。

还有一点更为关键，即政府部门对于群众满意度的了解。这一点决定了上述各种模式的总结与提炼。为了提高群众对满意度测评的知晓率和参与度，寿光市文化和旅游局不断进行各种调研和走访。以笔者 2021 年 10 月 27 日上午参加的一次活动为例。首先，寿光市文化和旅游局组织召开群众满意度提升大走访专题会，主要负责人对当天上午入户走访内容、人员分工等进行全面的安排部署，确保满意度走访工作顺利开展。专题会议后，寿光市文化和旅游局 40 多名党员干部深入稻田镇稻庄片和桂河片开展群众满意度提升大走访活动。不同时间，会有不同的走访对象。此次选择这两片地区是因为稻田镇为寿光市经济重镇，诸如圣龙汽车之家服务中心项目、天成宏利均化食品项目、亚星食品自动化面包蛋糕设备项目、天敌昆虫繁育工厂项目都属于寿光市的支柱产业。① 对这里的文化调研有一个明确目的，即了解经济的发展是否推动了文化建设，文化建设带来的群众满意度是否转化为了无形的生产力——良好的文化生活环境所提升的群众工作积极性和凝聚力等。

走访中，工作人员分组分片、入村入户，通过发放宣传明白纸和宣传册、开展问卷调查等多项举措，广泛宣传寿光市今年以来在生活环境、社会治安、基本医疗、文体生活、幼儿教育、养老救助 6 个方面取得的成绩及工作亮点，宣传政策、征求意见、倾听心声、排解民忧，详细了解群众的文化生活情况，广泛收集意见建议，切实排查和解决群众关切的热点难点问题，全力提高广大群众对今年寿光各项工作的知晓度和支持率，不断提升群众的获得感、幸福感和满意度。总体上，这样的走访不仅是为了收集信息，更是在听民声、访民情、纳民意、解民忧、面对面零距离加强与群众的沟通联系，在让人民满意上下功夫、求实效，不断增强人民群众的获得感、幸福感和满意度。② 可以认为，这样的走访本身也是

① 如报道所总结，"稻田镇紧跟寿光市委市政府前进步伐，奋力攀登、勇争一流，在'推动农业提质增效、打造项目集聚高地、塑造品质宜居城镇'上攻坚突破、担当作为，奋力开创高质量发展新局面。2021 年 1 月—11 月完成地方财政收入 2.3 亿元，实现规上工业总产值 10 亿元，社会储蓄余额 69.6 亿元，分别增长 57.5%、14.2% 和 5.5%。"《寿光稻田镇……》，"寿光大城小事"微信公众号，2022－01－01。
② 《寿光市文旅局扎实推进群众满意度提升大走访活动》，"寿光文旅"微信公众号，2021－10－27。

一种文化活动，或是文化服务的衍生活动。它是政府与群众拉近距离的接地气的实践。政府工作人员不仅是在"客观"调研，更是投入其中，融入群众；他们不仅是要获得"满意"的响应，更是要与群众共情，想其所想、感其所感、思其所思。

通过这样的文化治理，寿光市政府避免了有的学者指出的乡村工作中存在的一个问题："农村基层工作本来就有大量模糊的、暧昧的、和稀泥的、不正式不正规的、少文字记录多自由裁量、少黑白分明多灰色地带的部分，现在通过复杂的制度设置，可能导致在利益稀薄地带搞精准治理，造成高成本低效率，结果就是治理效率大幅度下降，正式制度建立不起来，过去的传统治理机制又被破坏和抛弃了。当前中国若干农村基层治理已有此苗头。"[1] 寿光市的文化工作恰恰避免了"高成本低效率"，也避免了"少文字记录多自由裁量"。[2] 文化成为"治理手段"，"治理"成为"一种文化"或"文化整体"的基础，它为"新政治"的运作提供了柔性的中介。[3]

四、结论

如前所述，我们可以发现，寿光市把文化振兴作为县域提升和乡村振兴的"触媒"：它对于经济发展和政治建设有着不可忽视的作用。换言之，文化是为公民的服务，也是对公民的塑造；既然经济和政治离不开每个公民，那么，文化所塑造的具有政治觉悟、公德心、凝聚力的"个人"当然就会促进和保障经济与政治的发展。[4] 就县域而言，文化振兴令乡村在审美和精神气质上不再生活于

---

① 贺雪峰：《治村》，北京大学出版社，2017，第173页。
② 这种文化治理方法也是一种文件政治（如前面提到的"规划"以及一系列相关文件），具有较强的象征性和指导性。施从美：《文件政治与乡村治理》，广东人民出版社，2014。
③ 多年前，王沪宁指出了在20世纪90年代，新政治已然渗透入传统的村落家族，确立"公共权威"，"促进村委会健全地执行法律所赋予的职能，是中国乡村发展的重要一环，也是中国政治发展的重要一环"。王沪宁：《当代中国村落家族文化——对中国社会现代化的一项探索》，上海人民出版社，1991，第159页。而对于21世纪的今天，我们可以认为，公共文化空间起到了将村镇与县政府联系起来的媒介功能。
④ 吴飞认为国家最终可以解决这两者的矛盾；我们这里可以再细化一下，基层政府所建设的文化场域为矛盾的解决提供了缓冲的基础。吴飞：《浮生取义：对华北某县自杀现象的文化解读》，中国人民大学出版社，2009，第10章《综论》。

城市的压力下，而且更重要的是，公共文化空间恰恰调节了吴飞所说的基层生活中"法义"（公共社会，以恨为关系）与"礼义"（私人家庭，以爱为纽带）这两个彼此冲突的方面，为之提供了缓冲带。它不仅可以解决吴飞关注的此类冲突造成的"自杀"现象，还能应对新型的"现代性"问题，如老龄化、少子化、独身化等。[①] 此外，寿光的公共文化空间也逐步吸收了传统文化的因素，这当然不是完全回归到庄孔韶所分析的中国旧式农村的"孝悌""家族"这样的"天性人心"（朱熹语），而是重构一个现代化的社区伦理，它吸收了"孝悌"这样的传统义务，也融合了现代文明需要的种种责任。乡村认同的中心根本上还是超越家族的党和国家政府，但政府又会将遵循国家文化、方针、政策精神的传统文化引入乡村。[②]

就文化建设的具体操作而言，寿光市始终立足于实践的动态过程。在不断展开的活动中，寿光市总结经验，知行合一地建设自身的"自然"的文化——再次强调，不是放任自然，而是顺乎自然规律，使之"自然"良序地生长。正因此，我们对于其文化产业建设和公共文化服务的考察也应该是动态的研究。任何一种纯客观的"静态的田野调查"都要面临难以跨越的距离，与之相反，考察者必须深入到具体的环境中，面对具体的客体与"事实"才能够得出有益的科学结论，特别是对于现代乡村的建设。[③] 在这个意义上，某种仅限于话语的哲学

[①] 按照李银河的研究，村落文化的几种特征有促进生育的功能，如"耻感文化"、人员密集、趋同、竞争等。随着城市化发展，如果这样的文化被打破，如果乡村人口大量入城，那么自然会出现生育下降的现象。李银河：《生育与中国村落文化》，香港牛津大学出版社，1994。实际情况的确如她所论述。但是，乡村的文化空间似乎为一些促进生育的新型因素提供了条件，比如政策福利宣传，新的生育竞争，积极的"耻感文化"等。

[②] 庄孔韶：《银翅：中国的地方社会与文化变迁（增订本）》，生活·读书·新知三联书店，2016，第十一《家族主题变奏（一）》、十二章《家族主题变奏（二）》。陈春声指出，"一个地方的老百姓宣称自己是中国人的过程，同时也就是国家意识形态色彩的礼仪在乡村社会普及的过程。不是说，在国家的意识形态到达之前，这些地方的乡村社会没有仪式，没有自己的行为规则，而是说，当百姓懂得用符合王朝礼制的语言，来揭示本地原有的仪式和规则时，代表国家意识形态的'礼仪'就在地方社会中确立了自己的统治地位"。事实上，中国的传统文化本身就具有将国家"礼仪"植入基层地方的功能。我们不可能也没有必要破除传统，而是需要保留那些能够用来建设国家文化、同时又能引入乡村基层的文化因素。陈春声：《乡村的文化传统与礼仪重建》，载黄平主编《乡土中国与文化自觉》，生活·读书·新知三联书店，2007，第184页。

[③] 类似的"事实研究"，如伊莎白（Isabel Crook）与俞锡玑抗战时期的兴隆场调研。伊莎白、俞锡玑：《兴隆场：抗战时期四川农民生活调查（1940—1942）》，邵达译，中华书局，2013。伊莎白、柯临清、贺萧、韩起澜编《兴隆场（1940—1942）》，俞锡玑顾问，邵达译，仲志兰校，外语教学与研究出版社，2018。前一本为研究素材和信息汇总；后一本是综合性报告。还有毛泽东的《寻乌调查》之类的并非止于"田野调查"的研究。

知识，难以用于具体实际的问题，尤其是中国问题，中国的县域、乡村的振兴问题。只有当哲学能够处理和应用于这样的问题时，它才是真正意义上的、亚里士多德所说的"关乎人事的哲学"。

第三编

社会治理

多面的技术：操作、技能、科研与文化

——从潍坊科技学院历史沿革看中国现代职业教育体系建设 *

刘未沫

一、导言

本文试图从一个典型个案——潍坊科技学院的历史沿革——看中国现代职业教育体系。潍坊科技学院至今发展近 40 年，基本上与改革开放的时长相同。职业教育本来就是为适应社会经济的发展而设立的，这所学校的发展历程又涵盖了我国现有职业教育办学层次的所有类型，因而其历史沿革之路就几乎成为我国改革开放以来职业教育发展变化的一个缩影。

在第一部分，笔者对潍坊科技学院从一个农民技校、中专逐步升格为高等职业学校、本科职业学校，到现在的新建应用型本科学校的历史沿革进程进行了扼要介绍。对这部分历史进行梳理的必要性在于，一个职业学校的升格之路往往错综复杂，中间会经历各种筹建、换校名、一校二牌、合并院校、不同办学层次并存等诸多情况，其发展历史并不像一般普通本科院校的历史那样容易查询和辨认。在这个过程中，也能够了解我国现在高等教育的基本分类，弄清高等职业学校、本科职业学校、应用型本科学校之间的异同。

---

* 谨以此文献给笔者的爷爷刘效德。刘效德（1913.4—2004.11），山东潍坊人。1946 年，他利用在联合国善后救济总署鲁青分署工作的便利，兴办了一所职业学校——台儿庄胜利中学，并任校长。1963 年，昆明市西郊职工业余联合大学成立后，他任副校长，并自编教材。1978 年，他促成了该校复课，此后一直在学校工作，直至 1984 年。也正是在这一年，王焕新在寿光始建农民技校（现潍坊科技学院前身）。谨以此文献给在地方进行职业教育的先行者们。本文亦是对笔者在寿光市委办公室挂职锻炼（2019.9—2021.2）的纪念。

第二部分讨论的是职业教育作为技术教育的观念转变及其纵向贯通培养的制度保证。笔者认为在潍坊科技学院发展历史中办学层次的升级背后，反映的是时代对更广阔多元的技术——包含"操作－技能－科研"一体的技术——的理解的需要。这与当下强调职业教育作为类型教育而非层次教育的政策导向是一致的。从潍坊科技学院看，在地方教育实践中早已出现了对层次教育不自觉的突破，现有政策导向是对既有经验的总结提炼。将职业教育作为关于技术的类型教育看待，其所需的制度支撑就是纵向贯通构架。在这部分我们将看到潍坊科技学院发展各阶段的贯通策略，都凝结着教育实践者的实践智慧；特别是其升级为本科后创新的长学制（"3＋4"）对口专业的贯通分段培养方案，非常有助于将职业教育作为与普通高等教育平行道路的建设，值得推广借鉴。作为对照，笔者也解释了一些职业院校虽采取了类似形式，却达不到贯通效果的痛点及原因。

第三部分讨论的是职业教育的应用实践特征，"教学－研究－产业"一体是其独特的培养模式，横向融通则是保证这个培养模式的架构。在这部分，笔者根据潍坊科技学院的办学经验，从中总结该模式的三个要点。一是开放办学。潍坊科技学院很早就提出办学主体从单一到多元的转变，包括政府、企业和社会各界，还有不少中外合作办学的院系。二是科研兴校。职业院校的发展不能没有科研，这是由现代技术分科精细化、技术产业高精尖化造成的；技术研究也不只是科学理论的应用和转化，还需要大量围绕技术本身开展的应用型研究。这里笔者以潍坊科技学院优势专业海洋化工平台山东半岛蓝色经济工程研究院的具体科研设置来说明。三是校企融合。这集中地体现在潍坊科技学院的高新技术产业园区软件园和学校全资注册成立的山东飞翔软件产业集团下属6家全资子公司上。这些子公司都成了学校产学研的基地，笔者在文中介绍了它们具体对接的学院。最后笔者认为潍坊科技学院的横向融通经验，是对当前一种流行但较为堪忧的提法的反驳，这种看法认为职业类型学校的办学主体中可以没有政府。

第四部分和第五部分笔者将分别讨论职业技术学校中的通识教育及专业教育。第四部分的主题是职业教育中技术与文化的关系。技术技能的养成、职业作为终生教育、创新能力的激发，都需要文化滋养。这体现在潍坊科技学院初期阶段重视素质教育，具体表现是校园文化的建设。在成为新建应用型本科后，潍坊科技学院于 2018 年成立了通识教育部，开始推出通识教育课程，并从 2018 级起对所有一年级新生彻底实施了进校为期一年的通识教育学习方案。潍坊科技学院也不是在职业类型院校中推广通识教育的孤例。笔者觉得这一自发的地方现象值得通识教育研究者们注意。在文中笔者讨论了这一现象出现的可能原因，并指出优秀传统文化类、哲学和逻辑思维类、科学史类、艺术与美育类等通识课程可能会是未来职业院校开设通识教育课的方向。

第五部分讨论职业教育中大类特色专业的建设，这是职业类型院校具有吸引力最关键的因素。前面所讲的纵向贯通、横向融通以及文化支持，最后都体现在能够建设好具有特色专业上。职业教育不等于狭窄教育，特色专业的设置要讲究宽窄结合，在大类专业基础上突出特色。潍坊科技学院在这方面的经验是教科书式的，他们建设有多个特色突出的专业，如园艺设施、海洋化工、机械电子、人工智能等。笔者选取特色最为突出的贾思勰农学院下的园艺（本科专业）和园艺技术（专科专业）进行了说明。

二、县级职业学校变迁缩影：从农民技校、中专、高职到普通本科和新建应用型本科

一个国家、一个地区从不发达到发达、从贫穷到富裕，或者在经济衰退之后想要全面振兴，职业教育往往都是其秘密武器。例如德国二战战败后用了不到 30 年的时间就实现了经济崛起，秘密就在于大力发展职业教育;[①] 而德国职业教育的发达，也成就了德国闻名于世的工业。我国在改革开放初期，面临的局面是各行各业百废待兴，经济亟待发展，需要大批职业人才。1983 年 5 月，中共中央、国务院对加强农村学校教育问题进行了指示，在下发《关于加强和改革农村学校教育若干问题的通知》的文件中指出："农村学校的任务，主要是提高新一代和广大农村劳动者的文化科学水平，促进农村社会主义建设。一定要适应广大农民发展生产、劳动致富、渴望人才的要求。一定要引导广大学生热爱农村，热爱劳

---

① 黄达人等：《高职的前程》，商务印书馆，2012，第 X 页。

动，学好知识和本领。"这一通知拉开了我国农村教育综合改革的序幕，明确了当时农村教育的发展方向，即提升广大农村劳动者的知识和文化水平，以使其更好地服务于生产和劳动。换句话说，就是培养现代化农民与技术工人，适应市场经济发展的需要。

潍坊科技学院的发展与中国发展的时代背景完全对应，第一阶段就是从改革开放初到20世纪90年代末全国大学大面积扩招产生波及效应的阶段，持续大约15年时间。潍坊科技学院前身为寿光县城关镇农业技术学校，是当时寿光县的一批有前瞻眼光的干部感受到时代对新型职业化农民需求的产物。1984年，寿光成立了一所乡镇农业技术学校——寿光县城关镇农业技术学校，学校最初建立时主要做农业培训及相关知识的教授，为的是配合农业及相关产业（如养鱼）的生产，以用赚的钱再盖教室和完善学校公共设施的勤工俭学方式发展。由于这所学校的创始人和校长王焕新，是整个寿光现代化农业崛起历程中最大的功臣王伯祥高中时期的班主任，使得农民技校与政府之间的联合办学成为可能。在1986年王伯祥担任了寿光县委书记后，当年就从县财政拨款资助学校，并将学校改名为寿光县成人中等专业学校，还大胆提出了逐步在县里建立大学的畅想。① 之后王焕新、王伯祥师生二人一直在学校和政府之间合力，并终于在1989年秋，抓住山东省陵县创办的农村经济发展学院要停办的契机，将该学校的牌子挂到寿光，并可以颁发中专文凭，从此正式开启了寿光职业教育的快速发展之路。

除了这所最初的农民技校外，寿光在改革开放初期，为满足改革开放现代化过程中经济建设和社会发展服务对实际操作人才的需要，还陆续成立了一些针对其他职业的中专。如负责本县广播教育工作的寿光电大（1984年成立，1997年与培养中小学教师的寿光教师进修学校和寿光师范合并，更名为潍坊广播电视大学寿光分校）；主要培养化工、机电、财经、艺术方面职业人才的寿光县职业教育中心（1987年成立，后更名为寿光县第一职业中专）。之后，随着潍坊市逐渐成为山东省最大的盐及盐化工生产基地，对化工专业技术人才和管理人才的需求

① 王良瑛、李登建、展恩华：《大地为鉴》，山东文艺出版社，2008，第171—172页。

加大，寿光又在寿光第一职业中专基础上建立了潍坊市化工学校（1993 年成立）。

1999 年底，顺应全国高校大面积扩招的形势，寿光市委、市政府决定整合教育资源，将王焕新任校长的寿光县成人中专和山东经济职业技术进修学院（大专），以及前文中提到的其他三所中专，加上 1999 年 11 月由寿光师范学校改办的寿光中专，六校合一，成立了齐鲁经济学院（筹）。2 年后（2001 年 9 月 24 日），经山东省人民政府批准，潍坊科技职业学院正式成立，其性质为一所能够独立颁发文凭的全日制高等职业学校。

潍坊科技职业学院发展的第二阶段是从一所全日制高等职业学校（加上筹备期）变为一所全日制普通高等学校，大约用了 10 年时间。从 1999 年六校合一成立齐鲁经济学院（筹）开始，学校由崔效杰担任校长。合校之初，学院分为东院、西院两个教学区。东院区主要进行大专层次的教育教学，包括大专、电大、职业中专、成人中专、培训及其他部门的教学管理工作；西院区主要进行中专层次的教育教学。学校决定为推行实质性融合，调整为"一个思路、一个制度、一套班子"。合校后发展规划被确定为培养高层次、实用型、复合型人才，为了使培养的人能够获得德智体全面发展，学校将当时普通大学推行的素质教育加入了高职的培养方案，并开始强调创新能力和实践能力。当时就确定，要用 6～10 年发展成为以本、专科为主，多层次、多方式、联合开放，并有万名在校生规模的富有特色的高等院校。

2008 年 4 月 9 日，教育部向山东省人民政府下发《教育部关于同意在潍坊科技职业学院基础上建立潍坊科技学院的通知》，同意在潍坊科技职业学院的基础上建立潍坊科技学院，成为本科层次的全日制普通高等学校。首批设置有计算机科学与技术、化学工程与工艺、机械设计制造及其自动化、园艺、英语等 5 个本科专业。同年 4 月 20 日，经山东省人民政府批准，潍坊科技学院正式成立，成为县级市政府兴办的全国唯一一所普通本科高校。

第三阶段是 2011 年至今，是潍坊科技学院从本科职业学校到新建应用型本科院校的阶段。本科层次职业教育和应用型本科有何差异，相信大多数人都不太清楚。按照教育部"十三五"时期高等教育设置工作的说法，我国高等教育总体上分为研究型、应用型和职业技能型三大类,[①] 其中职业技能型高等学校主要从事生产管理服务一线的专科层次技能型人才培养,并积极开展或参与技术服务及技能应用型改革与创新;应用型高等学校则主要从事服务经济社会发展的本科以上层次应用型人才培养,并从事社会发展与科技应用等方面的研究。但我们不应认为应用型和职业技能型之间有断裂的逻辑起点。因为从经验看,很多应用型本科院校并不是从普通大学转型而来(因而或许可以被认为是根据学科分化需要而产生),而是从职业高等专科学校升格而来,潍坊科技学院就是很好的例子。同时,应用型大学与高职有很多共通之处,如本质都是实践性的,需要进行技术的开发性研究和学科交叉应用。在这几个方面潍坊科技学院都是很好的例证。[②]

对于潍坊科技学院来说,从职业技能型向应用型的转变,主要表现为从规模发展到内涵发展,从粗放管理到精细管理。2011 年 2 月 19 日,李昌武校长在新学期全体教职工会议上,将建设高水平应用型特色高校,培养高素质应用型专门人才,为地方经济和社会发展服务作为学校发展的主要定位。2012 年,学校被增列为学士学位授予单位。2016 年,学校全面通过教育部本科教学合格评估。学校现在的目标是在 2024 年,建校 40 年之际,成为硕士学位授予单位;2034 年,建校 50 周年时,建成应用型大学;到建校 60 年时,建成区域性、国际化、高水平的全国知名应用型大学。[③]

潍坊科技学院从中专、大专到本科层次职业教育的升格之路,是根据国情"自下而上"摸索的道路。借助其发展历史,我们不仅可以看到潍坊科技学院自身办学特点是如何形成的,还可以以此为镜窥见中国改革开放以来构建本科职业

---

① 《教育部关于"十三五"时期高等学校设置工作的意见》,http://www.moe.gov.cn/srcsite/A03/s181/201702/t20170217_296529.html。

② 有学者认为,应用型本科与研究型本科都属于普通教育,二者的分别主要是学科分化:研究型本科的逻辑起点是促进学科发展,本质上是理论性的,而应用型本科的逻辑起点是促进行业领域发展,行业领域的交叉融合要求应用型本科必须遵循多学科交叉。而职业型本科的逻辑起点是职业发展需求,是因为技术技能复杂程度上升而出现的,遵循的是工作体系逻辑,不是因为学科深化或分化所派生的,本质上是实践性的。笔者认为这个说法是有误导性的。其错误的来源或许是将《教育部关于"十三五"时期高等学校设置工作的意见》中"我国高等教育总体上可以分为研究型、应用型和职业技能型三大类型"误解为对"我国本科教育"的分类,因而得出"我国现有本科教育形成的是普通教育、职业教育'双轨并行',研究型、应用型与职业技能型'三类并行'"的错误总结。

③ 李昌武:《新建地方本科高校特色发展的路径选择》(2014 年);《新建本科院校校地融合发展的创新实践》报告(2019 年)。

教育体系的发展。

三、职业教育作为技术类型教育："操作－技能－科研"一体与纵向贯通

潍坊科技学院的发展历史，看上去是办学层次的逐级升格，但这背后其实是对"技术"之理解的逐渐深化：从较为单一的劳动操作实践及其相关知识教授和培训，到强调以能力为中心的技能的全面培养，再到以高层次应用型人才为目标，强调操作实践、技能、科研为一体；人才培养的时长上也从短期培训、中长期培育，到特色专业长学制培养方案。在历史沿革的各个阶段，学校各界领导的智慧在于，没有将办学层次升格变成一种更替式的线性演进，相反一直采取扩容式、生长式深化，不同办学层次并重。因而现在的潍坊科技学院并没有出现中职和高职、职业教育与普通教育衔接难的常见问题，并且还作出了特殊专业长学制培养的体制创新。纵向贯通成为这所学校发展的历史印记。

在笔者看来，这正是地方教育实践中对层次教育不自觉的突破。也就是说，改革开放后在地方职业学校的办学实践中，就不断要求将这种以技术技能培养为目的的职业教育作为一种类型教育来看待。这具体体现在学校发展过程中，虽然有办学层次的变化（中职、高职、本科，甚至之后的硕士、博士授予资格），但对这样一类职业的技术技能导向的应用型人才的培养渠道则一直保持着各层沟通、上下贯通，学校在各个阶段都用了不同的制度措施来保证这一点。2019 年 1 月 24 日，国务院出台了《国家职业教育改革实施方案》，第一句话就是"职业教育和普通教育是两种不同的教育类型，具有同等重要地位"。这被认为是一个非常重要的新判断，开启了职业教育发展的新征程。近期学者们也在不同场合强调对类型教育的新理解。[①] 2021 年 1 月，教育部办公厅印发《本科层次职业教育专业设置管理办法（试行）》，指出"本科层次职业教育专业设置应体现职业教

---

① 薛二勇：《职业教育作为类型教育战略定位的新认识》，《人民政协报》2021 年 12 月 8 日第 10 版；熊丙奇：《办好职业教育须扭转"层次教育"思路》，《光明日报》2021 年 12 月 27 日第 16 版。

育类型特点，坚持高层次技术技能人才培养定位，进行系统设计，促进中等职业教育、专科层次职业教育、本科层次职业教育纵向贯通、有机衔接，促进普职融通"。这就更加明确了职业教育作为技术技能人才的类型教育与教育层次间纵向贯通的密切关系。在笔者看来，这并不是一种自上而下进行的观念推广，从潍坊科技学院的发展历程看，这更像是一种对地方已经干出来的实践的提炼和总结。可以说，纵向贯通是将职业教育作为类型教育看待的必要的体系架构承载。

在学校创立初期，纵向贯通的自觉表现为学校升级挂牌后仍保持与原职业学校资源共享，等前者完全发展壮大、形成独立特色后，再与后者脱离。这种模式类似于生物的母体孕育，有助于新个体的成长，也有助于在二者之间建立关联。例如，1989年挂上农村经济发展学院牌子的寿光县成人中等专业学校，并没有以前者取代后者，而是一校挂两牌，均由王焕新任校长。发展6年后前者更名为齐鲁职业技术培训学院（筹）（1995年11月—1998年7月），1996年升级为非学历教育高等学校①，1998年成为山东省首批学历文凭考试试点学校，成为独立颁发大专文凭资格的大专，更名为山东经济职业技术进修学院（1998年7月—1999年12月）。虽然从中专发展到大专期间几度更名，但始终保持一校两牌和资源共享，因而达到了大专、中专并重。又如，当需要加大培养盐业及盐化工技术人才和管理人才时，他们将潍坊市化工学校的牌子挂到寿光县第一职业学校上，借助后者原先就有的化工强项加大发展，同样是一套机构两块牌子，既招收普通中专学生，也招收专门的职业中专学生。

纵向贯通模式一直伴随学院发展，在不同办学层级的学校合并时，学校采取"一个思路、一个制度、一套班子"进行实质融合。例如，当六校合并为齐鲁经济学院（筹）时，由于原来合并的六校中有中专也有大专，因而形成了中专、大专在空间和结构上均并置的局面：东院区进行大专教育、西院区进行中专教育。但这样的方式不利于形成有机整体和体系，因而学院决定打破层级限制，在全院推行"一个思路、一个制度、一套班子"，实行院长负责制，设立院务委员会，

---

① 非学历教育高等学校即学员学习期满考试合格，由学校发给省教育厅统一印制的写实性学业证书。但学员也可以通过高等教育自学考试，取得国家承认的大专毕业证书。李昌武主编《潍坊科技学院校志》，吉林教育出版社，2016，第15—16页。

特别是调整中层岗位，对于东、西两院区的科室进行统一设置，这样也就促进了中专与大专的实质融合。后来学校的性质转变为全日制高等职业学校（潍坊科技职业学院），学校也仍然按照这个思路，保留中专部继续招收普通中专和职业中专学生；当学校再次升格为本科层次的民办普通高校潍坊科技学院时也在以本科教育为主的同时，保留专科层次的高等职业教育。这具体表现在潍坊科技学院拥有的16个二级学院中，除有专门职能的通识学院（负责全校所有大一本科学生的通识教育工作）、技术学院（承担五年专科培养后两年大专阶段的教育教学管理和人才培养）和士官学院（承担火箭军、战略支援部队、海军三个军兵种的士官定向培养）外，其余的贾思勰农学院、计算机软件学院、建筑工程学院、电气自动化学院、机械工程学院、化工与环境学院、经济管理学院、工商管理学院、外语与旅游学院、艺术与传媒学院、教师教育学院、护理学院、综合教育学院等二级学院下，均是既有本科专业，又有专科专业。

成为新建应用型本科院校之后，这种纵向贯通的培养作为办学理念，更进行了积极的制度和培养模式上的创新，其中最有特色的是"3 + 4"的贯通培养方案。这具体是指在一些特殊的需要长时间培养的专业上，如电气工程及其自动化、园艺专业，新建应用型本科院校招收应届初中毕业生，进行学制7年的对口、贯通、分段培养。这也就是说，前3年按中等职业教育的管理办法进行管理，完成中职阶段学业，并且在考核合格后，参加转段综合测试。转段综合测试分为专业基础知识测试、专业基本技能测试和文化基础知识测试，前两项由潍坊科技学院组织实施，而文化基础知识测试则由全省统一组织实施，学生需参加春季高考知识部分的文化基础知识考试。达到转段录取标准的学生，就可以注册潍坊科技学院本科学籍，继续在学院本部进行4年本科学习。未被转段录取的学生，也仍然可以参加专升本考试，再取得本科及以上学历。

按照我们过去的职业教育路线，如果初中毕业后选择进入职业中专，还需要读职业高中，再参加专升本的考试进入本科教育，这就比一般初中毕业后进入普通高中，通过高考进入大学本科的教育路线，时间上增加了3年，这导致家长和学生不到万不得已不愿意选择职业技术培养路线。但如果培养时间上一样，并且两条线路之间有殊途同归的升学模式，那么职业技术培养线路就能变成一条很有吸引力的平行培养路线。①

　　以潍坊科技学院的特色专业之一园艺技术专业为例，它在办学层级上属于"五专部"，招收的是初中毕业生，学生3年后通过转录可以进入潍坊科技学院贾思勰农学院继续学习。虽然分属于不同的办学层级，但其实园艺技术专业的学生一进校，就属于潍坊科技学院贾思勰农学院的准学生了。在对外简章中，贾思勰农学院介绍自己包含5个本科专业（园艺、生物技术、食品质量与安全、园林、设施农业科学与工程）和3个专科（园艺技术、园林技术、植物保护与检疫技术）。也就是说，完成了园艺技术专科学习的学生，通过转段就可以选择贾思勰农学院的5个本科专业继续攻读。这样初中毕业就进入职业学校的学生不仅没有耽误时间，还在专业上有了优势。如对于现代化农业发展来说，植物医生非常紧俏，但培养一位给植物看病和防疫的植物医生至少需要6~8年时间，而一个好的经验丰富的植物医生大概需要10年时间才能养成，这样的职业就需要比本科更长的学制，"3+4"的长时段培养模式就有优势。在整个纵向贯通培养过程中，即便是没有转段成功的学生，由于潍坊科技学院对该专业良好的课程设置、产学研一体化和国际办学优势，并且还拥有农业行业特有工种职业技能鉴定资格（学生毕业时可以拿到"双证"），使得这个专业的毕业就业率为100%。除园艺技术外，电气自动化学院的电气工程及自动化专业也实行了"3+4"贯通培养。潍坊科技学院"3+4"对口贯通分段培养是应用型本科人才培养模式的创新，是很好的制度探索。学校以这样的方式积极探索着打通初中到高职（专科）、高职（专科）到本科、本科到专业学位研究生的应用型人才培养新路径，实现高层次技术技能人才培养的一体化和多样化，服务于当前工业时代地方经济社会的发展需要，也为全国输送人才。

　　这里需要注意一个问题。2012年以来，江苏、浙江、安徽、山东等省支持高职院校与本科学校在某些专业点上开展以"依托高职优质资源、联合本科举办、发放本科文凭、高职院校办学"为特点的"4+0"培养（4年全部在高职院校培

----
　　① 实际上，新加坡教育体制中以高等职业教育为侧重的理工学院之所以受到欢迎，就是因为其作为中学毕业生的平行线路。这样家长和学生就愿意因材选择，每年大约有40%的中学毕业生到本地五所理工学院（相当于我们的高职）就读。

养）试点和"对口贯通分段培养"的"3+2"培养（3 年高职+2 年本科）试点，看上去与潍坊科技学院的"3+4"贯通培养方案类似，但却遇到了诸多瓶颈。原因何在？我们先看一下碰到的瓶颈。学者指出，"4+0"模式是以高职院校作为主体办学方、本科院校作为合作方，这种模式面临的问题是高职院校方因"学校没有冠名权、教师没有主导权、学生没有归属感"，办学主动性逐步减弱，而本科院校方也由于面临各类评估、认证以及申报硕士点等考核，逐步收紧对生源及培养要求，合作办学的积极性降低；而"3+2"模式面临的问题则是，高职院校方和与其对接的本科学校方由于培养定位、评价体系、师资结构不同，造成学生一旦升入本科，将不再按照职业教育培养模式接续培养，而不利于学生技术技能水平的持续提升。[①] 换句话说，这些试点只采取了"对口贯通分段培养"之表，仍然无法突破层次教育壁垒之实，实际上只不过将本科培养和高职培养并置，这当然无法达到实质的贯通。

相较而言，在潍坊科技学院发展过程中，无论是简单的一校两牌方式，还是逐渐精细化的"一个思路、一个制度、一套班子"，在不同层级的中层岗位之间进行统一的科室设置的办法，以及近年来对"3+4"长学制培养的特色学科建设和学制，等等，都凝结着教育实践者非常高的实践智慧，为的都是达到实质的纵向贯通。由此看来，纵向贯通并不是几加几就可以达到的。只有做到了实质上的纵向贯通，才能为真正做到操作实践、技能、科研的一体化，才能为选择了技术教育但基础不同、发展需求不同的学生，搭建不同高度的成长桥梁，真正做到将职业技术教育作为类型教育。

四、技术教育的实践应用特征：产学研一体与横向融通

技术教育的应用型特征，最主要体现在其横向融通和产学研一体上。横向融通主要的含义就是办学主体的多元协同发展，即学校、企业和政府之间开放型的

---

① 吴学敏：《开展本科层次职业教育"变"与"不变"的辩证思考》，《中国职业技术教育》2020 年第 25 期。

联合办学、紧密合作，其核心在于"校地共生"，达到职业技术教育扎根地方、服务地方，促进产业融合的功能。具体培养方式则是产学研的深度结合，在这方面我国主要借鉴了德国职业教育的"双元制"方案，为学生在学校和企业同时配备导师，因而我们也称为"双师制"。

如何才能达到产学研一体横向融通？笔者从潍坊科技学院的发展历史中提炼了三个关键：开放办学、科技兴校和校企融合。

第一个关键是开放办学。学校之外，企业和政府都是必要的参与办学方。在潍坊科技学院的发展史上，最初王焕新任校长时的一个最重要的改革措施就是改变办学类型，从封闭型改为开放型，[①] 也就是与社会各界联合办学，这成为日后一直贯穿学校发展的基本办学方针。从中专到大专的发展过程，联合办学的机构有所扩大。在学校中专时期（寿光县城关镇农业技术学校到寿光县成人中等专业学校），培养目标是掌握新工艺的劳动者和各行实操性人才，如建筑经理、中高级厨师、果农菜农、驾驶员等，因而与学校联合办学的单位也相应为建筑部门、建筑工地、园艺场、餐厅等。学校发展为大专和高职后，教学模式开始注重能力培养，从操作逐步转向技能，实行了"基础理论＋专业知识＋现代技能"的复合型教学，以及融合教、学与做的实验实习教学。这个阶段政府与学校的关系则体现在当时实行的"董事会领导下的院长负责制"的管理模式上，董事长、院长等均由当时的寿光市长、民盟山东省委主委、寿光政协副主席等担任。2000年11月，寿光市委、市政府根据形势，将组建公办齐鲁经济学院的计划改为依托山东晨鸣纸业集团股份有限公司，由山东省民盟和晨鸣集团共同筹建民办齐鲁经济学院。当时，山东晨鸣纸业集团股份有限公司是国家经贸委确定的512家"全国优秀企业"之一，是中国造纸业上市A股、B股第一家中外合资企业，企业规模和经济实力稳居全国同行业之首。同时，当时正值我国加入世界贸易组织（WTO），晨鸣纸业集团需要大力发展高新技术，以产学研结合促进科技兴企。

开放办学除了体现在政校企的合作上，还体现在国际合作上。2002年，该

---

① 属于"四改"内容。"四改"具体指改单一型为多样型，改书生型为实用型，改封闭型为开放型，改消费型为开发型。

校园艺技术专业就与荷兰王国北荷兰省农业基金会共同成立了中荷农业科技培训中心。2003 年学院又与印度德尔科恩工程有限公司迪特恩软件学院签署了联合办学协议，成立了潍坊科技职业学院中印软件学院。这两个学科现在都发展成了学校最强、最具优势和特色的学科。

第二个关键是科技兴校。过去人们总是觉得应用型学校技术职业类学校似乎并不需要科研。这是对于"技术"的过于单一化理解。没有"研"，高职和应用型大学同样不可能获得真正的提高。只是普通大学，研究的类型多是理论性的，擅长的是具有前瞻性、属于学科基础的研究。而应用型大学所作的研究，主要属于开发型研究。一方面是将已有的科研成果进行工艺转化和再开发，也就是说，是一种科学的应用，另一方面是根据一些新技术本身所具有的特点去作开发，是一种应用为导向的研究，这种开发型的研究可能需要在具体的实验场地进行研究，因而也就是横向与企业、研究院所等的合作。①

在潍坊科技学院发展历史上，很早就关注到了科研的重要性。在最初王焕新任校长的山东经济职业技术进修学院时期，他就确定了"科研兴校"的战略，并以冬暖式大棚的发源地——孙家集镇三元朱村为基底，成立无公害蔬菜研究所，投资 50 万元引进无公害蔬菜检测线。1988 年 4 月，学院又与山东省海洋水产厅合作成立全国科技兴海技术转移潍坊中心，改造全省盐艺化工工艺，促进盐化工高新技术成果向企业转移。这二者在日后都发展为潍坊科技学院的两大方向。在齐鲁经济学院高职时期，崔效杰校长更是推行学院上下重视科研、人人制定科研课题，着手规划和筹建了现代教育技术应用研究所、蔬菜研究所、农业化学与植保研究所、科技兴海与海洋化工转移中心、机电技术应用研究所等科研所。

升格为应用型本科院校后，特色专业（如智能制造、设施农业、海洋化工）在科研能力的加持下，都得到了更加迅猛的发展。限于篇幅，这里仅以海洋化工

---

①　20 世纪关于"技术"的一大哲学争论，就围绕技术到底是否"仅仅是"应用科学而展开，以此来探讨技术与科学的复杂关系。这里采取的是较为中庸的看法，即技术是一种应用科学，但又包含超出研究科学如何应用之外的部分。正是因为技术技能型和应用型学校的任务不只是产业转化，因而才需要更全面的教学和课程体系的设计。

方向的研究平台建设为例。潍坊滨海地区有丰富的不可再生资源——卤水，这是其蓝色经济和海洋化工发展的基础。正如前文所说，在该校为中专时期，他们就已经开始投入大量资金发展海洋化工的研究。该校成为本科院校后，学院于2012年4月成立了山东半岛蓝色经济工程研究院（简称蓝工院），建筑面积3.8万平方米，投资金额8500万元，是全国第一家针对蓝色经济战略的地方综合性科研机构。主要任务是围绕山东半岛蓝色经济和海洋科学发展需求，以基础和应用研究为主进行科技研发、成果转化和推广。自2012年开始，蓝工院陆续建立了以下5个科研机构。一是海洋精细化工研究所，成立于2012年，建筑面积1000平方米，主要开展三个方向的研究，即精细化工的微型化、连续化、绿色化的安全型合成工艺研究，化工物料的提纯与精制研究，化工"三废"的资源化利用与治理研究。二是海洋药物研究所，成立于2012年，建筑面积800平方米，重点研究卤素在海洋生物医药领域的高值化利用。拥有高效液相色谱仪、紫外可见分光光度仪、制备色谱仪、微分干涉生物显微镜等检测仪器50多台（套），可满足新型药物的有机合成、检测分析、毒理分析等研究工作。三是卤水高值化利用水产养殖研究所，主要从事地下卤水在水产育苗、养殖中的应用，虾蟹类良种选育及单性化繁育等方面的研究，配备了藻类实验室、水生动物实验室、矿物质研发实验室，能满足生物技术专业学生试验、实习、开展相关科研工作的需要。四是环境检测中心，成立于2013年，是一家以环境检测为主的专业性第三方检测机构。拥有大气采样器、紫外差分烟气分析仪、多参数油气回收系统、气质联用仪、气相色谱仪、液相色谱仪、原子吸收分光光度计、离子色谱仪、原子荧光光度计等检测仪器150多台（套），可以从事环境大气、水、噪声、土壤等方面的检测工作，检测项目涉及105类产品中的3000多个参数。五是新型材料研究所，成立于2017年，以应用研究为主，形成了以新能源和新材料为主的两大研究方向。拥有凝胶色谱仪、Zeta电位分析仪、红外光谱仪、锂电制备与测试全套系统、万能试验机等实验仪器100多台（套），主要从事高纯氧化铝、超级电容器、锂离子电池、光学树脂单体、防水材料等方向的应用研究。除此之外，蓝工院还与中国石油大学、吉林大学等知名高校和默锐集团、博源医药等高新技术企业合作，共建了8个省市级研发中心。从以上蓝工院所涉及的范围、科目、实验室和实验仪器配置等，我们能够窥见现代技术教育对精细化的研究和高精尖仪器配套的需要，并且也能够看出现代技术的教育不仅是将已有科学研究成果进行转化，而且需要大量围绕技术本身开展的应用型研究支撑。

第三个关键是校企融合。这里选取潍坊科技学院的计算机软件专业，说明学校如何依托优势专业构建学科公司服务实践应用型教学。该校在高职时期，软件技术与园艺技术专业就都已成为山东省高等职业教育示范专业。2003 年该校与印度德尔科恩工程有限公司迪特恩软件学院签署了联合办学协议，成立了潍坊科技职业学院中印软件学院，之后又与印度环球科技发展公司合资成立了中印环球软件科技发展有限公司，是山东省第一家高校与外国公司合作成立的高科技企业。该公司在教育、政府、企业、军事、医疗等领域成功开发实施了 50 多个软件项目，曾为全球最大的物流公司——美国 UPS 公司设计网络服务器。2008 年成为本科职业学校之后，2009 年在政府支持下，学校投资了 5.6 亿元在校园内建设了高新技术产业园区软件园，由此为企业入驻提供了平台，为政府向企业提供政策倾斜提供了园地。2013 年学院全资注册成立了山东飞翔软件产业集团，成为学校最重要的产学研基地之一。该集团下设 6 家全资子公司。一是山东环球软件股份有限公司，成立于 2004 年，是由学校创办的国资控股、新三板挂牌上市的高新技术企业，主营业务为软件研发与系统集成，是业内领先的区县级智慧城市建设整体解决方案提供商。10 余年来，公司始终坚持产学研融合发展，积极服务学校教学实践工作。首先，先后与学校的软件学院、建工学院联合共建博士科研工作站 2 个、联合工作室 3 个，促进校企双方优势互补、资源共享，共同推进软件信息技术的发展。其次，接收学校优秀教师到公司挂职锻炼，助力教学质量提升。最后，主动承担学生实训、技能指导及毕业生实习等工作，先后为 300 多名学生实习、实训提供了支持，帮助学生提升专业技能。部分优秀毕业生选择在公司就业，为公司发展作出了巨大贡献。二是山东潍科软件科技有限公司，成立于 2008 年 9 月，前身正是潍坊科技学院中印计算机软件学院的一支软件研发团队，近年来在教育、农业、民生纪检等领域取得了飞速发展，产学研所做的工作与环球软件股份有限公司类似。三是潍坊科技学院建筑安装公司，成立于 1987 年，是集团下成立最早的子公司，主要对接的是建筑工程学院专业。四是潍坊市学府房地产开发有限公司，对接建工学院、工商学院、化工学院、机械学院，该公司不仅是这几个学院学生的实习基地，还陆续向这些学院的部分教师支持横向课题费近1000万元。五是寿光市潍科种业科技有限公司，该公司既是教师学生的科研实验基地，也是贾思勰农学院成果转化基地。六是山东美高斯麦化妆品有限公司，是学校化工与环境学院的实践教学基地。

需提醒注意的是，横向融通并不是校企融合或产教融合，后者只是前者的一部分。关于职业教育的建设，现在有一种说法，认为在校企融合中就能达到产学研一体，不需要政府，职业技术学校的办学应该主要依托企业。这是非常不可取的提议。从潍坊科技学院发展的例子中，我们看到政府对于教育体系的规划指导、拨款、拨地，以及各种资格认证的申请，学校升格的推动等方面的不可替代的作用，是职业技术类院校能够发展的推手；而且校企融合、产教融合，也需要政府层面的很大投入，潍坊科技学院软件园的建立，就是政府为学校全资注册企业提供政策支撑的一个案例。同样，没有政府的扶持，山东飞翔软件产业集团下设的6家子公司也不可能成为学校最重要的产学研基地。

五、职业技术人才培养与通识教育

在了解了潍坊科技学院建设的纵向构架和横向构架之后，我们再来讲它的通识教育与专业特色教育的形成。这里先讲通识教育，以及大一新生统一在通识教育学院接受一年通识教育的举措的形成。这其实也就是在讲技术与文化的关系。

在2000年刚开始筹建高等职业学校（齐鲁经济学院［筹］）时，学院院长崔效杰在第一次全体教职工会议上就说明了学院的基本办学思想：以开放的办学思想，全面实施素质教育，培养德智体全面发展的具有创新精神和实践能力的高层次应用型人才。这是崔效杰院长一贯的思路。他甚至在1987年被任命筹建寿光市第一职业中专时，就确定了要以培养德智体全面发展的应用型人才为目标。在经济飞速发展时期，提出这样的超越唯效率至上、超越"只业教育"①，是非

———

① 舒爱民：《谨防职业教育成为"只业教育"》，《商丘日报》2021年12月20日第7版。

常有长远眼光的。当然，这也是积极适应地方经济对专业技术人才提出的拥有更全面可适应性技能的要求。在这个阶段，潍坊科技学院的素质教育主要体现为拓宽能力培养与校园文化的建设上。潍坊科技学院找到的校园文化便是农圣文化。这一方面是由于贾思勰在此地写作了《齐民要术》，另一方面是由于对当代寿光来说，"中国蔬菜之乡"是其在中国大地上的一张名片。

2018 年 8 月，潍坊科技学院开始组织通识教育，实施通识教育育人模式改革。这离 2015 年北大、清华、复旦和中大联合成立大学通识教育联盟刚过去 3 年。潍坊科技学院非常大胆地将通识教育引入一个本科职业院校，并且采取了一种非常彻底的形式即作为整个学院的共同教育。采取的方式是：从 2018 级开始，所有大一新生都在通识教育学院集中进行为期一年的通识教育，之后再进入自己的专业学院学习。2018 年大一新生的人数是 2300 人，到 2020 年增长到 2800 人。这算是非常"激进"的通识教育改革了。在一般的研究型院校，通识教育所倡导的共同教育，也无法做到全校新生第一年的共同教育，最多只是在部分书院（仍然要分为人文社科类、理工类模块）实行第一年共同教育，而对于非书院的其他院系学生实行通识必修和选修模式。

我国的通识教育往往是在素质教育基础上开始推行的，但通识教育与素质教育还有一定区别：素质教育主要突出的是氛围养成和熏陶，与校园文化有关，但不一定有相关课程；[①] 但通识教育所注重的共同教育，最重要的就是依靠课程。学校在设立了通识教育学院后，陆续建设了思政教研室、国学教研室、大学英语教研室、数理教研室、体育教研室 5 个教研室，承担起思政类、国学、大学英语、高等数学、体育等必修课程教学任务。在通识课程方面，通识教育学院的老师们意识到，"通识课程既不是专业课程的混合版，也不是公共课程的复制版，必须是在深刻理解通识内涵基础上科学设计、整体筹划的课程体系。课程建设是通识育人的核心工作"[②]。因此他们为所有大一新生开设了 4 门通识核心课：写作

[①] 对于校园文化的作用，天津职业大学校长董刚曾说过一个很接地气的比喻，他说，校园文化就是做泡菜，文化便是那一锅汤汁，不同种类的果蔬就如同不同性格的学生，无论放黄瓜、白菜、洋葱，出来的都是"泡菜"味，那就是经过学校文化的熏陶后那种个性中便都具有的某种共同的、可以明晰辨识的内涵属性。

[②] 孙淑娟、马爱胜：《探索通识育人，服务地方发展——以潍坊科技学院"以农圣文化为特色的通识教育模式"为例》，全国新建本科院校联席会议暨第二十次工作会议研讨会会议论文，潍坊，2020 年 11 月，第 205 页。

与沟通、批判性思维、自然科学导论、人文科学导论。通识选修课则包括国学经典与人文素养、科学探索与生命关怀、艺术体验与审美鉴赏、社会发展与国际视野、实践能力与创新思维 5 个模块。学院还设置有"学习能力提升计划"（包括人文素养、科学素养和艺术审美）、"博雅教育计划"（包括批判性思维培养、沟通协作能力培养、问耕大讲堂、读书会等）、"实践能力训练计划"（包括应用型科研项目申报、创新和竞赛指导）。此外，学院还创办了内部刊物《问耕》，主要分享教师的通识研究文章、学校的通识教育进展、问耕大讲堂专家报告摘录、个人读书计划的读书报告、读书班的读书笔记，以及社会服务的记录等。

潍坊科技学院为何要设立通识教育学院，为何要为大一新生设立这样的课程？笔者认为究其原因有两点。一是学院在 2011 年成为新建应用型本科院校后，对于技术型人才的培养有了更高需求，复合型技术技能人才需要有技术应用创新的能力，也要有从事社会发展与科技应用等方面研究的能力。这都需要更加开阔的视野、交叉的跨领域知识和技术创新。这看起来更像是对研究型人才的要求，其实不然。应用型人才只有对更大学科的历史和发展、对技术背后原理的理解和思考，才能生发出真正的创新，只是这种知识不需要达到理论研究的艰深程度，以应用为导向，但可能需要比理论研究更宽的广度。就这一需求而言，就会需要一些思维类、逻辑类、科学史类、艺术设计类等课程，启发学生以思考问题的不同方法和看待问题的不同角度。二是在培养职业技术人才观念上发生了变化。对照国外职业教育这几年的发展可以看出，职业教育的目的，都不再仅仅是为职业作准备，只懂得固有专业技术、只会单一技能操作的"工具人"和"机器人"被看作职业教育的悲哀，而强调将职业作为一个人相伴终生的生涯教育来看待，要使学生过上一种有尊严的生活。例如，20 世纪 90 年代末，美国的职业教育已经为生涯教育和技术教育所取代。这种方向性的转变就要求在技术类型的学校，设置通识类课程。除对个体生命终身发展的重视外，这些课程也有社会功能，即促进个人良好品德的养成，培养学生成为负责任的人和公民。

据笔者所知，潍坊科技学院是唯一一家采取了对所有大一新生实行共同的通识教育模式的职业学校。这是当时李昌武校长全力支持、通识学院院长马爱胜大力推行的结果。在此之前，顺德职业技术学院也有过设置通识教育课的尝试。该校名誉校长陈智在 2011 年接受采访时说，他到该校任职后在学院建设了三门通识核心课程：一门是"哲学与智慧人生"，教学生学习认识论和方法论，教会学生在哲学层面思考问题，了解思辨、求真、审美及明辨是非、善恶之道；一门是"大学国文"，讲授国学经典，将传统文化中优秀的部分介绍给学生；一门是"数学文化"，与专业的数学课程相结合，讲授数学思想和数学技术的关系、数学的发展。与潍坊科技学院相比，可以看见以职业技术一类学校的通识研究课程设立的共同特性，即传统文化教育、哲学和逻辑思维教育、科学史教育、艺术与美育教育等。这为未来我们在职业技能类和应用类型学校开设通识教育课程提供了方向。[①]

值得注意的是，通识教育在以潍坊科技学院为代表的一些应用型本科院校中推行，完全是"自下而上"自发的，并且现已形成一定气候，这是非常值得通识教育者们注意的现象。目前的通识教育联盟主要还是集中在研究型本科通识教育的课程设置上，未来或许可以吸收这些"自下而上"的经验，考虑将设有通识教育课程的新建应用型本科院校和部分高职也纳入通识教育联盟。

2016 年公布的《国民经济和社会发展第十三个五年规划纲要》，对中国高等教育提出实行"学术人才和应用人才分类、通识教育和专业教育相结合的培养制度"。我们容易将这两句话理解为学术人才是与通识教育对应，而应用人才则与专业教育对应，认为应用人才的培养似乎只通过专业教育。但在像潍坊科技学院这样的院校的教育实践中，我们发现高等教育以上的职业教育学校，从自身实际需要出发，已经有意识地开设了通识教育课程，甚至设置通识教育部。潍坊科技学院就是其中的一个典型代表。实践经验反过来促使我们认为应用人才与学术人

---

① 职业院校的通识课程甚至与研究型大学的通识课程也有一定程度的相似性。例如潍坊科技学院开设的"写作与沟通"课，就完全可以参考研究型大学的教学经验。"写作与沟通"作为所有大学生的必修课，有明确的训练要求：课程既不是要培养文学修养，也不是训练学术论文写作，而是强调学生在老师的指导下就一个专门的主题展开深入的阅读和思考，形成问题和分析框架，最后完成完整的说明文的写作。2022 年 1 月 11 日，在新雅书院第七届人才培养与教育教学工作会上，梅赐琪老师介绍了"写作与沟通"课程建设过程中形成的两点经验：第一是强调教学过程的深度浸润，教师除了在课堂上进行教授，还要在课下对学生进行一对一的辅导，小班的培养模式为师生的深入交流提供了支撑；第二是明确课程的期望管理，由教学中心统一规定课程要求，并在课程开始前向学生作明确说明，从而在教与学之间形成良性的配合和互动。《新雅书院第七届人才培养与教育教学工作研讨会召开》，清华大学新雅书院微信公众号，vol. 483。

才一样，都是以人的完善为目的，只是不同类型的人旨趣不同；既然是以完善人的潜能为目的，培养制度上就都需要通识教育和专业教育。因而纲要中的前一句分类指的是教育类型，后一句分类指的是培养方式，前后不是一一对应而是一对二的关系。实际上，在 2013 年教育部初步提出通识教育新模式时（《关于 2013 年深化教育领域综合改革的意见》），就已经提出："鼓励和支持高校结合实际，探索通识教育新模式。开展地方高校技能型人才培养试点。组织实施科教结合协同育人行动计划。"然而，职业技术教育毕竟是与普通高校尤其是研究型教育不同的类型，那么如何打造适合它的通识教育课，就成为需要深入讨论的议题。潍坊科技学院恰好为我们提供了值得借鉴的经验。

六、技术的吸引力：大类学科下的特色专业建设

职业技术学校如何增强吸引力，常常成为非常棘手的问题。教育部原副部长吴启迪曾就此问题接受了记者采访。她回答时指出一些国家和社会层面应当推动的工作，包括政府将职业教育作为一种面向人人的教育对待；与职业准入紧密挂钩，实行"双证书"制度，同时出台技能人才的最低工资标准；学制上打通立交桥；同时舆论上也支持职业教育。[①]

除了这些外部建设和制度保证，职业学校吸引力的塑造还需要激活其内生发展动力，笔者认为这主要体现在建设和培育自己学校的特色专业上。在进入具体案例前，首先要修正一个认识误区，即将专业等于狭窄，将职业性等于窄化的专业性。有位校长曾经提出一个让他感到很奇怪的大众看法，即在中国，本来任何事情加了职业都好像变得更好，唯独教育，加了"职业"二字，就变得好像低人一等。[②] 将职业教育等同于狭窄教育，或许也是这种既定观念造成的。这一误区的纠正不只在舆论中和学生、家长一方，更在于学校主办方及相关领导对于职业学校专业设置的引导上。以前的观念总是强调职业学校专业设置的职业性，将专

---

① 《职业教育吸引力问题访谈——访教育部原副部长吴启迪》，中国职业教育与成人教育网，2009 年 12 月 5 日，http：//www.cvae.com.cn/zgzcw/yjrd/200912/97cf4575a59d41babbdd9cbe4d97bbab.shtml。
② 黄达人等：《高职的前程》，商务印书馆，2012，第 X 页。

业设置得太过狭窄。这既不符合现代技术所需要的适应性、跨学科性特征，也不符合职业教育作为类型教育、全人教育、终身教育的观念。职业学校的特色专业在设置上需要掌握宽窄平衡，既强调与实际岗位工作的对口的职业性特点，又注重技术对于操作、技能、科研、文化的多方面整体要求，因而就应当有体系性地建设大类专业群，在其中再培育出最具优势和特色的专业。在这个方面，潍坊科技学院的做法可以说是教科书式的，非常有启发和借鉴意义。

在潍坊科技学院的历史沿革中，我们可以看到农学园艺、海洋化工、机电和信息一直都是其在历史发展中比较重要的方向。农学园艺和海洋化工成为优势专业，与山东半岛的地理位置、自然资源和寿光作为冬暖式大棚发源地有关，而机械电气、信息工程则是随着我国改革开放后加入 WTO，互联网、数字信息产业的发展而逐渐建设起来的。学校目前的架构体系已经成熟稳定了，最大的架构是六大学部，学部有学科交叉特点的分别是：农学与环境学部、建筑与艺术学部、机电信息学部、经济管理学部、通识教育学部。每个学部下又分为若干二级学院，二级学院大多是按照学科设置，如贾思勰农学院、化工与环境学院；艺术与传媒学院、建筑工程学院；机械工程学院、电气自动化学院、计算机软件学院、技术学院；经济管理学院、工商管理学院；通识学院、教师教育学院等。学院形成的优势特色专业，都不是单独相对窄化的专业，相反，均属于一个大类专业群（如设施园艺、海洋化工、机械电子、信息技术），大类特色专业下各专业相互补充、相互支撑。

仔细考察这几个大类专业群下的特色专业（如园艺、化学工程与工艺专业、软件技术、软件工程、智能制造等）的形成与发展，可以看到它们全都满足本文前面所谈的纵向贯通（专科与本科、中高职与本科）、横向融通（包括办学主体多元、研究、产业）和文化（支撑、赋能）的架构。这反过来证明，上述三个方面并不是空的架构，而是切实为职业学校注入内在生命力。我们就以最具特色的园艺专业的建设来具体说明。

贾思勰农学院设有两个与园艺有关的专业：一个是本科园艺专业，与之并行的其他四个本科专业是园林、设施农业科学与工程、生物技术、食品质量与安全；另一个是专科园艺技术专业，尤其以蔬菜园艺为主要发展方向，与之平行的是园林技术、植物保护与检疫技术三个专科专业。很明显，园艺技术（专科）与园艺（本科）有纵向贯通关系（园林技术与园林也是如此）。

寿光是"中国蔬菜之乡"，不但是全国冬暖式大棚的发源地、全国规模最大的无公害蔬菜生产基地之一，而且是国内外先进蔬菜种植技术交流的集散地，兼有国家级蔬菜高科技示范园，拥有全国最大的蔬菜批发市场，蔬菜产业发展前景无比广阔。蔬菜产业的发展急需大批园艺技术专业的高等技术应用型人才。正是在这样的背景下，潍坊科技学院本着主动为当地农业发展服务的宗旨，设置了园艺技术（蔬菜）专业。园艺技术专业从 2001 年开始招生。2013 年，园艺专业作为中职与本科"3＋4"对口贯通分段培养新模式正式招生。其转段学制已在第二部分有所介绍，在此不再重复。纵向贯通后，不仅园艺技术专业（专科）成为省级示范专业，而且园艺专业（本科）也被教育部确定为地方高校第一批本科专业综合改革试点专业，先后被当时的教育部、农业部、国家林业局批准为卓越人才教育培养计划改革试点专业，被评为山东省高校优势特色专业。2018 年在中国民办大学学科门类排名中，贾思勰农学院的农学学科全国排名第一，其园艺专业则获评 2019 年全国同类高校第一名。

在开放办学方面，学校早在 2002 年就与荷兰王国北荷兰省农业基金会共同成立了中荷农业科技培训中心。荷兰派蔬菜花卉专家来到学院，由园艺技术（蔬菜）专业的教师与荷兰专家共同进行蔬菜和花卉的引进栽培试验。经过 2 年的实践，探索出了国内先进的无公害蔬菜生产技术，极大地推动了寿光蔬菜生产与国际接轨。荷兰专家既为学生进行现场授课，也对学生的实践实习进行导师式的指导。同时，中荷农业科技培训中心还对菜农进行培训，每期 1000 多人，使寿光和全国十几个地区的菜农掌握了国内外先进的蔬菜生产技术，促进了蔬菜产业的发展和蔬菜生产技术的传播。同时，在政府的协助努力下，该专业也拿到了山东省农业职业技能鉴定总站批准，建立了农业行业特有的工种职业技能鉴定点，并且已经卓有成效地开展了职业技能培训和鉴定工作。这样该专业毕业的学生就可以拿到"双证"，即本科或专科毕业证，以及农业工种职业技能鉴定证，这就解决了学生就业的问题。就市场需求情况看，园艺技术和园艺专业日后完全可以走高技能、高价值、高工资相对应的路子。

　　该专业的课程设置也是产学研一体的典范。课程充分突出了其应用性。打破学科之间的界限，体现"模块化"的要求。特别以农时季节为主线，紧紧围绕当前无公害蔬菜生产的各环节设计。既重理论，又重实践。学院自己编写教材，及时更新教学内容，充分反映当前最新技术。实践课、实训课课时比例占到50%。学院在校内建立了2座高标准的冬暖式蔬菜大棚和占地30亩的实验基地，进行多种蔬菜种植试验；在校外多家园艺公司和无公害蔬菜生产基地建立了实训基地，如蔬菜花卉新品种繁育综合实训基地（130亩，位于寿光市北洛镇）；与寿光蔬菜高科技示范园建立了长期合作，为每年一度的（寿光）国际蔬菜科技博览会的蔬菜花卉展品进行管理和养护（负责1万平方米菜博会展厅）[①]。这使学生很快掌握了品种繁多的高技术含量的蔬菜、花卉种植和管理技术。学院还拥有自己的高新农业技术集成示范中心（占地36亩），拥有高标准智能温室4个及连栋拱棚1处，主要进行品牌蔬菜的生产与运营，高标准园艺设施的构建、营造与展示。

　　在科技研发方面，贾思勰农学院8000平方米的设施园艺实验教学中心，内设蔬菜花卉研究所、蔬菜工程与技术研究所、生物防治研究所、植物病虫害研究所、微生物研究所等多个研究所和实验室等。其中蔬菜花卉新品种繁育基地（110亩），主要承担设施园艺相关专业的蔬菜花卉新品种选育、设施土壤改良与修复技术、设施蔬菜精准栽培及高效栽培技术、蔬菜病虫害绿色防控技术等研究。几年前，学院又成立了自己的蔬菜育种中心（100亩，位于寿光市洛城街道），设有种子检验、加工、生产、储藏设施及种质资源库、高标准智能温室1处，设有新型职业农民培训中心，力求将设施园艺专业的相关科研成果快速推广及市场化。

　　除这些纵向和横向的技术技能培养外，学校还有与该特色专业配套的人文教

---

　　① 中国（寿光）国际蔬菜科技博览会是商务部正式批准的年度例会，是目前国内唯一的规模最大的国际性蔬菜产业品牌展会，每年4月20日—5月30日在寿光市蔬菜高科技示范园举行。2000年以来已经成功举办了20届。2013年，第14届中国（寿光）国际蔬菜科技博览会新增了9号、10号两个展馆。根据寿光市委、市政府和菜博会组委会的决定，9号展馆由潍坊科技学院负责建设和维护管理。2014年，9号展馆改名为学院馆。学院馆面积1万平方米，是潍坊科技学院自主知识产权蔬菜新品种及国内外值得推广的蔬菜新品种的展示厅。整个展厅实行信息化管理、水肥一体化生产、机械化操作。

育经典：《齐民要术》。《齐民要术》成书于约公元 6 世纪，全书共 10 卷 92 篇 11 万多字，是我国现存最早、最完整、最全面的一部农学综合性著作，作者为后魏高阳太守贾思勰，一般认为他是北魏齐郡益都县钓台里今寿光市城关镇一带人，在青州齐郡高阳县（今山东临淄高阳）做官。《齐民要术》内容不仅包括耕作技术、田地管理、良种选育、蔬菜和林果栽培、果蔬储藏与食品加工、畜牧和动植物管理等，也有关于各类盐的提纯技术，与今日寿光的农业特色和海洋化工特色一脉相承。学校抓住这点在通识教育课程的设置中，有意加入农圣文化特色，通过对农圣文化的讲授和阅读，激发学生们对土地和家乡的热爱，对农业、化工等技术职业的热情。学校艺术学院师生自行创作了 52 集大型动画片《农圣贾思勰》，在央视新科动漫频道和山东卫视播放。学校层面也经常举办农圣文化主题讲座，编写出版了《农圣文化与国学经典教育》教材，牵头成立了中国农业历史学会下辖的国家二级学会——农学思想与《齐民要术》研究会，建设了山东省社会科学普及教育基地——农圣文化研究中心。该中心近年来也出版了一系列研究著作，如"中华农圣贾思勰与《齐民要术》研究"丛书（20 册）、《〈齐民要术〉通俗读本》、《农圣文化概论》、《贾思勰家缘源流研究》等，其中《〈齐民要术〉通俗读本》免费向寿光农村、社区、机关单位发放 1 万余册。

七、余论

2021 年是职业教育顶层设计的大年。先是 2021 年 1 月，教育部办公厅印发了《本科层次职业教育专业设置管理办法（试行）》，强调了职业教育作为类型教育，以及其纵向贯通的架构。[①] 3 月，李克强主持召开国务院常务会议，通过《中华人民共和国职业教育法（修订草案）》。4 月，全国职业教育大会召开，习近平总书记对职业教育工作作出重要指示，强调加快构建现代职业教育体系，培养更多高素质技术技能人才、能工巧匠、大国工匠，李克强也作出批示。这次

---

① 该办法指出"本科层次职业教育专业设置应体现职业教育类型特点，坚持高层次技术技能人才培养定位，进行系统设计，促进中等职业教育、专科层次职业教育、本科层次职业教育纵向贯通、有机衔接、促进普职融通"。

会议上还创造性地提出了"建设技能型社会"的概念与战略。10月，中共中央办公厅和国务院办公厅又印发了《关于推动现代职业教育高质量发展的意见》，为未来的现代职业教育高质量发展提出了具体的目标：到2025年，现代职业教育体系基本建成，技能型社会建设全面推进。办学格局更加优化，办学条件大幅改善，职业本科教育招生规模不低于高等职业教育招生规模的10%，[①]职业教育吸引力和培养质量显著提高；到2035年，职业教育整体水平进入世界前列，技能型社会基本建成。技术技能人才社会地位大幅提升，职业教育供给与社会经济发展需求高度匹配，在全面建设社会主义现代化国家中的作用显著增强。

可见职业教育正从边缘化走向中心，成为支撑我国高质量发展和解决社会复杂问题的工具。[②]对于整个高等教育体系而言，职业教育的定位准确了，肯定会引起整个高等教育本身的变化，也会带来一些改变。希望本文借助对潍坊科技学院这一较为成熟且有明确体系建设意识的地方职业类型学校的讨论，能够为当前加快构建现代职业教育体系的任务尽一份力。

[①]　本科职业学校招生规模，从2020年开始是每年5万人，到2025年将达到每年50万人。

[②]　关于潍坊科技学院与寿光发展的关系，参见高宏斌《职业教育的转型升级与区域发展——以潍坊科技学院为例》，《文化纵横》2020年第1期。

老年友好型社会背景下村居养老的
"寿光模式"

张丽丽

一、前言：时代背景

人口老龄化问题是近年来党和国家关注的重要社会问题和民生问题。根据《中国发展报告 2020：中国人口老龄化发展趋势和政策》（以下简称《报告》）统计，"到 2022 年左右，中国 65 岁及以上人口将占总人口的 14%，由老龄化社会进入老龄社会。2025 年'十四五'规划完成时，65 岁及以上的老年人将超过2.1 亿，占总人口数的约 15%；2035 年和 2050 年时，中国 65 岁及以上的老年人将达到 3.1 亿和接近 3.8 亿，占总人口比例则分别达到 22.3% 和 27.9%。如果以60 岁及以上作为划定老年人口的标准，中国的老年人口数量将会更多，到 2050年时将有接近 5 亿老年人"（参见图 1）。

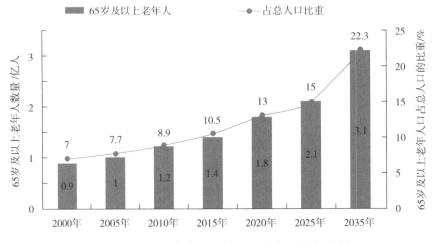

图 1　2000—2035 年中国 65 岁及以上人口统计及测算

　　《报告》统计显示，"十四五"期间我国正处在人口高峰增长的间隙阶段。如何在社会高质量发展中解决养老问题、照顾老年人的合理需求、让他们享受社会福利的同时能够增加幸福感和获得感是各级政府都十分关心的课题。2019年政府文件对"养老问题"的着墨明显高于2018年，出台包括《关于推进养老服务发展的意见》《养老服务领域基层政务公开标准指引》《关于进一步扩大养老服务供给促进养老服务消费的实施意见》《关于建立完善老年健康服务体系的指导意见》等系列文件。2020年国务院更是针对群众关心和热议的"拒收现金"问题和"智能时代"脱轨情况，颁发了《关于切实解决老年人运用智能技术困难实施方案的通知》。该举措有效解决了社会高质量发展进程中"抛弃"老年人的问题。2021年各级政府都将"建设老年友好型社会"纳入"十四五"规划的重要发展目标。国务院《关于加强新时代老龄工作的意见》更是提出子女就近居住、健全保险体系和出台养老清单等措施，对老龄化问题进行了及时预警并提出可行性的解决方案。

　　在社会整体转型阶段，山东省的老龄化问题难度要高于全国。一方面，第七次全国人口普查结果显示，山东省65岁及以上老年人口达到1536.4万人，占比为15.13%，高出全国水平。另一方面，山东省内部各地区养老计划、服务体系和居家环境差别很大，老龄人口的空巢化问题特别突出。如果能够结合山东省现有的应对老龄化社会的相关做法，总结其典型性且颇具成效的经验，不仅能够为全国养老问题的解决提供思路，也能够普及推广福泽更广大的人民群众。

　　本文之所以选择以山东省潍坊市寿光市进行考察，主要有以下几点考量。一是寿光市老龄化问题难度更高，颇具典型性。寿光现有户籍人口110多万人，其中60岁及以上256271人，65岁及以上198468人，70岁及以上124449人，75岁及以上69120人，80岁及以上37627人，85岁及以上17556人。老龄人口占总人口的17%左右，这不仅高于全国水平，同时也高于山东省的整体水平，已经提前迈入老龄社会。二是将传统文化"两创"工作同基层治理有机结合，形成以饺子宴为形式和载体的地方特色孝亲文化。饺子宴不仅体现尊老、敬老、爱老的传统价值观念，同时有效解决农村老龄人口空巢化所带来的诸多社会问题。三是通过志愿服务解决老年人的多元诉求。寿光市既有由"离岗不离党、退休不退色"

的领导干部组织的传统文化讲师团和以退休教师为主体的寿光市婚姻家庭志愿者团队，为老有余力的老年干部提供继续奉献社会的舞台；也有由党政机关、学校、企业和社会爱心人士组成的各种志愿服务队伍，帮助解决空巢、失能和高龄老年人的实际生活困难。前者能够为未来延迟退休方案的计划提供现实案例和相关数据，后者能够为未来"养老清单"的内容增列相关条目。四是，寿光的村居养老模式更适用于广大农村地区。相较之下，当下较为流行的社区养老、居家养老和机构养老模式对农村老人空巢化问题的解决力度明显后劲不足。那么，下面将就寿光市"一体三翼"为特征的村居养老模式进行回顾和总结，继而结合康养计划提出未来老年友好型社会背景下村居养老的寿光模式。

二、以中国传统文化为载体

近年来，寿光市委、市政府认真贯彻落实习近平总书记关于推动中华优秀传统文化创造性转化、创新性发展的指示，联系实际，采取切实措施，实施了普及学习优秀传统文化暨公民道德建设工程，并与培育和践行社会主义核心价值观有机融合，收到了明显成效。文化自信源于文化自知，目前传承发展中华优秀传统文化的迫切任务是抓普及学习。

寿光在全市范围内开展传统文化进农村（社区）、进学校、进企业、进家庭、进机关"五进"行动，并实施了孝老饺子宴等一系列活动，将道德建设融入具体活动中。

第一，进农村（社区）。针对农村孝道淡化等问题，寿光市于2017年5月，在城区北关村和城外惠民村开展了创建孝心示范村活动。活动开展到12月，不到一年时间，在社会上产生了极大反响。村民由观望到积极融入其中，由对活动质疑到纷纷点赞；村民说，老人乐了，家庭和了，村风正了。如此短的时间，就产生了这么好的效果，不仅让我们更加坚信中华优秀传统文化的无穷魅力，更为我们找到了一条推动农村尊老敬老养老的新办法，蹚出了一条促进农村文明的新路子。对此，市委、市政府高度重视，于2018年在全市推广这一做法。

一是道德大学堂遍布乡村。目前寿光有975个行政村，村村都有新时代文明实践道德大学堂,在每月15号党员活动日(同时也是村民阳光议事日),将传统文化纳入学习内容。党员和群众代表一起学,有的村扩大到全体村民。大家通过听讲课、看视频、互相分享等形式学习,都反映受到了教育,提高了做人做事的道德思想,期盼着下次再学。为扩大村民学习面,2020年底,寿光市进行了学生家长学习优秀传统文化示范村建设,即每镇(街区)选取1~2个村,组织学生(从幼儿至大学生)家长学习优秀传统文化,每月一次,每次2个小时。目前,示范村进展良好,探索出经验后推开。2021年7月开始,在城区开办了母亲学堂,两周一课,目的是通过学习优秀传统文化,提升母亲道德素养,教育子女立德树人。

二是村村举办饺子宴。村村为80岁及以上老人开办饺子宴,3个月举办一次,饺子是由本村志愿者包,费用由本村爱心人士捐助或村集体列支,民间文艺队伍为老人义务演出。每逢村里为老人办饺子宴,大家就像过年一样,老人、年轻人都欢天喜地,文明之风越刮越强。老人吃的是饺子,得到的是尊重和尊严,年轻人付出的是劳动,得到的是道德的提升和快乐。2019年为进一步推动农村的孝老、养老,寿光市在试点成功的基础上,要求全市每个镇(街区)选取1~2个有条件的村,建设幸福餐厅,即为全村80岁及以上老人建设厨房和餐厅,每天提供午、晚两餐,个人缴费1~2元,其余由市财政和村委会承担。目前,全市已有61个村建设了幸福餐厅。

三是入户普查促儿女力行孝道。2018年冬天,全市组织了对70岁及以上老人生活状况大普查,从衣食住行多个方面,设置了近20项调查内容,细化到"住的房子是不是卫生、通风?""子女多长时间去看一次?""冬天如何取暖?"等。在调查之前,先将老人情况调查表发放到各户,要求自填自查自改一个月,然后组织志愿者入户普查,对发现的问题,督促子女解决,收到了良好的社会效果。通过入户大普查,老人的被褥更干净了,老人心情也更加舒畅了。

四是评先树优,提升民风。从2018年开始,每年在农村进行评选好媳妇、好婆婆、好家庭活动。市里制定评选标准及办法,印发各镇街区和农村。春天宣传发动,冬天全民评选,春节前大表彰。此项活动有效地带动了村民孝老之风、团结之风、文明之风的提升。

第二，进校园。如何将优秀传统文化贯穿到青少年的教育中，教育部率领教育系统已做了大量工作，从教材编订到教学及高考，都增加了优秀传统文化的内容，并正在向纵深发展。寿光市在这方面也进行了补充探索。一是全市中小学开展诵读经典活动。全市小学、初中学生在上午第一节课前诵读《三字经》《弟子规》《大学》等传统文化经典，根据学生的年龄，经典内容由浅及深，诵读常年不断，每年举行诵读经典比赛，学生的道德素养不断提高。圣城小学自 2016 年 9 月开始，面向社区公益开办圣贤学堂，至今已举办 85 期，有 12000 多人次的学生、家长、教师来校读经典，分享读书心得。二是突出重点。自 2016 年春天开始，寿光以全市 33 所初中一年级学生（1.1 万人）为重点，对学生、家长及教师一起进行传统文化教育，每月一次，每期一年，连年进行。具体办法是，在星期日下午，利用家长送学生到校的机会，组织家长和学生以及老师在阶梯教室学习，由志愿者讲师讲传统文化、家庭教育等。我们将全年讲课的时间、内容、授课人等列表发给学校和讲师团成员，形成制度，有条不紊进行。每所中学每次听课的人数在 500 人左右，并且每次人齐秩序好。从 2017 年开始，寿光市对新入幼儿园的孩子家长、新入学的一年级学生家长、7 所高中的新生都进行一次传统文化教育。每年受众共计 6 万多人。此举声势浩大，效果良好。

第三，进企业。在这方面寿光仙霞集团就是一个成功的典范，他们自 2010 年开始学习中华优秀传统文化。公司普通员工以《弟子规》《孝经》《朱子治家格言》等中华优秀传统经典为主要学习内容，每天上午上班前诵读，雷打不动。在每周一诵读前，举行升国旗仪式和爱国教育。引导员工孝老爱亲、教化子女、爱岗敬业、爱党爱国。企业呈现出了风清气正、效益稳步增长的好态势。目前，寿光近百家大中型企业均开展了学习传统文化的活动。

第四，进家庭。寿光市认真学习落实习近平总书记"家庭是社会的细胞，家庭和睦则社会安定，家庭幸福则社会祥和，家庭文明则社会文明"的指示，让传统文化进家庭，特别是对离婚家庭的调解。目前离婚率升高成为一大社会问题，2005 年，寿光市协议离婚 450 对，2016 年达到 1650 对。2017 年 1 月，在市委、市政府的领导支持下，市关工委、市妇联、市民政局等单位共同努力，成立了寿光市婚姻家庭志愿者辅导中心，招募了 80 多名志愿者，开展对离婚夫妻婚姻辅导，至今志愿者达到了 300 多人。辅导中心将志愿者划分为 19 个小组（每组 15 人左右），选出组长、联络员。在民政局婚姻登记处工作日期间，均有一个小组人员值班，对前来办理协议离婚的夫妻进行调解，常年不间断（每个小组每月值班一天）。

在调解工作中，志愿者耐心倾听当事人的离婚事由和诉求，先让夫妻面对面诉说，之后再分开了解，让他们把想说的话全部说出来。志愿者通过倾听了解，依法、依理、依情作出基本判断：是离还是合，然后因人而异，做细致的辅导工作。要解决婚姻问题，需要从中华优秀传统文化中寻找答案，伦理道德是婚姻家庭的基石。对判断不需离婚的夫妻，志愿者用传统文化对其教育引导，对症下药，劝其和好。

在辅导工作中，大家都注重把握以下三点：一是夫妻定位要正确。传统文化中夫阳妻阴，夫妻在政治、经济及文化上平等，在家庭生活中各有其位，各行其道，则家和万事兴。若错位失职，则诸事不顺，夫妻不和，最后走向离婚之路，若再结婚，易重蹈覆辙。二是要对孩子的成长负责。父慈子孝，母子（女）情深，父子（女）义重。父母生育了孩子，就要养育他们长大，教育他们成人，孩子懂事后，就要知道孝敬父母，为社会作贡献，这是中华民族的传统美德。夫妻若为自己一事之忧、一时之快而离婚，不顾念孩子的成长成才，则会害了孩子终生，也害了自己。三是尊重父母的意见。孝敬父母是每个子女的人性体现，父母挂念孩子是天性所在。父母为孩子的成长付出人力、物力、财力，子女的婚姻之事也是父母的大事，经营好婚姻是孝敬父母，离婚会给父母带来极大伤害，所以每对要离婚的夫妻要认真考虑父母的意见和感受。实践证明，用传统文化教育离婚夫妻会收到事半功倍之效，能让他们恍然大悟、大彻大悟，从此回归正道，走向幸福之路。

除离婚调解之外，寿光市的传统文化"两创"同基层工作结合还体现在制定家训、成立道德"120"上。2018 年，寿光在北关村试点的基础上，要求全市各农村家庭，户户制定家训。寿光市委还统一制定了家训参考资料，发至各村各户，让各家各户自选自定家训，然后由村委统一制作成牌，各户悬挂室内或门口。号召各家各户积极参加好媳妇、好婆婆、好家庭的评选，人人争先、户户创优。此外，针对个别家庭不孝老等问题，2019 年 3 月成立了家庭幸福志愿队，将志愿队负责人电话登报公开。其职责是接到求助电话，即组织志愿者登门入户做调解工作。此举既解决了个别家庭的矛盾，又起到了对不孝子女的威慑作用。目前，道德"120"运行良好。

第五，进机关。寿光市各机关事业单位统一开展了传统文化学习。每周五下午集体学习时，均有传统文化内容。市委办公室主任带头讲《弟子规》。市交通运输局以"大孝交通"建设为中心，着力做好优秀传统文化和交通工作融合发展，为交通运输高质量发展注入新活力。他们以"交通大讲堂"为平台，坚持每天在全体干部职工微信群发送传统文化文章、视频，每周五学习传统文化，通过演讲报告会、个人分享会等形式，把中华优秀传统文化贯穿于党员干部政德教育和廉政培训的各个环节。大力实施 15 项传统文化活动，引导干部职工建立孝老爱亲、诚信友善、爱家爱国等道德规范，全系统形成了浓厚的文明礼貌、爱岗敬业之风。

按照中央办公厅、国务院办公厅文件《要把中华优秀传统文化纳入党校教学重要内容》的要求，寿光市委组织部在干部和党员培训中增加了传统文化教学内容。2017 年以来，市委组织部举办了 9 期科级干部培训班，以及 26 期党外干部、工会干部、妇女干部培训班，有 2000 多名干部学习了优秀传统文化；目前，寿光已有 6 万多名党员进党校学习了传统文化。

三、孝亲文化助力村居养老新发展

近年来，寿光市委宣传部从群众关心、关注的日常小事入手，探索推广敬老饺子宴等贴民心、接地气的文明实践活动，产生了良好的社会反响。寿光市洛城街道韩家牟城村 83 岁的韩百胜老人说："如果见到习主席，我一定给他磕三个响头，感谢习主席，感谢党中央！"目前，饺子宴已覆盖到全市 975 个行政村，"家家关心、户户参与"成为强化基层治理、融洽党群关系、倡树文明新风的有效载体。其经验在于以下几点。

第一，点上抓突破。2017 年，市文明办、传统文化宣教中心指导协调，在圣城街道北关村、洛城街道惠民村 2 个村先行试点，村党支部组织党员干部和部分志愿者参与，为 80 岁及以上老人举办敬老饺子宴。村里的老人聚在一块吃饺子、拉家常、忆往事，其乐融融。几个月后，周边村纷纷以宴敬老、以宴扬孝，既服务了老年人，又教育了年轻人，带动形成了好村风、好民风。寿光市委顺势引导，征集评选出"寿光新 24 孝"，统一印制、免费发放《孝德教育读本》24 万册，开展优秀传统文化宣讲，组织"寿光好人"、好媳妇、好婆婆评选活动，全力讲孝德、树孝贤、倡孝行，敬老饺子宴很快在全市推开。

第二，线上抓推动。为防止攀比、浪费，寿光市坚持"重真情、淡形式"，从举办周期、老年人年龄、活动场所等方面，对敬老饺子宴进行规范：在举办频次上，原则上两个月举办一次；在年龄要求上，以 80 岁为基准，也可结合老年人人数和集体经济等实际适当扩大范围；在资金筹集上，采取村集体资金列支或通过爱心捐助等形式解决；在场所选择上，根据村情民意，安排在文明实践站、村民家中或其他场地举办。2020 年，寿光市还将饺子宴开办情况纳入全市经济社会发展综合考核，并作为各级文明村镇推荐评选的重要依据。目前，全市已举办敬老饺子宴 5000 多场，参与志愿者达 8 万多人次，惠及老年人 20 多万人次。

第三，面上抓拓展。结合老年人所思所盼，寿光市委指导各村（社区）、各志愿组织结合饺子宴，同步开展送戏曲舞蹈、送理论政策、免费理发、义诊等活动，引导群众看变化、谈感受；部分村推出 80 岁以上老年人生日宴，村"两委"和志愿者上门给老人送生日蛋糕、食用油等礼物，并陪老年人拉家常；台头镇三座楼村、洛城街道屯西村等 46 个村建成幸福餐厅，为老年人提供一元餐、免费餐；圣城街道东七村等设置孝老敬老基金，文艺志愿队给老年人送"寿"、送"福"、送金婚照，敬老饺子宴从最初单纯吃饺子，变成了文化宴、文明宴、感恩宴。

饺子宴让老人感受到了尊重，维护了社会稳定。饺子宴是老年人的聚会，更是全体村民的盛会。每到饺子宴、生日宴，很多子女主动请假，陪老人一起包饺子、看演出、拉家常，增进了亲情、邻里情，很多遗留的老"疙瘩"也顺势解开了。圣城街道北关村 91 岁的张有荣说："凑成堆儿，见见老友很开心，政府和社会这么关心老人，儿女们也会受教育。村里有事找到你，谁还好意思拖后腿。"

饺子宴让子女感受到了孝道，弘扬了文明风尚。敬老饺子宴的举办，让广大群众、志愿者思想受到触动、心灵得到升华，群众都以帮办饺子宴为荣。志愿者梁松华说："看到老人，就如同看到自己的父母一样，能尽一份孝心，非常高兴。"以饺子宴为切入点，各村创造性地开展了"老人被褥集中晾晒""今天我给老人梳头洗脚"等特色活动，全市推选"好媳妇""好婆婆""好家庭"等 2 万多名（户），涌现"全国孝亲敬老之星"孙彦芹、"全国十佳最美孝心少年"隋玉媛等一大批典型，23 人入选"中国好人榜"，在 2020 年度全国县级文明城市及提名城市创建工作测评中取得了全省第一名的好成绩。

饺子宴让群众感受到了温暖，树立了党的威信。敬老饺子宴由村党组织领办，广大志愿者参与，不仅让全市 3 万多名 80 岁以上老人感受到了党和社会的温暖，更让全市 110 多万名群众感受到了党员干部作风的转变，感受到了党中央"以人民为中心"的发展思想带来的实惠和好处，党的凝聚力、向心力和号召力空前提高。

四、志愿嘉许推动村居养老新气象

在以中国传统文化为载体的基层村居养老实践中，志愿者发挥着重要的作用。特别是在敬老饺子宴和婚姻调解等老年问题和社会问题的解决上，志愿者们整合各方资源力量、创新服务方式，并逐渐形成标准化、规范化的服务体系。于是，寿光市委在保障志愿服务的长期性、稳定性和可持续性上下足功夫，积极探索"志愿服务嘉许机制"，通过"四个体系"建设推动寿光市新时代文明实践工作走深走实。在礼遇志愿者方面，寿光市总结了以下经验。

第一，完善机构设置，建立"规范引导"体系。搭建全域统筹的组织架构。新时代文明实践中心牵头组建寿光市市级文明实践志愿服务总队，总队长由寿光市委主要负责同志担任，下设 11 支专业队伍，各镇（街道、中心）、部门单位建立文明实践志愿服务中队，村（社区）成立文明实践志愿服务小队，各类社会志愿服务组织在新时代文明实践中心指导下，有序参加文明实践志愿服务。立足让志愿服务更规范、更高效、更有活力，出台《新时代文明实践志愿服务暂行办法》《志愿服务时长记录办法》《志愿者嘉许礼遇办法》等制度文件，整合志愿服务资源、理顺服务流程，进一步激发了志愿者投身文明实践的热情和动力。

第二，凝聚各方力量、拓宽服务渠道，建立"资源共享"体系。最大限度汇聚志愿服务力量，让群众共享文明实践资源。一是聚焦"人人参与"做志愿。充分发挥党员干部的模范带头作用，在党政机关、村（社区）、企事业单位、社会团体中掀起了"人人争做志愿者、我为城市献爱心"活动热潮。截至目前，志愿服务团队达到4300多支，注册志愿者达到23.1万人，占寿光总人口1/5，涌现出了善德、弥水、蒲公英、天平等一批表现突出的社会志愿服务组织。二是聚焦"群众需求"搞服务。坚持从群众需求出发，精准提供菜单式、差异化、互动式服务，尽最大努力把好事办到群众的心坎上。村村举办敬老饺子宴，使20多万老年人受益；300多名志愿者成立婚姻家庭辅导中心，帮助了5100多个家庭，劝和成功率超过43%；千余名"土专家"志愿者上热线、进大棚，每年帮助菜农解决技术难题2万多个。三是聚焦"形式创新"促共享。探索"线上＋线下"志愿服务推进机制，设计开发"新时代文明实践云平台"，将阵地、队伍、项目、活动等内容一体纳入，实现了需求发布、活动预约、点单认领一站式服务，有效解决了供需错位、资源空置等问题。利用"融媒体广播喇叭村村响系统"，开设"好好学'习'空中课堂"，让党的创新理论"飞入寻常百姓家"。开办文明实践云讲堂，通过"寿光云"App直播，与市民开展线上互动交流，已举办77期，平均每期吸引超过5万人次观看，受到市民的广泛欢迎。

第三，深化人文关怀、落实嘉许礼遇，建立保障激励体系。创新推出星级评定、荣誉授予、评先树优、积分兑换等嘉许激励举措，为志愿服务组织和志愿者提供亲情化、多样化服务，有效提升了志愿者的获得感和社会认同感。一是在政治上关爱，让志愿者"脸上有光"。对志愿者实行星级评定，依据"志愿服务记录办法"，每年公布星级志愿者，对三星级以上志愿者集中颁授认定证书和纪念奖章。每年开展"最美志愿者""最佳志愿服务组织"等典型宣传推选，21名志愿者成为寿光市市级人大代表、政协委员、劳动模范。在行政审批、图书借阅等事项办理中，为优秀志愿者开通绿色通道，提供节假日免费预约、容缺受理等便利服务。二是在生活上关怀，让志愿者"心中有暖"。实施文明实践"公益伙伴"行动，鼓励引导各类社会机构、企业商家、个人通过捐资、捐物、提供优惠便利等形式，为志愿者在读书看报、旅游购物、交通出行、就医就业、娱乐文化等方面提供礼遇支持，目前，已有极地海洋世界、寿光日报、依美特洗衣等 30 余家单位参与，3000 多名志愿者享受到免费游览、看报、洗衣等礼遇。三是在工作上关心，让志愿者"手里有劲"。开展文明实践志愿服务项目创投大赛，对 20 个优秀志愿服务项目给予资金扶持，带动了"水利安民·志愿有我""法进千村育和谐""传统文化宣讲""幸福金婚"等服务项目实施，直接参与志愿者 10 余万人次。每年为注册志愿者购买总保额 1000 万元人身意外伤害保险，为志愿者参与志愿服务活动落实必要的午餐、交通补贴，最大限度解除他们的后顾之忧，使他们安心投入到志愿服务活动中。

虽然表面看来，志愿服务只有某些部分能够佐证和辅助村居养老中的饺子宴等内容，但实际上礼遇志愿者，使其能够"脸上有光""心中有暖""手里有劲"后，志愿者能够反哺，继而形成社会文化的良好氛围。一方面，通过志愿服务，老年人的需求能够被更多人看见和满足。照顾空巢、失能和高龄老年人的任务不再仅仅落在子女身上、社区服务团队身上以及养老机构身上，而是能落在整个社会的共同体上。另一方面，志愿服务礼遇能够充分展现老年群体自身的多样性和需求的多元化。这其实可以为未来延迟退休提供现实案例和相关数据支持。

五、产业联动拓宽村居养老新思路

寿光市在志愿者嘉许方面的相关经验已经入选中央文明办《新时代文明实践中心工作方法 100 例》，颇具典型性和研究价值。特别是在对志愿者的相关奖励方面，实现了统筹整合全市的资源力量，多产业联动的整体发展格局。通过呈现礼遇志愿者的产业联动方案，村居养老中的康养计划更容易实现。那么，下面将首先回顾礼遇志愿者的相关具体做法，主要包括但不限于以下几个方面。

第一，政治礼遇方面。一是定期举办志愿服务先进典型嘉许礼遇活动，邀请优秀志愿者代表出席寿光市春晚、茶话会、重大节庆活动等。二是对优秀志愿者在入团入党、入职晋级、评先树优时予以适当倾斜。优先推荐参评"寿光好人"

"道德模范"；优先推荐参评"五一劳动奖章""三八红旗手"等；优先推荐"两代表一委员"人选；对优秀学生志愿者优先推荐参评"新时代好少年""三好学生"等；对优秀团员志愿者优先推荐参评"优秀共青团员""五四青年奖章"等。三是在媒体开设专题栏目，集中宣传展示志愿服务先进典型。

第二，信用支持方面。将志愿服务与社会信用体系建设挂钩，对志愿者年度服务时长赋予相应信用分值，记入个人信用档案，同步享受守信联合激励的相关政策。将志愿服务纳入文明信用户评选，享受文明信用户贷款优先、利率优惠政策。

第三，政务服务方面。星级志愿者在寿光市行政审批服务大厅、寿光市税务大厅、寿光市档案馆、寿光市工人文化宫等窗口服务单位办理日常业务，享受非工作日预约、延时服务等优待。

第四，生活服务方面。一是设立"关爱志愿者"专项救助项目。开通困难志愿者救助绿色通道，对因家庭重大疾病、变故、突发紧急状况出现临时困难的志愿者，及时提供政府临时救助或慈善救助。二是每年向寿光市志愿者提供一定数量的"送清凉"物资，对符合条件的困难职工志愿者开展救助。三是为三星级以上（含三星级）志愿者每年免费提供 5 次蔬菜质量安全快速检测服务（抑制率超标的转为定性定量检测）。四是为志愿者提供健身优惠，三星级以上（含三星级）志愿者周一至周五 9∶00—11∶00、14∶00—20∶00 到寿光市游泳馆、健身房免费游泳、健身（不包括淋浴洗澡）；星级志愿者办理健身卡享受 8 折优惠。

第五，金融服务方面。一是志愿者在志愿服务活动期间，可以获得签约保险公司提供的每人每年累计赔偿限额 80 万元，每次伤残限额 30 万元，每人次意外医疗责任限额 1 万元的人身意外保险。二是设立总额度 2 亿元的"志愿服务贷"，志愿者无须担保、无须抵押，根据时长情况享受不同档次贷款优惠（30～100 基点），贷款额度最高 30 万元。

第六，医疗服务方面。一是星级志愿者到寿光市各级医疗机构门诊就诊免诊查（挂号）费、借用轮椅免交押金。二是星级志愿者到人民医院、中医医院、妇幼保健院、人民医院东城医院、和信医院等二级甲等以上医院就诊享受住院免交押金、先住院后付费等服务，根据星级享受查体、诊疗项目不同等次优惠。三是星级志愿者到市立医院查体就诊，到皮防站接受医美诊疗，到口腔医院拔牙，根据星级享受不同等次优惠；到光明医院免验光费，查体套餐项目5折优惠。四是三星级以上（含三星级）志愿者可以到口腔医院进行免费牙周洁治（每年限1次）；到安康职工医院就诊，享受三氧大自血治疗项目6折优惠。

第七，通信服务方面。一是星级志愿者办理移动公司号卡免首月费用。二是星级志愿者办理联通公司宽带、座机时免调测费；融合用户办理座机不收月租费，每月免100分钟通话费；百兆光猫免费升级千兆光猫。三是星级志愿者可免费办理电信公司宽带提速，一年内可免一次宽带和座机移机费用（150元）。四是星级志愿者办理广电网络TV套餐（电视＋宽带）享受6.2折优惠（优惠后400元/年）。

第八，文旅服务方面。一是志愿者在公益性全民艺术普及社会联盟单位开展的公益文艺培训中，优先录用、免费培训。二是星级志愿者到寿光市图书馆、文化馆、博物馆、历史文化中心享受专人引导服务，集体（3人及以上）参观可要求提供免费讲解服务。星级志愿者在图书馆可每次免费借阅图书5册（普通读者每次2册），优先参加阅读推广活动。三是三星级以上（含三星级）志愿者免费赠阅全年《寿光日报》。四是三星级以上（含三星级）志愿者可全年不限次数免费游览菜博会。五是三星级以上（含三星级）志愿者可全年不限次数免费游览极地海洋世界；星级志愿者游览极地海洋世界享受门票5折优惠。六是三星级以上（含三星级）志愿者在巨淀湖景区乘坐游船、游览动物园享受门票5折优惠。

第九，出行服务方面。一是三星级以上（含三星级）志愿者凭星级志愿者专用公交卡免费乘坐城市公交，乘坐城乡公交5折优惠；办理公共自行车卡免押金；办理寿光市内哈罗单车季卡免费（每人限3张，每年限1张）。二是星级志愿者在城投集团所属停车场办理停车月卡享5折优惠，三星级以上（含三星级）志愿者免费。

第十，购物服务方面。一是实行志愿服务年度积分兑换。志愿者年度内每增加1个志愿服务时长增记1分，兑换物品以公益合作伙伴提供的形式，引入社会支持。二是年度志愿服务时长20小时以上的志愿者在寿光书城（新华书店）购书享受8折优惠（教材、租赁场地商品除外）。三是年度志愿服务时长20小时以上的志愿者购买"崂山 深脉"瓶装水、桶装水享受5.5折优惠。四是星级志愿者购买老盐坊食盐享受7折优惠。五是设立500万元志愿红家电基金，志愿者在志愿者优惠月期间，到全福元商业集团所属门店预约购买家电，每台（套）享受200~3000元补贴（总量1万台［套］）。六是年度志愿服务时长20小时以上的志愿者到中晟国际影城、新世纪影城观影享受购票7折优惠。

六、康养计划新展望

通过回顾总结寿光市新时代文明实践工作中"一体三翼"的做法，寿光市在老龄工作过程中始终以传统文化作为中心和主线，并且依靠孝亲文化的饺子宴、志愿者服务团队，以及相关礼遇机制来发展其村居养老事业。它将居家养老和机构养老有机结合。老年人既没有完全走出家门，也没有完全依托社区。一方面，老年人可以继续留在家中，在饺子宴等活动时聚在一起，有效解决了党群关系、邻里关系和家庭关系。另一方面，相关村落和社区又能够做到以社区为单位，统合整个区域的力量来从事养老事业。以寿光市屯西社区为例，其能够做到村集体创办养老事业，为老年人提供理发等服务。但是随着我国经济的不断发展，一些老年人对机构养老的需求实际上也在不断攀升。寿光市曾经在村里创办过公益性质的养老院，通过募集社会资源和资金来维持相关运营。但是单纯靠爱心人士的捐资并不能维持养老院的长期稳定发展。那么，各级政府在建设老年友好型社会中提到的建立健全保险机制能为村居养老中如何引入机构养老力量提供思路。

2020年10月，人力资源社会保障部、民政部、财政部等五部委联合印发了《关于实施康养职业技能培训计划的通知》，提出我国将实施"康养职业技能培训计划"，即康养计划。通知明确要"坚持培训先行、人人持证，大规模、高质量开展康养服务人员职业技能培训"。根据中商智库的相关预测分析，2019年至2050年，老年人口消费潜力将从万亿元级别增长到百万亿元级别，占GDP比重将从约10%增长到约30%，人口老龄社会同样存在庞大的潜在消费市场。在养老服务方面，实现"老有所养、老有所医、老有所教、老有所学、老有所乐"具有非常大的发展空间。比如，人口老龄化带来的健康照护、养老护理和家政服务等需求大量增加，但是康养服务的从业人员职业素质和工作能力参差不齐。再如，专门针对老年人研发的某些产品，既能够满足老年人的生活需求，又能够保证企业的良性循环和发展。这些"银发经济"还有很多发展空间，下面仅就保险行业的未来康养计划为例，来构想寿光村居养老如何将时下的居家养老、机构养老和社区养老有机地融合起来。

现在很多保险公司推出了年金和长期寿险的计划，一方面帮助群众锁定固定的利率来保证资金的保值增值，另一方面能够通过再投资和分红的方式来补充机构自身现金流不足的问题。国务院的相关养老政策也屡次提出要探索出健康健全的保险机制。以友邦保险为例，其康养计划能够做到整合各方资源，将餐饮、医疗、家政、零售和物流等项目优势进行结合，解决老人吃饭、身体检查、家务和日常照料等基本养老问题。公司坚持"线上＋线下"的发展模式，既能够通过自身开发的 App 来检测老年人的身体健康状况，做到实时预警和相关数据统计分析，同时又能够做到对线下人员的培训服务。其很多经验和做法值得借鉴：一是对老龄家庭进行整体评估。包括老年人体检报告、身体状况、病史、生活习惯、禁忌、家庭经济情况和多样化需求。二是医生对老年人进行综合检查。制订具体的饮食、保健、疗养、康复和慢性病干预计划。三是厨师能够根据营养师的相关方案，开发适合老年人口味的菜品，做到健康又好吃。四是家政人员经过专业培训能够处理日常照料事务，及时发现老年人的需求，并尽快满足。五是帮助预约挂号和就医陪同服务，解决空巢老人和子女较忙老人的相关就医就诊需要。这些只是友邦康养计划的一些方面，其还包括关爱服务和精神慰藉等内容。

目前，国内很多大型保险公司的康养基地都选在南方风景优美的近郊地区。寿光市其实非常适合作为北方的康养基地。一是交通优势。京沪高铁的开通和机场的建设，能够打通寿光康养服务的"最后一公里"，以寿光市为腹地辐射全国。寿光的蔬菜运输已经形成了非常发达且完善的产业链条，这也使其在交通运输方面有着得天独厚的优势。二是有机特色蔬菜优势。寿光市作为全国蔬菜的重要源产地，不仅有各种普通的蔬菜，同时还有针对老年人高血压和高血脂等慢性病而研发的特色蔬菜。相较于其他地区的康养基地来讲，寿光在"食"方面能够为老年人提供纯天然无公害的食物。并且能够做到价格低廉、品质优良。三是志愿服务体系的优势。寿光市在志愿者嘉许方面已经有非常丰富的经验，该志愿服务体系能够有效支撑康养计划。志愿服务团队中的人可以通过学习相关照护知识，来兼职做好老年人的照护工作。学习内容以及经费可以由各级政府、相关企业和爱心人士来共同筹集进行。现有志愿服务队伍对寿光市总体老年人的情况也比较了解，能够更加快速地建立健全养老台账，总结老年人生活中遇到的各种问题。四是传统文化有优势。寿光市创新中国传统文化的相关经验做法，通过饺子宴来连接"大家"和"小家"，带动整个社会形成学习传统文化，形成以孝亲文化为中心的地方特色文化。这种做法有利于康养基地的发展，能够在社会整体层面保障爱老、敬老和孝老的风尚。

七、总结

寿光市通过学习普及中国优秀传统文化，对中国传统文化进行"两创"，经过6年多的努力，广大人民群众都感受到了社会的和谐风气，一些社会存在的问题正在逐步化解。一是孝亲文化成为地方特色文化。子女孝敬老人的风气更浓、家风更正、邻里关系更和谐。其具有代表性的南兵村村民经常自豪地表达，在他们村子里，老年人都住在正房里面。敬老饺子宴的经验做法，不仅改善了党群关系，同时对农村空巢老人问题和自杀现象也有所缓解。一些曾经存在自杀倾向或者抑郁倾向的老人反映，大家聚在一起拉家常，或者做志愿者帮助解决别家的问题，突然觉得自己的事都是小事。山东省最新的调查结果显示，寿光全市80岁以上老人普遍反映满意新时代文明实践中心的经验做法。下一步就是如何巩固和扩大此经验。二是离婚率明显下降。通过以教师和退休干部为主体的婚姻调解志愿者们的不懈努力，2017年，共接待要求离婚的夫妻2145对，劝和708对，劝和率达33%。寿光市离婚夫妻数量2017年首次出现回落，受到社会各界普遍点赞。自2017年初至2021年6月，共接待要求离婚夫妻12053对，劝和5012对，占总数的42%。志愿者们认为中国传统文化强调的仁、义、礼、智、信等内容以及"五伦"内容在处理夫妻关系中起到非常关键的作用，这种文化不同于西方文化强调个体的解放，而是在各种社会关系中找到人该有的位置，能够做到"各司其职"。三是志愿服务整体繁荣发展。参加弘扬优秀传统文化队伍的人越来越多，优秀传统文化志愿者讲师团由160人增加到700多人；婚姻辅导志愿者由80人增加到300多人；常年活跃在城乡的志愿者达2万多人。特别是老干部、老教师等老同志发挥了不可或缺的作用。他们不论寒暑，常年奔走在寿光城乡，先后开展义务宣讲2000多场次，听课群众60多万人次，赢得了社会的广泛赞誉。2016年，寿光市传统文化志愿者讲师团被评为"全省最美老干部服务组织"。在日常社会生活中，社会志愿者发挥了重要作用，已成为寿光社会生活的重要组成部分，全社会的文明风尚在不断提升。

结合寿光市的相关经验，依托山东建立传统文化"两创"研学基地，如果能够充分发挥中国社会科学院哲学研究所挂职干部的专业优势，搭建寿光和中国社会科学院高端智库平台的话，那么将形成合作共赢的新局面。一方面，中国社会科学院可以选派更多优秀干部，发挥专业优势来研究"寿光模式"为什么行。哲学所的合作可以推动和挖掘寿光的地方传统文化工作与基层工作如何更好地结合，如何能够在孝亲文化的基础上发展更多样化的载体。饺子宴的形式可以推广到城市地区变成早茶宴、汤圆宴，满足地方特色和城市社区"有钱有闲"老年人的多样需求。结合地域优势，可以加大选派力度，将经济所、农发所和社会学所等青年同志组织起来，让青年干部能够接触基层工作，将"论文写在祖国的大地上"。另一方面，寿光市能够参考、借鉴和学习中国社会科学院智库的优势，探索传统文化"两创"的更多内容。在饺子宴经验做法的基础上，能够结合"十四五"规划的老年友好型社会建设，在更多方面为老龄社会作准备。更好地将社区养老、居家养老和机构养老整合起来，在原有志愿服务嘉许机制和产业联动的基础上，建设既能满足全国高端养老需求的康养基地，又能保障乡村失能、高龄和失智等生活困难老年人的村居养老模式。

寿光市曹官庄村农村发展状况

韩　蒙

享有"中国蔬菜之乡"美誉的山东省寿光市，依靠蔬菜大棚种植，在短短的30年内，实现了农民的普遍富裕，这在国内尚属罕见。然而，同一切转型急剧的社会一样，寿光农村也面临着社会问题。本调研报告选择了反映寿光农村一般状况的纪台镇曹官庄村为研究对象，考察总结了曹官庄村村民的实际问题与真实需求，提出了相应的尝试性介入建议。

一、寿光农村发展的总体状况

（一）寿光农村的发展历程

20世纪50年代，以世界银行为代表的国际组织在发展中国家推行了农业"绿色革命"。然而，意在提高农民生活水平的"绿色革命"，在实施过程中却在某种程度上偏离了项目的初衷，"绿色革命"推行过程中阻力重重：农产品价格增长迟滞，农民"增产不增收"，且在某些地区造成了乡村贫富差异拉大的不良后果。笔者的研究对象——山东省寿光市的农村，也曾在20世纪90年代掀起过一阵浩浩荡荡的"绿色革命"。然而，寿光的农村并未同其他第三世界国家的农村一样结出"恶果"；相反，基本实现了全体村民的普遍富裕，并通过农业带动工业，实现了地区经济的大幅增长，使寿光获得了"中国蔬菜之乡"的美誉。

历史上，农业一直是寿光的主要产业，但寿光农业生产力水平低下，农民长期生活贫困。以"绿色革命"前20世纪80年代的寿光为例。据《寿光大事记——1986》记录，1986年寿光县国内生产总值8.8亿元，农村经济总收入8.2

亿元，农民人均年纯收入 557 元，居潍坊市倒数第三位。仅 3 年后，一场石破天惊的农业技术革命，彻底改变了这个默默无闻的县城的面貌与命运。1989 年，以王乐义为首的寿光市孙家集镇三元朱村引进并改良了冬暖式蔬菜大棚种植技术，随即推广至整个寿光农村。[①] 通过建立蔬菜大棚，蔬菜种植的季节性限制被克服了，结束了中国北方靠吃单一的萝卜、白菜过冬的历史。如此成功的农业革命史无前例，寿光面临着广阔而全新的海内外市场，大有可为。

面对如此优越的发展机会，经过横向互助、上下联动，自发地将蔬菜种植集结为一项产业，蓬勃发展，盘活了整个寿光经济。寿光出产的蔬菜遍及海内外市场，尤其在国内占有巨大的市场份额。寿光当之无愧地被冠以"中国蔬菜之乡"的美誉，这一荣誉成为寿光在全国范围内独一不二的金字招牌。随着蔬菜种植业及系列相关产业如农具销售、农药销售、物流业的持续发展，农民收入大幅增长，基本实现了农民普遍富裕。以 2020 年的数据为例。调查结果显示，该年寿光市农民人均纯收入达到 22484 元。在笔者所走访的富裕程度在全县位居前列的曹官庄村，拥有 2 个劳动力的家庭年收入可达 15 万元左右。以农业养工业，寿光走上了新型工业化道路，整体经济实力大大增强。2021 年，寿光位列"全国百强县"第二十三名，相对富裕程度 A＋级；经济总量和综合实力居于潍坊市首位，全省县域经济综合实力排名第三。

曹官庄村位于寿光市南部，下属纪台镇，住户 300 余户，常住人口 700 余人。与寿光的大部分农村一样，蔬菜种植业是该村主业，同时也存在蔬菜交易中介、物流、农资销售等配套产业。根据政府的统一规划，该村主要种植的蔬菜品类是茄子、番茄、菠菜。一般情况下，每户种植 1～2 个冬暖式蔬菜大棚（保温效果好。规模大，每个长约 40 米，宽约 10 米。成本高，造价最低 6 万元）和数个拱棚（只使用竹竿和地膜搭建起来的小型温室。成本低，易于搭建，适用于种植小成本、对生长环境要求不高的蔬菜，如菠菜）。曹官庄村的经济水平在寿光市名列前茅，平均每户年收入在 10 万元以上，先后多次被评为突击性工作"先进村"、突击性工作"先进集体"。

---

① 崔京华：《让寿光蔬菜创品牌——记寿光市蔬菜协会副会长吕学森》，《农民日报》2006 年 6 月 21 日。

走进曹官庄村，笔者最强烈的感受是，村中的道路被修缮得非常好。在村民的生活区，均修建了宽敞、平坦、通达的公路。在蔬菜种植区，公路修到了每个蔬菜大棚的棚头，连通蔬菜收售处和村口，便于蔬菜的及时买卖。路口和路旁设置了多处监控。生活区设有小卖部、中型连锁超市、小吃店、餐馆、手机通信运营商网点、公共浴室、理发店，相对比较便捷。蔬菜种植区设有种子商店、农药商店、农机租赁处、蔬菜收售处，并设有大面积的农业垃圾堆放处，政府配备专人每日处理一次。村委会位于生活区的一处 100 平方米左右的平房内，村干部办公场所、协调委员会办公场所均位于此处，由于村干部和委员们都是普通的从事繁重农业生产的村民，所以一般不开放。村委会屋前的小空地是村中唯一的公共休闲场所。村中设有一个小型卫生所，村民患了头痛脑热的小病均在此就医。一般的村民家中，都配有较齐备的电器，如电视机、机顶盒、电话。电话不仅可以拨打外线，而且可以拨打全村的内线，通常用于通知蔬菜收售信息。由于村民食品中的蔬菜现吃现采，肉可以在村中的商店购买，所以家中一般不配备电冰箱。烧蜂窝煤或煤气采火，壁挂式暖气采暖，生活用水为自来水或井水。

（二）农村社会问题的出现

寿光农业的发展势头方兴未艾。然而，如同一切转型急剧的社会一样，寿光农村社会问题频现。

同中国历史上的传统农村一样，曾经寿光的农业生产模式也是精耕细作、自给自足的家户农业，商业交换行为一般局限于方圆十里以内的地区，且只是偶然发生。如今，随着寿光农业的产业化，农产品的商业化，种植大棚或从事相关职业，已经成为农民全部的收入来源。农民仅仅偶而食用自己种植的农产品，大多数时候，是使用出售蔬菜所获得的报酬交易生活用品。也就是说，农民的生计已经与市场挂钩。农民必须遵守市场的规则，他们的时空节奏必须被动地迎合市场这一外部作用力，故而处于十分被动的地位。作为庞大的市场体系的一环，农民再也不能对自己的生产活动做主。农家田园牧歌的恬适图景消失得无影无踪，农业生产产业化、标准化、规模化，农民真正地被工人化了。被工人化的农民，实际上比工人更被动。因为，蔬菜种植是一个连贯的过程。菜农对整个过程全权负责，任何一个环节的懈怠都有可能葬送整个种植过程，或者影响蔬菜的出售。在一个生产周期中，菜农必须每日按要求照料大棚：菜农每天早晨要将三四十个大棚保暖用的草帘逐个卷起来，晚上再逐个放下；根据蔬菜的成熟周期分批按时采摘；逐朵花人工授粉；等等。为了保证新鲜蔬菜的及时运输，菜农每天凌晨三四点钟就要戴着头灯去大棚摘菜。除了持续的体力要求，菜农也承受着心理负担——担心大风、暴雨等极端天气毁坏大棚保温所依赖的地膜、草帘。

农民最不能支配的是个人的身体。在寿光坊间，有一个流行的说法："寿光人这辈子赚钱下辈子花。"种菜多年的菜农，基本上都是一身的病，数据显示，寿光农民的职业损伤率高达79.1%。① 农民"死"在了自己所眷恋的土地上。菜农中，相当部分人已经年逾五十，他们的孩子多在外地务工或在县城工作。作为父母的菜农不愿自己的孩子像他们一样从事这样一个高消耗性的事业，同样，子女们也并不愿踏上这条艰辛的路。

寿光农村从典型的中国传统农村社会，几乎"一夜之间"改头换面，成为现代化农村的典范。用农民自己的话说，他们就是一群"暴发户"。这些自视为"暴发户"的农民，体验着作为"暴发户"的兴奋与迷惘。一方面，农民通过劳动获得了令市民都为之羡慕的财富；发展主义的价值观、市民社会单子式的人际关系、契约精神等现代社会的特有产物不知不觉渗透进了农民的思维与行动。另一方面，生产方式、生活习惯、社会风气、价值观念的急剧变迁使得农民的自我经验与自我概念出现了错位，这集中表现为对道德、传统的持守与失守的并存。林聚任、刘翠霞在《山东农村社会资本状况调查》中揭示了在现代化转型的过程中，山东农民对道德与传统人际关系的复杂态度。调查指出，随着农村经济结构的转变，现代社会价值观向农村的渗透，农民内向型的关系网络开始向外向型转变。但外向型和现代性并不是直接挂钩的；外向型的关系网络并非意味着农民已经具备了公民道德，而"在某种程度上是传统关系本位在市场经济影响下的畸

---

① 秦锡尧：《农业产业化：农业现代化道路的新探索——山东省寿光市农业产业化调研报告》，《四川政报》2000年第5期。

变"，即通过与具有利用价值的人拉拢关系而谋得利益。但这并不意味着农民们将村民之间诚实守信、互帮互助、互敬互爱的道德传统弃之不顾，相反，他们对这些道德传统十分珍惜，并对它们的丧失作出了"悲剧性的抗争"——正因为"杀熟"现象时有发生，所以人与人之间才愿意保持距离、就事论事，免伤感情。[①] 农民若有所失，试图自我调适，但其自我调适的尝试在市场体系的结构性制约中失灵了。显然，在现代化进程极快、力度极大的寿光农村，这种矛盾更加突出。

二、寿光农村发展问题的实地考察

（一）传统人际关系濒临瓦解

在与村民的接触中，笔者发现，卷入到市场化、现代化洪流之中的村民，面临着两难的困境：一方面，农民之间原有的团结与信任越来越难以为继；另一方面，不论是出于应对现实的需要，还是出于对那种传统、温馨的记忆的留恋，农民都仍然对互帮互助、互信互爱的人际关系十分渴望。

1. 利益冲突引发对峙

虽然由于政府的统一规划，村民几乎种植同样种类的蔬菜，并且因为种植的集群效应，已为自己赢得了更大的话语权，但是同在一个经济体中的农民，彼此之间存在潜在的竞争关系。这是因为，出售蔬菜的主体不是集体，而是个人；个人直接链接收购商，中间并没有一个可以作为缓冲带的集体；集群效应所带来的抽象利益，一旦具体分配到每个农户头上，就会因偶然性发生不均。在村的层面还存在的共同利益，在户的层面就已经瓦解了，而且会出现利益的争夺。

笔者参与了蔬菜的收售过程，了解到，蔬菜收购商对蔬菜的质量有严格的要求。质量不高或不够高的蔬菜只能以极低的价格抛售给工厂、学校的食堂。以调研时茄子的时价为例。质量过关的茄子收购价每斤为 2.3 元，而质量不过关的"茄瓜"则每斤只值几毛到一元不等。菜农直接与收购商对接，每户的蔬菜都用

---

① 林聚任、刘翠霞：《山东农村社会资本状况调查》，《开放时代》2005 年 4 月。

标有各家姓名、代号或记号的箱子分装，如果质量出现问题，则直接问责相应的菜农，每户的划分可谓泾渭分明，绝对没有蒙混的余地。笔者在访谈中得知，蔬菜的质量、产量如何，与农民所选择的化肥、农药有很大的关系。然而，如何能在让人目不暇接的化肥、农药中选择最有效的，除了一定的偶然性，则取决于菜农的个人经验。虽然一般的农户所种出的蔬菜都不差，但是仍然有差别。如果某一户种植有道，种出的蔬菜质量与产量俱佳，收购商则会对他家的蔬菜偏爱有加，多加收购，从而影响了其他农户蔬菜的销路。这一利害关系，是非常直接的。

然而，出于名声的需要以及长远的打算，农民之间虽然存在一定的利益纠葛，但还是要尽力维持和谐的局面。事实上，农民自己深刻地认识到了团结一致的重要性。一位农民坦言："……如果我们的茄子不行，名声坏了，他们都知道，以后想让他们再来都难了……我们只有联合在一块，才能和他们（收购商）讨价还价……他们现在是在我们这收茄子，以后也不是不能去别的地方，洛城那片儿也有不少种的。"但是这一和谐的表象下面也暗流涌动。

尽管经验对于大棚种植的成功是关键的，但由于村民之间不再似从前那般彼此信任，所以个人的种植经验是很难在所有农户中流通的。人与人之间处在一种"冷暴力"的孤立状态。一位村民与笔者谈论了他曾经劝告别人更换灭虫办法但未被采纳，结果对方种植的一棚茄子全部遭受虫害的实例："我跟他说了，你用烟熏是不行的，得配了药喷，他不听。用烟熏倒是便宜，三百块钱就完事。结果倒好了，遭了虫，长出来蒂把那都是蔫的。"另一位村民说："他（某村民）自己种棚不行，就出去给人指导，因为外面都知道寿光人会种棚，结果把人家给祸害了。"

"冷暴力"有时会转化为"热暴力"。掩抑的矛盾曾经不止一次地爆发过，矛盾的爆发在这样一个农村会产生非常严重的后果。一来农民的生产与生活是完全联结在一起的。经济关系的矛盾可以直接转化到生活中来，生活上的怨气、摩擦、嫉妒又容易以一种破坏仇人生产资料的方式来发泄。二来一个蔬菜大棚成本很高，而且寄托了一个菜农的全部生活希望，加码太重，反而脆弱。据村民讲，早先几年发生过几起夜里去别人家放火烧大棚的事件，虽然有的肇事村民最终落入法网，但是受害者因为大棚被毁，伤心欲绝而服农药身亡。于是，村内的路口、街边安装了多个摄像头。从那以后，村内再也没有发生过此类恶性事件，但是警察式的监控显然没有解决问题，反而因为试图掩盖问题而加剧了问题，成为了一种村民关系不和谐的印证。

2. 保卫传统关系的"悲剧性抗争"

除了对现实的考虑，农民对人际和谐的重视，更在于对那种美好记忆的天然渴望，对那种古老安慰的自发追求。在与村民的交往中，笔者能强烈地感受到人们骨子里对和谐的、亲密的邻里关系的心驰神往。在现实中，这种向往成为一种无名的冲动，鞭挞人们有意无意地，与互帮互助、互信互爱的传统人际关系的消亡作出"悲剧性的抗争"。

据农民回忆，在蔬菜大棚大规模种植以前，农民之间经常互相帮忙。谁家需要掰"棒子"（玉米）、收麦子，人手不够时，左呼右唤，就会有空闲的邻里前来帮忙。大棚刚刚开始种的时候，邻里之间互相帮忙也是非常正常的事。大家把各自的种植时间错开，今天帮这家，明天帮那家。但是在今天，这种互帮互助、其乐融融的场景已经不复存在。由于生产、销售都变得规模化、流水线化了，所以，劳作制度也发生了变更。有的蔬菜收购商，比如番茄的收购商，会直接带自己的工人来农民的大棚里挑选好的果实自己采摘。如果工作量小，农民会自己采摘；工作量稍大点的，会叫自己在县城里的儿女回来帮忙。如果工作量特别大，农民要么自己加班加点，要么直接在村里的劳动市场雇用每天收费 300 元的小工。这些小工基本都不是村里人。他们可以做的工作除了摘菜，还有抹花（用毛笔蘸了花粉涂在花蕊上或植株上），为植物人工授粉，每天收费 200 元。

事实上，农民之间并非完全没有时间互相帮忙，因为每个农户每天的工作量、工作时间并不是完全一样的，每家大棚里每茬蔬菜的成熟时间也不同。问题在于，农民之间互相疏远、互相提防，已经潜移默化地成为了一种"正常"的心理状态。有一次，笔者和住家的大叔、大妈，以及他们从县城里赶回来帮忙的两个女儿，一起去大棚摘茄子。途中遇到了一位空闲的中年男人。他是大妈的近亲，也是村里的前大队书记。也许是得知了笔者的来意，他主动要求去大叔、大妈家的菜棚里帮忙装箱。大叔、大妈絮叨着"不用，不用"，这位大叔应道：

"还不用？你们几点能装完啊。"这一次采摘距上次采摘隔了7天，7天中成熟了一大批茄子。大叔、大妈的两个女儿负责采摘，用推车一车一车地运到大棚入口处，大叔、大妈则坐在入口处的茄子堆中手工装箱。这一批茄子有1000多斤，可以装30多个大纸箱。茄子装箱是一个劳累又麻烦的活计。挑选、排放茄子非常讲究，必须选择外形好、个头大、表皮没有疤的茄子，逐个在箱子中一层层地码齐，否则会面临被退货的风险。据观察，每装一箱茄子至少花费20分钟。大棚里的温度本来就高出外面10多摄氏度，加上持续劳作，人人大汗淋漓。

在装箱的几个小时里大家几乎一言不发，气氛十分尴尬。后来，在与住家大叔的交谈中，他说出了真心话："靠人家不如靠自己，不是他自己的，不能指望他好好装。""如果给人家（收购商）查出什么问题，算谁的？都是亲戚，话就说不清了。"

农民愿意花钱雇用小工，也是出于相似的原因。"生人好算账"，如果是熟人，则可能产生一些不必要的纠纷。可见，农民相互疏远，不仅是出于对自己的保护，也可以说是出于对他人的保护，对人们之间残存的温情的挽救。笔者将之比喻为"悲剧式的抗争"。

（二）发展与幸福的错位

大棚的种植给村民们带了巨大的经济效益。笔者所研究的曹官庄村，农户通过种植大棚，年净收入可达10万元以上。在走访中，笔者发现，在某种意义上，巨大的经济效益使农民尝到了甜头，感到幸福；但是，收入水平的提高并未使农民的生活质量全面提升。面对一系列发展的代价，农民们的自我经验和自我概念出现了不符，农民感到若有所失。

1. 大棚种植使农民感到幸福

在现代社会，不可否认，收入水平的提高是一般人重要的幸福来源之一。农民回忆自己过去的生活，认为现在的生活水平相比之前，改善了太多："国家的政策好，现在我们富裕了，过上了小康生活，城里人都羡慕我们。之前太穷，村里人除了种地，就是去给人做工，很苦，好歹挣点钱。""有的是去罐头厂给人加工罐头，一个小时两块钱。""以前我给工地加工过石料，就是把大石头砸成小石子，卖给人家。"

除了生活条件的改善给农民带来的满足感，农民满足感的另外一个来源是自己的"专家"身份。据村支书介绍，包括山东卫视在内的几家媒体都来村里做过报道。这使村民们非常自豪，甚至骄傲。村支书说："记者去我家棚里摘茄子，录下来上电视。他根本不懂，逆着茎薅（摘），这样一棵都坏了。应该掐住把，顺着一拽，就下来了。"村支书还说，市里偶尔会花钱请农业专家为村干部培训，但是所讲授的全是一些高屋建瓴但几乎无实际用处的东西。他以嘲讽的语气说："要是按他们的方法种菜，早就种死了。"

现代化的语境强化了菜农自身的幸福体验，或者说，菜农之所以感到幸福，很大程度上是由于外在意识形态的塑造。现代社会营造了一种发展的语境，同时，政府也极力塑造一种"种棚光荣""科技光荣"的话语。浏览寿光市的门户网站，可以发现整个网页的色调都是绿色的。4月初，网站的首页赫然陈列着一个巨大的"寿光国际蔬菜科技博览会倒计时"的信息栏。政府非常注重村与村之间的评比，通过荣誉表彰的形式鼓励蔬菜种植。如此种种，不胜枚举。笔者身在其中，耳濡目染。农民每日被这种话语体系包围，价值观被塑造，使自己对这种发展的观念深信不疑，也因为发展的步步实现而体验到了幸福。

2. 身心疲惫与健康受损

蔬菜种植是一个连贯的过程。菜农对整个过程全权负责，任何一个环节的懈怠都有可能葬送整个种植过程，或者影响蔬菜的出售，所以，一年中，农民几乎没有一日得闲。农民自己亲手建立起来的大棚异化了。农民反被大棚牵着走，蔬菜生长的节奏就是农民生活的节奏。

有一晚，住家的大叔、大妈已经睡下了，又起来赶去蔬菜种植区为大棚下帘。因为，下午的时候，听说晚上会刮风，怕风把草帘刮坏，家家户户都没有下帘。但是晚上并没有刮风，怕菜受冻，于是连夜去下帘。笔者提醒大叔少熬夜，大叔无奈道："都快六十岁的人了，要有什么事早就有了。"

种菜多年的菜农，基本上都有一身的病：因农药的使用而引发的哮喘、皮肤红疹，因摘菜、授粉长期保持弯腰姿势而引发的腰椎病、腿疾，因大棚高温高湿的工作环境而引发的风湿病，因作息不规律而引发的头痛，等等。虽然全村所有人都入了新农村合作医疗，但是却不能治疗村民的职业病。治这些大病，必须去县城的医院，但只有很少一部分医药费能够报销，无奈之下，农民只有抱着一种挨一天是一天的态度。有一个农民说，有一次她凌晨在大棚里摘菜，头灯戴得太久，压迫了血管，使她在大棚里晕了过去。幸好被家人发现，否则会有生命的危险。

农民自己对事业的态度，在他们对待自己孩子职业选择的态度上可见一斑。作为父母的菜农不愿自己的孩子像他们一样从事这样一个高消耗性的事业，同样，子女们也不愿从事蔬菜种植，他们要么选择去县城里工作，要么选择外出打工。当被问及是否想到转行，有农民表示，唯有种大棚是自己擅长的工作。曾有村民想去外面跑车，花了30多万买了货车。由于不善经营，没多久便低价抛售给了别人，"最后还是回来种棚。"

3. 变形的消费主义

大棚的种植，给农民的消费带来了两方面的影响。首先，农民对现代化消费的欲望不高，途径也不多。由于农民很难闲下来，所以很少有机会去县城消费，只能在村里或镇上简单消费；村民虽然不排斥消费，但是节俭的习惯是他们一直放不下的；出于对未来的考虑，农民们希望多攒些钱，用来养老、治病。其次，村里存在一种普遍的现象——农民虽然在一般的生活消费上非常约束，却愿意把大量的钱花在修建房屋上，有的农户甚至不惜举债。

几乎所有的访谈对象都认为，农民大兴土木，把自己的房屋建了又拆，拆了又建，越修越高，越修越大，完全是出于攀比心理。据农民说，以前生活条件不好，虽然也存在攀比心理，但是没有"条件"攀比，充其量是在红白喜事上大宴宾客，请表演队来表演个节目，长长脸面。现在，农民靠种大棚发了家，盖大房子成了攀比的游戏规则。

农民对此的态度非常复杂。在现有的语境下，作为一种身份的象征，农民对建房子趋之若鹜。但是，大的房屋对农民而言是非常不实用的，农民自己清楚地意识到了这一点，甚至认为那些花了大代价建屋的人，是"打肿脸充胖子"。

"某某家楼盖了四层，一层用来养鸡。"

"我说他（某村民）干吗刚盖了楼又扒，你猜他跟我说什么。他说，他就是要看看墙里的钢筋结实不。气得我够呛，这不是闹着玩嘛。"

可见，虽然实际上这一风气仍在左右农民的行为，但是农民对这一现有的风气已经进行了自觉地反思。

（三）妇女的压抑与抗争

中国的农村一般存在深厚的男权主义传统，具体到曹官庄村也是如此。但是，由于种植大棚，妇女作为与丈夫平等的劳动力参与家庭的合作生产，可以说已经具备了和丈夫同等的经济地位，这为妇女们争得了话语权。随着城市文化的流入，村里也开始盛行广场舞。男人在空闲的时间会打牌，而广场舞是妇女们仅有的公共娱乐活动。笔者以参加广场舞的妇女们为切入点，透视妇女们所受的压抑与所作的抗争。

虽然白天的劳动已使妇女们非常疲惫，不过，妇女们对广场舞还是非常青睐，她们约好每天晚上八点钟聚在村委会门口的小广场上跳舞。每次前来跳舞的妇女大概有四五十人，场面非常热闹。她们一致认为，跳舞会让她们感到快乐、放松。

不过，笔者了解到，妇女们跳舞的行为招来了不少的闲言碎语。

就事实来说，男权主义的传统仍是死而不僵的。据悉，在有的家庭里，还维持着"女人不能上桌吃饭"的传统。笔者在与住家的大妈聊天时，也发现大妈的用语、思维方式仍然残存着男权主义的色彩。比如，大妈关照笔者不用帮他们做农活时，说的是"要是累着了，你爸爸不得心疼啊"。不过，笔者似乎意识到了一种微妙的变化。有的妇女在叙述关于女人在家中的地位时，已经采取了一种旁观式的立场，笔者视之为一种进步。一面是妇女所承受的传统与舆论的压力，一面是妇女在压抑中努力滋长的自我，这为妇女的解放提供了转机。

三、一些尝试性的对策建议

经过对村民的现实处境——问题、需求、资源的剖析，笔者谨从以下几个方面提出尝试性的介入建议。

（一）重建农民的互助与互信意识

重建互帮互助、互信互爱的传统人际关系，不仅对于促进社区经济的可持续发展、社区的和谐与安宁具有重要的现实意义，更重要的，它是村民们共同的愿望、自觉的选择。所以，重建农民的互助与互信意识，不仅是必要的，而且是重要的，更是可行的。依据社区现有的资源，笔者认为，可以从两个方面入手，重建农民的互助与互信意识。

第一，澄清经济活动中群体力量的重要性。如果说利益的冲突是农民们关系紧张的最根本、最现实的原因，那么笔者相信，从利益问题入手，对于农民之间裂隙的弥合亦有十分重要的作用。群体的力量对于经济活动的重要性，农民们亲身经历的历史变迁是最可靠的证据。据了解，在大棚种植初期，由于规模不大，而且政府没有统一的种植规划，所以农民蔬菜以散售的方式为主，这给农民造成了极大的不便。农民必须自己将菜运到十几里地之外的蔬菜批发市场，不仅运量有限，而且是否能全部卖出也只能看运气。2000 年初，政府对全市蔬菜种植进行了统一规划，每个片区主要种植某一种或几种蔬菜，形成规模效应、品牌效应，并建设统一的交易场所、公路，使得早先的农民出门卖菜变成了菜商上门收菜。这不仅为农民节约了成本，更重要的是，这使农民获得了联合议价的权力。曹官庄村作为完整经历了这一演变过程的村庄，其村民对联合所带来的好处是有切身体会的。这是一种优势记忆，但是正在模糊。笔者认为，可以借鉴张和清等人在云南平寨所采取的口述历史、编写村史的方法，提升村民对这一段集体记忆的自觉意识。

第二，引导村民表达自己的愿望，澄清共同的愿望。在调研中笔者发现，村民们对原始、和谐的人际关系的渴望是非常强烈的。这表明，互帮互助、互信互爱的传统人际关系事实上并没有消亡，而是由于种种原因被掩抑了。笔者发现，村民互相疏远、甚至敌对的内在逻辑是，由于村民之间的信任度降低了，所以村民不愿干预别人的生产和生活，尤其对生产活动中的帮助讳莫如深，这导致村民们对交往产生了排拒；而且，由于村民本身的生产活动繁忙，更进一步使交往受阻。最终，村民之间的不信任、猜忌感更加重了，产生了大面积的灰色空间，这使得生产和生活中亦真亦假的矛盾容易被放大和实化。然而，事实上，就每个村民而言，没有人不渴望人际之爱，因而人人都做好了互助互爱的准备。笔者认为，为村民提供一个坐下来澄清自己愿望的平台，或者引导村民自发地为自己创造这样的机会，方法看似简单，却是解决问题的关键步骤。这不仅有益于疏通村民的关系，而且对于匡正诸如攀比等不良的社区风气有重要的作用。

（二）建立农业生产的帮扶机制

出于农民之间关系的疏离，也出于农民心中隐含的猜忌，也出于农民利己并利他的需要，也出于蔬菜收购商和菜农之间的直链关系……总之，农民之间并没有形成一套固定的帮扶机制，甚至偶现的"搭把手"，也被视为一种不太正常的现象。然而，农业生产上的互助是必要的，这不仅是提高生产效率、减少生产成本的需要，而且是重建村民之间生态关系的需要。笔者谨提出如下建议。

第一，规划生产，适当裁减雇工，为邻里互助提供机会。虽然相较从前，农民的劳务负担加重了，但是农民并非没有一定量的可支配的空闲时间。而且，从某种意义上说，个体劳务负担的加重并不足以成为农民之间不去互相帮助生产的口实，甚至可以认为，农民之间生产帮助的缺失，是个体劳务负担加重的原因之一。根据农民劳作时间错落的现实，结合村中历史上一度出现过的统一规划生产时间，从而按计划逐户帮助起棚、种菜、收菜、装菜、售菜的经验事实，笔者认为，即便大棚种植的规模大了，但是一定范围内规划生产的可能性依然存在。适当裁减村民所依赖的雇工可以为村民的互助腾出一点空间。当然，这些都需要组织村民讨论，达成契约。

第二，建立公开的生产经验交流平台。大棚种植作为一个依靠经验的活计，其作物的产量、质量与照料的水平，化肥、农药的选择有直接的关系。这些非量化的生产经验，只有在交流中才能借鉴到：一是广泛地传播，从而最大程度地转换成物质效益；二是在解释中被每个个体所理解和认同。然而，由于村民之间本身就存在不信任这一事实，以及在科学主义的背景下，经验本身就容易被人视为是有风险的，所以，笔者认为，建立公开的生产经验交流平台是重要的。推进这一改变的优势资源在于，教授者愿意体验"专家"的身份，而被教授者有提高生产技能的愿望。

（三）推进村民与政府的积极沟通

从村民对一些问题的表述上可以发现，村民与政府主动沟通的意识是不强的，这在一定程度上可以归因为政府在蔬菜种植的推进中起到了比较积极的作用，从而为自己树立了权威，或者和上传下达的行政传统有关。如果说沟通的意识并不是村民的优势，那么与村民的切身利益有直接关系的问题的强烈存在，可以视为村民的优势和资源。首先，全村农民都加入了新农村合作医疗，但是新农村合作医疗所提供的保障几乎不涵盖农民的职业病。这不仅是医疗资源的浪费，而且村民的健康得不到保障。其次，政府在推动蔬菜种植技术革新上欲发挥家长式的作用。政府不相信农民，花钱邀请专家为农民培训，事实证明徒劳无功。农民的"调试性智慧"不为政府所重视，而政府的重视和集中推广却是农民的种植经验得以合法化、有效传播的重要途径。所以，笔者认为，应该循循善诱，普及实用的政策知识、政治知识，使农民意识到自己的诉求可以通过与政府的积极沟通得到满足，并且思考与政府积极沟通的有效途径。

（四）助推妇女的增权行动

就身份而言，妇女并不是社区中的特殊群体。这不仅是出于对人格平等的一般理解，更在于妇女在社区中享有重要的经济地位。在一般有两个劳动力的核心家庭中，妇女和男人是撑起一个家庭日常农业生产的左膀右臂；妇女是社区生态中不可缺失的部分。正是在这个意义上，才能说妇女不仅天然地具有和男人同样的权利，而且应该实际地享有这些权利。

即便没有工作者发起，事实上，村中已经涌现出一批充满"力量"的妇女，正在改变社区的话语系统。笔者认为，应该注意通过鼓励妇女将组织合法化，引导妇女将权利伸展到社区生活的多个领域，维护并助推这股力量，实现社区的改变。

论信访制度与政府服务测评的关系问题[*]

贾 青

一、信访制度的确立与作用

1951年6月7日政务院所颁布的《政务院关于处理人民来信和接见人民工作的决定》被视为新中国信访制度正式确立的标志。这一决定属于国家的法律法规，里面对信访的界定主要是指"人民的来信或要求见面谈话"中所反映的问题以及各级人民政府的接待和解决处理这些问题的规定和流程。

张琳婧曾详细说明，我国的信访制度中，"信访人的范围主要包括公民、法人或者其他组织。受理人主要是社会组织管理者，具体包括各级党委、人大、政府、法院和检察院及其相关的各职能部门。信访的问题包括反映情况、提出建议、批评和意见、提出申诉、控告检举或者其他投诉请求"。信访案件的受理人对信访人反映的问题具有较为固定的处理程序，主要有"各机构内部设立专门的信访部门，接受或者接待来信、来访人员，并对来信来访按其内容由信访部门按照'属地管理、分级负责，谁主管、谁负责'的原则统一交办。对可能造成重要或紧急社会影响的信访事项，则由受理单位专门发函交办或电话交办"。[①]

信访制度是一个非常具有中国特色的制度，我国的很多法学家都把信访制度视为一种极具中国特色的政治参与和权利救济制度。我国信访制度的确立有很多方面的原因。这里我们主要从历史沿革和新中国的制度建立两方面来进行说明。

首先，从历史沿革角度来看。

---

[*] 笔者2020年10月至2021年10月赴山东省寿光市挂职，挂职职位为寿光市人力资源与社会保障局（简称人社局）副局长。在挂职期间，接触到很多信访案件，也见证了寿光人社局的工作专员对信访案件的处理全过程，因此结合相关的信访案件情况以及我国的信访和法律制度，撰写了此文。

[①] 张琳婧：《中国古代的直诉制度——兼论当代中国信访制度》，《法制与社会》2009年第3期。

信访制度或者说类似于信访的上诉制度在我国早已有之。张琳婧指出我国古代的直诉制度就与信访制度关系密切。[①] 所谓的直诉是我国古代的一种诉讼制度，是指控告人可以超脱诉讼程序及其所控告的案件受理范围等影响因素而进行上诉的一种制度。这一制度源于西周，完善于唐，终结于清。在不同的朝代直诉制度都有不同的具体体现，例如魏晋南北朝时期的登闻鼓制度[②]、唐朝的邀车驾制度[③]等。一方面，在封建王朝时期，这些具体的直诉制度都起到了纠正冤假错案、肃清贪污朝臣等作用，因此在群众心目中具有举足轻重的作用。另一方面，直诉制度的建立也造成了一些法律制度上的局限性。例如，对于普罗大众来说，看到直诉案件被解决就会更为相信"青天大老爷"或者个别高官的个人作用，甚至是对皇权都会产生更为严重的崇拜，但很容易由于个别贪官而对当朝的司法体系产生怀疑乃至不认同的情绪，这对司法体系在群众中的认同性和权威性都具有破坏性的影响，更助长了厌讼的思想。除此之外，为了平复民怨，官员也可能置法律于不顾而满足百姓需求或者封堵百姓直诉路径进而胡作非为。这些都是直诉制度会造成的问题和不良影响。

封建王朝时期的直诉制度在群众中影响巨大，所以直到新中国成立后，很多人还是习惯摆脱诉讼程序进行上访以解决问题。应星指出，新中国的信访制度演变过程可以分为三个阶段。第一个阶段是 1951 年 6 月至 1979 年 1 月，这一时期的信访工作所要处理的是大量的告密或者揭发他人的问题，且信访量与政治运动的激烈与否有极大的关系。第二个阶段是 1979 年 1 月至 1982 年 2 月，这一时期的信访工作主要处理的是各种政治运动后需要拨乱反正的问题，即解决各种政治运动所遗留的历史问题。第三个阶段是 1982 年 2 月至今，这一时期的信访工作所处理的类型更为多种多样。[④] 主要处理的是政治、文化、经济环境稳定且高速发展时期所产生的各种纠纷和问题。由此可见，每一阶段群众的主要诉求都跟历史阶段的变化紧密相关。虽然新中国成立后建立了完善的法律体系，但是人民群

---

① 张琳婧：《中国古代的直诉制度——兼论当代中国信访制度》，《法制与社会》2009 年第 3 期。
② 登闻鼓制度是指在朝堂外设立登闻鼓，有冤屈的人可以敲鼓来申诉冤情。
③ 邀车驾制度是指有冤屈者可在皇帝出巡时，于车驾经过的地方跪地申诉。
④ 应星：《新中国信访制度的历史演变》，《山东人大工作》2004 年第 1 期。

众还是有大量摆脱法律程序和规定、进行信访的需求。正是对这种需求的正视才促进了新中国信访制度的建立和不断完善。

其次，从新中国的制度建立，特别是司法体系（或者说司法制度）建立的角度来看。

我国的司法体系是以大陆法系的架构体系为基础且兼顾了一些英美判例法法系的特点而构建的。因此，大陆法系的结构是我国司法体系的基础。大陆法系的特点之一就是司法体系的运转或者构建是以法典为基础而建立的。法典的编纂以及不同法典之间的管辖范围或者等级关系是司法体系构建中最为重要的部分。不同于英美判例法那种可以将法院的具体判例视为法条使用的情况，大陆法系在具体案例的处理上灵活度稍显欠缺，这一问题也影响着我国的司法体系。因此信访制度作为司法体系的一种补充是十分必要的。

信访案件可以被划分为涉诉信访案件和非涉诉信访案件两类。涉诉信访案件是指那些隶属于人民法院、人民检察院、公安部门及其他司法部门或者行政部门处理范围的案件。这类信访案件是由于上访人对司法部门或者行政部门在案件或者一些其他问题上的处理不满意所引起的。对于这类信访案件，我国的司法体系和行政监察体系都有很完善的处理和管辖权划分。因此涉诉信访案件的作用就是提起这些司法或者行政监察程序，而涉诉信访案件的处理直接交由相应的司法或者行政机关处理即可。大量的非涉诉信访案件与我国司法或者行政机关的判决或者行政命令无关，更多的是非涉诉且暂不属于司法或者行政管辖的纠纷或者案件。因此，如果某类非涉诉信访案件频发，那么在一定程度上就说明存在某类问题，这类问题受到了大量群众的关心或者关系大量群众的切身利益但却没有得到司法体系或者行政体系应有的重视。因此可以说，如果对这类问题能够给出一个让大多数群众满意的处理方案，那么不但对社会稳定是一个极大的助力，对于弥补我国的司法或者行政规定中所存在的不足或者有待改进之处也具有巨大的推动作用。

可以说，从历史沿革来看，我国有漫长的直诉制度建立和完善的历史，直诉制度在我国影响深远；从新中国的制度建立来看，我国的司法体系是以大陆法系为基础而构建的，因此必然会存在涉及不到的问题或者规定不够细致的条款。信访制度的建立和完善对我国司法体制或者行政体制的完善和细化也具有很大的帮助作用。除此之外，对于大量、集中、类型相似的信访案件的处理不但有利于帮助群众解决实际困难、处理急需解决的问题，还有利于国家的稳定和发展。因此，信访制度的完善和改进是一件利国利民的事情。

二、政府服务的定位和初衷

我国有漫长的封建王朝时期。在这一时期，国家的制度体系建设以及官员的职责都是为了某个或者某家江山的稳固和安定。然而，新中国的成立彻底终结了这一封建王朝时期，因此，新中国的政治制度体系应该如何建设、特别是政府工作到底应该以何为目的来开展就是一个亟待解决的问题。

新中国成立之后，经过多年的摸索和探究，我国确立了以满足人民群众的需求为根本目的的政府服务或者说公共服务宗旨。因此，如何构建为人民群众服务的亲民政府就是我们需要解决的首要问题。

所谓的亲民有很多不同的理解。政府行政服务中所要"亲"的"民"主要有公民、法人或者其他组织这几类。在针对法人或者其他组织的服务中，我国通过简化行政审批制度、建立审批后的监管体系等措施，在一定程度上达到了减少法人或者其他组织的审批时间、减少审批过程中的不合理要求的效果。由于政府对法人或者组织的服务并不在本文的讨论范围内，因此这里对这一政府行政服务类型，不复赘述。针对政府对公民（或者说群众）的服务，我们将主要讨论如下几个问题。第一，亲民中的"亲"要"亲"到什么程度；第二，应该如何亲民；第三，对于亲民过程中出现的问题应该如何改进。

首先，针对亲民中的"亲"要"亲"到什么程度的问题有很多不同类型的回答。例如，很多西方国家都践行"顾客导向"的政府服务态度。这一服务类型的兴起主要是受到了 20 世纪后半叶新自由主义思潮变动的影响。长时间以来，很多西方学者都主张政府应该做好自己"守夜人"的角色，减少对社会的干预。然而，从 20 世纪后半叶开始，很多新自由主义学者开始主张在很多事情上，政府的干预是不可避免的。那种消极的政府不再存在了。因此政府行政服务质量的问题才慢慢地进入到了学者的研究视野当中。政府行政服务质量、政府行政服务质量的测评与改善等问题也得到了学者和政府的重视。

20世纪后半叶，由于全球化等因素的影响，很多西方国家开始重视政府行政服务、公共管理等问题。这一时期的政府行政服务或者公共管理开始借鉴企业的做法，在政府行政服务中引入了绩效机制。后来绩效机制更是发展成为了专门的政府行政服务质量测评方法。张金成、吕维霞指出西方国家所推荐或者使用的政府行政服务质量测评技术，在根本上是一个顾客导向的政府服务测评方式。这是因为从根本上来说，这一时期所形成的政府行政服务质量测评技术或者标准都是借鉴私企中的很多管理方式，根本目的是为了提高工作效率、提高竞争力。与私企中的管理体系相比，政府行政服务虽然会更为重视公平、争议、政府职责等方面的问题，但从其他方面来看，差别不大。①

从"顾客导向"这一目标出发，对政府行政工作的测评可分为服务测评和顾客测评两个主要的测评方式。张金成、吕维霞指出"（行政）服务质量测评是对政府各服务机构的服务承诺（进行）评价的方法"②，例如服务礼仪、态度等方面的测评。顾客测评又被称为公民满意度测评，这一测评方式主要是从公民的主观感受出发对政府服务工作进行测评的方式。与服务质量测评相比，顾客测评更为主观；而服务质量测评则更为客观且更有利于提升政府的工作效率和工作质量。

传统的行政管理制度特别是封建社会的行政管理制度最大的特点就是自上而下的官员管理制度和自下而上的官员负责制度。可以说在整个行政管理制度中几乎是没有群众或者百姓参与其中的。因此，在新中国成立之初，百废待兴之时确实可以借鉴这种"顾客导向"的政府服务机制。然而，完全的"顾客导向"却是不可取的。这主要是由于下面的几个原因。一是新中国成立之后亟须确立的除国家的行政制度体系之外，还有民众的法律意识和主人翁意识。不但国家机关工作人员需要建立服务群众的工作态度，人民群众也要建立起基本的法律意识和对

① 张金成、吕维霞：《论'顾客导向'的政府服务质量测评》，《南开学报》（哲学社会科学版）2008年第2期。
② 同上。

政治生活的参与意识。正如美国的辛普森杀妻案对美国民众而言是一堂难得的本国司法审判制度普及课一样，如果一切公共活动或者行政工作都以"顾客导向"为宗旨，那么就很难对群众起到普及正确的法律知识和参政意识等任务的作用。二是我国现阶段仍需要集中力量办大事。完全的"顾客导向"并不利于集中有限的力量办理最重要的事情。所以，我们的行政工作确实要亲民，但是却不能完全以全部顾客的满意或者说所有群众的满意作为导向。

其次，如何"亲民"的问题，则主要涉及如何测评政府行政服务及如何以这种测评结果来为政府行政服务进行导向性服务的问题。

对于如何测评的问题，现有很多不同的政府行政服务测评系统，其中较为流行的是服务质量量表（SERVQUAL）和 SERVPERT 模型。张成福、党秀云指出我们可以通过可靠性、回应性、能力、服务通道、服务礼貌、沟通、可信度、安全感、善解人意和有形性等 10 个维度来测评政府的公共服务质量。[①] 除此之外，澳大利亚的学者还研发出了地方政府行政服务质量的测评系统。由此可见，不同测评方法的主要区别就在于参数的不同以及参数数量的不同。在政府行政服务满意度的测评中，参数的不同就表示了政府行政服务中所重视的服务侧重点的不同，而参数数量的不同则表示了政府服务过程中所要求的侧重点个数的不同。

具体到我国的政府服务测评问题，我们应该注意到如下几点。一是我国群众的政治参与度以及参与意愿一直不高，乃至久居国外的华人华侨也是如此。在这种情况下，为了提高民众的政治参与度，确实应该将"顾客导向"作为主要的政府行政服务测评标准。另外，正是由于我国群众的政治参与度以及参与意愿一直不高，所以导致个别人一直参与的政治活动（例如个人的信访等）或者大批量民众一同参与的政治活动（如集体信访等）涉及的问题往往都是极为严重或者导致大量民众有积怨的问题。如果对这些问题采取视而不见甚至打压的态度，那势必会造成大量的社会不稳定因素，危害社会的安全和稳定。二是新中国成立之后，我们行政制度体系建立的根本就是服务民众，但是到现在为止，行政工作或者说公共服务工作中仍然有许多需要改进的地方。例如行政审批中审批程序烦

---

① 张成福、党秀云：《公共管理学》，中国人民大学出版社，2001。

琐的问题就非常突出，虽然近年来这方面的问题已经得到了极大的缓解，但仍然是困扰着企业的一个重要问题。因此，基于我国的具体国情，"顾客导向"的政府服务要求确实应该作为政府行政服务的主要维度或者要求来进行测评，但是却不能完全以"顾客导向"作为政府工作的要求或者标准。

最后，现阶段，在我国的政府行政服务测评规则中，除工作专业性、规范性等参数指标外，群众满意度的调查结果也占有非常大的比重。甚至会出现因为某些政府行政机关的服务没有达到让所有相关群众满意，而对相关政府机关或者办事人员进行处理或者对其所在层级的政府机关整体带来不良影响的情况。由此可见，群众满意度调查结果对政府行政服务的影响之大。在下一小节中，我们将说明群众满意度调查结果不应该作为衡量信访工作的核心测评要素。对于信访工作，我们需要更为规范的行政制度体系来规范信访案件的处理，而不是通过群众满意度调查来衡量信访工作的利弊得失。

三、信访工作的特殊性以及政府行政服务测评的细致化划分

信访作为政府行政工作中涉及民生工作的一个重要部分，集中展现了国家安民生、抚民怨的工作宗旨以及建设亲民和为民型政府的决心。然而，有些时候，信访工作的处理却很难得到民众的理解或者支持，甚至成为提高政府行政服务满意度的"拦路虎"，因此分析这种问题为何出现以及应该如何解决就是本文所要研究的重点。

本小节中，我们将首先说明信访问题的复杂性和多样性，然后说明政府行政服务测评标准的多样化和个性化需求，进而指出对信访工作的政府行政服务测评应该进行更为细致的参数划分进而给出更为个性化、精细化的测评标准。

单纯针对信访工作而言，这一工作之所以难做，主要是由于如下两个方面的原因。

一是信访工作所要处理的都是各种各样的矛盾。有个人与个人之间的矛盾、个人与组织之间的矛盾等。不同类别的矛盾本身就是复杂多样的，因此必然导致对这些矛盾的处理更为复杂、艰难。除此之外，信访工作所处理的矛盾本身就是

由于信访当事双方无法达成共识所导致的，因此在对矛盾的处理过程中很容易导致信访当事人有所不满的结果，而信访当事人中的一方对信访解决结果表示不满意的情况就更为普遍。这种不满的情绪可以说是不可避免的，这种不满应该如何处理是一个十分重要的问题。

二是必须承认的是新中国成立至今，我国的政策普及工作还有很多不到位的地方。这就使得普通群众对于国家重要政策的形成以及执行情况了解不深，甚至根本不了解。国家对某类问题早有规定，但是信访当事人却对这些规定并不了解，进而在行事的过程中还是用老办法或者旧规矩。这种情况导致的信访案件不在少数。因此在行政机关根据有关规定对信访案件给出处理意见时，就会出现信访当事人无法接受甚至反对处理意见的情况。

针对上述两点原因，我们可以采用下面的几项应对策略。

一是借鉴司法体系的经验和教训。

司法体系和信访工作都是集中处理矛盾的制度体系，两者有很多相似甚至重叠的地方，因此两种制度体系应该如何借鉴学习以及两者重叠的部分应该如何处理都是十分重要的问题。

正如前文所述，信访可被划分为涉诉信访和非涉诉信访两类。其中，涉诉信访就是信访工作与司法体系都可以进行管理的部分。对于涉诉信访，在进行处理的时候首先要做的就是明确行政制度和司法体系的管理权限和范围，做到权责明确、职责清晰。目前我国的做法是将涉诉信访案件交由法院、检察院、公安部门等相关的司法机关处理。这类信访案件在处理时参照相关法律法规或者其他的相关规定即可。对于非涉诉信访案件则交由相关行政部门所设立的处理信访案件的部门来处理，处理过程中要遵照"属地管理、分级负责，谁主管、谁负责"的原则统一交办。但是对于如此复杂多样的信访案件来说，这样的简单规定是不够的。我们建议，对非涉诉信访案件的处理可以参考司法体系的做法。

目前我国很多信访处理部门对信访案件的处理方式都是进行调解或者仲裁。对于需要其他行政机关配合解决的信访案件则通过给相应行政机关发函或者电话通知等方式要求其协助解决。信访当事人如果认可信访处理部门的处理结果，那信访案件在走完相关流程后就可以结案。信访当事人如果不认可信访处理机关或者部门的处理结果，那么就会出现重复信访或者找其他行政机构（而且往往是具有更高行政级别的行政机构或者部门）再次信访的问题。这种问题的出现不但非常浪费行政资源，而且并不利于信访当事人问题的真正解决。要解决这一问题就要了解这一问题之所以出现的原因。之所以会出现这种问题是因为信访处理过程中并没有详细规定如果对信访处理结果不满意应该如何处理，也没有规定在信访案件处理到哪一个层级就必须终止。

在这一点上就可以借鉴司法体系的做法。在司法审判中，如果相关涉案人员对基层人民法院的判决表示不满则可以提起上诉。如何上诉、上诉中哪些案件是要发回重审、哪些案件是要维持原判以及上诉到哪一级别的法院后就必须接受法院的审判结果等问题都有明确的规定。这样的规定即维护了司法体系的尊严、避免了司法资源的浪费，也极大地维护了案件相关人员的利益，给出了纠正可能出现的错误的机会，信访案件在处理过程中完全可以借鉴司法体系的做法。例如规定信访案件的管辖权问题，让当事人可以找到相应的部门来处理问题，如果信访当事人对信访案件处理结果不满意的话应该寻找哪些更高级别行政机构的帮助以及如何获得帮助，最后说明信访案件在哪一个层级的行政部门给出处理意见后就不再受理。这样做的优点是可以避免行政资源的浪费、维护国家行政机关的权威性，但是缺点也很明显，那就是很容易使得信访成为司法体系那样纷繁庞杂的体系，乃至需要律师等专业人士的指导才能够顺利参与其中。作为一种为群众设立的政治参与和权利救济制度，如果过于烦琐，那势必会影响群众的参与积极性，违背信访制度设立的初衷。因此这样的缺点或者说问题如何解决就会成为另一个重要的问题。

二是加大政府工作的透明度。

对于行政机关政策普及工作不到位的问题，完全可以通过加大政府工作透明度、加大政策宣传力度等方法来解决。近年来，随着互联网的普及，很多政府机关都开设了自己的网站或者开通了自己的微信公众号甚至小程序以便于普及相关政策。很多机关甚至开始利用微博热搜、视频网站等平台宣传相关政策或者打造自身的形象。除此之外，实地走访、进社区宣讲等传统的政策宣传方法也没有被放弃。正是这种多管齐下、全方位的宣传才使得近年来我国行政机构在政策普及等方面的工作取得了突飞猛进的发展。

由此可见，由于信访工作集中处理各种矛盾，因此导致了很多"不满意"的出现。很多时候，信访案件的处理结果都很难得到信访当事人的认同。在这种情况下，如何对处理信访案件的部门进行政府行政服务满意度测评就是一个值得研究的问题。这一问题不但关系着信访案件处理部门以及相关工作人员的工作积极性，还关系着相关部门的测评分数甚至满意度调查等，进而对政府威信的确立以及应该如何亲民等问题造成影响。

为解决这一问题，首先要确定的是，是否所有政府行政服务工作都要共用一套测评标准？这里，我们给出的答案是否定的，即所有政府行政服务工作不能共用一套测评标准。例如，如果法院等司法部门也跟其他政府部门一样，采用同一套行政服务工作测评标准，那么就会出现被告人由于不认同法院判决而不予给出满意结果的情况。这时我们是否要因为被告人的"不满意"而修改法院判决？当然不会，我国拥有完整的法律制度，法院的所有判决都是根据我国的法律法规给出的判决结果，为了维护法律的稳定性和权威性，没有法官会因为被告人的"不满意"而修改判决。信访制度与司法制度有很多不一样的地方，虽然两种制度体系所集中处理的都是各种矛盾，但是信访制度如果要与其他政府机关一样，使用同样一套行政服务工作测评标准的话，势必会导致信访处理部门为了达到让信访当事人"满意"的结果而损害国家行政机关行政管理制度的结果，进而会减弱国家在民众心中的权威性。

由于历史等方面的原因，我国在建设亲民政府的道路上仍然是任重而道远的。目前，西方政府那种"顾客导向"的政府服务测评机制也仍然对我国具有极大的指导作用，但是我们并不赞同完全的"顾客导向"式服务测评方式。我们认为我国应该结合自己的国情构建具有中国特色的政府服务测评和管理机制。这一认知是建立在如下两个方面原因基础上的。一是西方国家式的"顾客导向"测评机制并不是完全地以民众意愿为核心来进行政府行政服务测评，其在构建自己的政府行政服务测评机制的过程中，也会不断地对民众进行各种启蒙教育，进而使得政府行政服务与民众期望不断融合而不是分裂。因此如何找到我国的这个政府行政服务与民众期望的融合点是至关重要的，一味地"顾客导向"反而会本末倒置。二是很多西方国家都是坚持司法权独立于行政权的，因此"顾客导向"的政府行政服务要求和测评机制并不包含司法体系。然而，我国并没有将司法权独立出来，但是如果司法体系并不适用政府行政机构的测评方式，那么与司法权有很多相似之处的信访工作也不应完全适用"顾客导向"的政府服务要求和测评机制。

正是基于如上两个原因，我们才能说在我国现阶段，在政府服务测评或者说政府服务满意度调查中将民众的满意度作为重要的调查指标是非常重要的，但是对于处理信访案件的部门来说，民众的满意度却不能再作为核心指标来对相应部门进行要求或者制约。民众满意度这一指标应该被那些规定信访案件受理范围以及层级划分的行政规定所代替，只要信访案件按照规定要求进行了处理就应该尊重信访处理部门所给出的处理结果。如果信访当事人对处理结果不满意的话，则要给出合规合法的申诉途径。这样的处理方式不但尊重了信访问题的特殊性，还能进一步保障政府机关的权威性；另外，通过不同信访案件的处理和公示，还能达到对民众进行行政规范甚至法律规范的启蒙教育作用，有利于当下政府服务的提升和政府服务测评机制的完善。

四、结语

上述意见和建议距离具体执行还有很长的路要走，这里仅是提供一种思路和想法以供大家参考，希望能起到抛砖引玉的作用。另外，具体规则的制定以及尺度的把握都是需要我们继续研究的话题。除此之外，如何避免信访这样一条为群众所铺设的政治参与和权利救济道路复杂化甚至是艰难化都是我们后续要研究的重要问题，有待于未来进行更为深入和细致的研究。

"寿光模式"中的高效服务型政府

张　捷

在哲学所人事处和寿光市委组织部的统一安排和精心组织下，笔者于2020年10月底被选派到山东省潍坊市寿光市人民政府办公室挂职锻炼，担任副主任一职。在市委、市政府领导和同事的关心、支持、指导下，笔者珍惜机遇，认真学习，积极工作，深入思考，增长了见识，开阔了眼界，各方面素养都得到了锻炼和提高，政策理论水平、业务能力、组织协调能力、思维方式等方面都得到提升和增强。一年来，通过参加市政府工作会议，走访基层，调阅市政府各种文件，起草工作报告等具体工作，笔者对寿光市在建立高效服务型政府的具体做法上有一些体会，现报告如下。

一、干部素质是高效服务的基础

以农业为支柱产业的寿光市各领域发展迅猛，富有活力，市政府从领导到基层干部都思想解放、与时俱进、开拓创新、精明务实，可以说是一个高效的服务型政府。这一成绩的取得，靠得是对干部素质的培养。干部素质，体现在政治觉悟、道德品质和行为规范上。

（一）政治觉悟的提高

政治觉悟始终是党员干部的第一要务。只有政治觉悟高，对党的政治路线体会深，忠诚党的事业的信念坚定，才能思想境界高，站得高、看得远，在大方向、大规划上具有前瞻性、准确性。寿光的干部注重理论学习，坚持四项基本原则，热爱祖国、热爱人民，立场坚定，恪守共产党员的诺言，遵纪守法，作风正派，忠诚于党的事业，牢固树立爱岗敬业的信念，把做好分内工作视为神圣的使命，奉为自己的人生理想。而且基层干部大多谦虚进取，事业心强，讲原则，待人热情大方，关心集体，关心他人，有团队精神，在工作上兢兢业业，尽职尽责，任劳任怨。其体现出的素质、作风皆与平日的政治学习分不开。尤其是2021年，中国共产党迎来百年华诞，习近平总书记在党史学习教育动员大会上为党史学习的必要性、迫切性、关键性指明了方向："要做到学史明理、学史增信、学史崇德、学史力行，教育引导全党同志学党史、悟思想、办实事、开新局。""欲知大道，必先为史"，只有充分掌握党的奋斗史、发展史，才能在未来遇到未可知的情况时积极、从容面对，以正确的经验指导未来，从失败中吸取教训，理解历史才能走得稳、行得远。自从党史学习教育开展以来，寿光广大党员干部积极响应，立即行动，市委、市政府迅速作出部署，提倡基层党员参加山东干部网络学院开设的全省干部政德教育专题培训班，全部进行网上报名学习，结课后都获得了结业证书，还有部分人获得了优秀学员证书，学习情况也纳入全市干部年度考核内容。通过在"灯塔党建在线"App党史专题班上的学习，市政府的干部对党的历史和现实的了解进一步加深。通过学习，每位党员干部对党史都有了更深入的了解，对中国何以能发展到今天的辉煌，对党的领导的历史必然性有了更深的体会。

2021年7月1日上午，庆祝中国共产党成立100周年大会在北京天安门广场隆重举行。中共中央总书记、国家主席、中央军委主席习近平发表重要讲话，号召全体中国共产党党员牢记初心使命，坚定理想信念，践行党的宗旨，永远保持同人民群众的血肉联系，始终同人民想在一起、干在一起，风雨同舟、同甘共苦，继续为实现人民对美好生活的向往不懈努力，为党和人民争取更大光荣。寿光市领导迅速反应，召开全市党员大会，学习习近平在庆祝中国共产党成立100周年大会上的讲话、在"七一勋章"颁授仪式上的讲话精神等，反映出动作快、政治站位意识强的特点。纪念活动意义非凡，再一次证明开展党史学习教育的紧迫性与重要性。牢记初心使命，是推进中华民族伟大复兴历史伟业的必然要求，是坚定信仰信念、在新时代坚持和发展中国特色社会主义的必然要求，是推进党的自我革命、永葆党的生机活力的必然要求。寿光广大干部的做法，是理论联系实际的，是把政治觉悟落实到本职工作上的。

（二）道德品质的培养

政治觉悟是引领、是方向，而道德品质是行动的重要原动力。要想增强行动力，道德品质的培养和提升必不可少。道德品质无时无刻不体现在人的观念和行为中。寿光市政府的干部在锻炼党性的过程中，不仅努力提高政治觉悟，还注重个人道德品质的培养。有了正确的政治方向，有了良好的道德品质，才能给群众作出榜样，得到党员和群众的信任。党性教育也是人性教育，党性的培养有必要从三个方面入手。首先，应该更加懂得珍惜。幸福生活并非生来即有，而是前人栽树后人乘凉，是先烈们通过艰苦奋斗创造出来的。在物质生活极大丰富的今天，更应该懂得珍惜当下拥有的一切，不辜负奋斗者、先行者对国家建设作出的贡献与牺牲。其次，应该对党性精神感到由衷地钦佩与敬仰。党员干部对共同富裕这一远景战略目标的无私奉献，是超越理性的利他行为。如果没有崇高的信念、信仰与信任，那么在艰苦岁月中是极难持守自己的本分的。基层干部的忍耐、执着与坚持，值得每个人学习。最后，应该通过体认、领悟与修养掌握党性培养的具体方法与实施细则，可以从三处入手。第一，应该自重自爱、爱岗敬业，对自己所从事的工作保有热情与好奇心，做好本职工作，根据自己的能力发挥特长，为社会主义建设作出自己的贡献。第二，应该自省自警、有忧患意识，不能对整个社会发展过程中潜在的危机不闻不问，只做书斋里的学者。尤其在未知因素环生、不稳定性加剧的国内外复杂局势中，如何险中求稳、从容应对是每位身处时代洪流的人所必须研究的课题。第三，应该学会自我激励，经常保持积极的人生态度，才能在遇到困难时不退缩、不畏惧，不产生负面情绪，不被怨恨、愤怒等人性弱点所左右，从而勇于接受挑战。

寿光在积极发展的过程中，涌现出丰富的党性教育生动素材。例如，通过举行王乐义、王伯祥先进事迹报告会，收听收看《新闻联播》中以"杨守伟：用爱为孤残儿童撑起一片天"为题，对全国优秀共产党员杨守伟及其团队事迹的重点报道等，从身边事、眼前人的角度鲜活诠释了党性培养的绝佳范例。王乐义、王伯祥都是寿光基层干部、全国农村基层党员干部的典型代表。王乐义身上体现着基层干部敢担当、有韧劲、顾大局和开拓创新的精神特质。王伯祥是习近平总书记亲切接见并称赞的"新时期县委书记的好榜样"，其精神核心是为民、奉献、实干和思想解放。杨守伟作为一名孤弃儿童护理员，用无私大爱精心护理千余名弱小孤弃儿童。他们身上体现出的共产党人的高尚道德品质和对人民群众的深厚爱心，深深激励着后继者、承袭者。通过聆听宣讲团报告、参加一系列文娱活动，每位参与者皆能在党性培养中对党员的道德品质的提升有更加直观、深入的认识。道德是好的行为的原动力，好善恶恶、知荣知耻是道德判断的价值依据。有了丰厚的道德品质的滋养，才能保持生命的活力和旺盛持久的内心力量。

（三）行为规范的养成

高效服务型政府的形成，有赖于基层党员干部内以涵养品德、外以严于律己，用干部守则规范意识、行动，在各个方面体现党员的精神气质和工作作风。在工作作风的建设方面，除了依靠觉悟等自律，还应该依靠制度、守则来内化无意识的自觉行为。如果意识层面的规范渗入到潜意识层面的认可、赞同，那就可以提高工作效率，降低工作成本，缩减无效管理，提高党员的积极性和创造力，达到更加完善的治理效果。对规章制度、行动指南的尊重与服从，提高规矩意识，是每位党员干部应有的政治觉悟与科学管理理念。实现管理现代化、科学化，就要求从具体而细微的言行举止做起，从"慎独、慎微、慎言、慎行"做起。寿光市政府积极响应，真抓实干，提出了务实的应对策略与解决方案。在全市召开的市直机关工作纪律作风大检视大整改大提升活动动员会议中，市政府督促各部门、各单位严明纪律、改进作风，打造过硬机关团队和干部队伍。会议指出，开展纪律作风整顿，是加强机关干部队伍建设的内在要求，是推进高质量发展的现实需要，是广大人民群众的殷切期盼，必须常抓不懈。要求各部门坚持以问题为导向，勇于揭短亮丑，下大力气进行整改。要坚持以上率下、领导带头，坚持服务为民、以人为本，坚持上下齐心、形成合力，以过硬措施确保纪律作风整顿取得明显成效，查问题、改作风、严纪律、促落实，确保每次整顿都取得实实在在的成效，为推动市委、市政府各项决策部署落实、建设现代化高品质中等城市作出新的贡献。为此寿光市府办下发了《中共寿光市人民政府机关党组关于开展工作纪律作风大检视大整改大提升活动的实施方案》，规定了具体31条行为准则，内容细化至工作纪律方面、作风效能方面、形象修养方面、"三公"消费方面等各项，从各个方面规范了基层干部的纪律作风。

如此，从政治觉悟到道德品质，再到行为规范，内外兼修，形成了一支训练有素、纪律严明、作风过硬的基层干部队伍。每位基层干部积极响应，对照纪律条款，对各自自身的不足之处加以纠正。只要统一思想认识，即可切实领悟开展纪律作风整顿的必要性与紧迫性；只要坚持问题导向，即可切实抓好自查自纠；只要强化规矩意识，即可确保纪律作风整顿常态化。

二、在调查研究中高效全面地收集信息

为摸清基层工作的实际进展、调查广大群众的真实需求，基层调查研究必不可少。基层调研包括对大量一手数据的深入分析，全面客观地剖析当前的工作情况、形势、趋向，施政重点的可行性分析，并根据各项事业的发展轨迹以及实践经验，对调查对象未来的发展趋势作出准确判断与预测。作为基层调研的重要环节，为群众、企业等调研对象提供了表达自身诉求、建议意见的机会，使他们能够把自己对现行政策或服务支持的真实想法、实际困难及时反馈给决策层。通过调查研究，能够使施政者了解、掌握基层对政策或服务质量的评价、期望和想法。通过了解分析提供的一手信息，可以避免决策层在制定应对策略时发生错误，可以帮助决策者了解当前施政策略以及实施方法的得失，以作适当调整。只有实际了解基层真实情况才能有针对性地制定下一步发展策略，预判基层可能的变化趋势以及广大群众潜在的动机和需求。没有调查就没有发言权，调研已经成为开展工作的重要前提，更是政策制定实施、提升实效的重要保障。

各级政策研究室作为市政府的智库机构之一，开展基层调查研究、撰写调研报告、为咨政建言贡献良策，提供可靠、可信的理论依据和数据支持是其工作的重心。市府办的工作涉及面广、政策性强、人员素养要求高，在开展每项调研工作前，调研组都会认真学习相关的政策法规和工作流程，听取领导的指导意见，

并有借鉴地应用于工作中。

（一）以问题意识为导向

以对基层种业现状的调查研究工作为例，可以窥见基层调研的特点及流程。此次调研与农业农村局的负责同志、种子协会相关人员、部分育种企业、育苗企业从业人员举行了座谈会。在参加座谈的企业负责同志中，有山东寿光蔬菜种业集团有限公司的业务代表。这家高科技蔬菜种业集团公司，是集科研、生产、加工、营销、技术服务于一体的、产业链完整的大型种业集团，是潍坊市发布的2020年"隐形冠军"认定企业，是在寿光市实施中小企业培育工程、建立梯次培育体系的城市战略部署下，孵化出的农业优秀企业。在座谈会上，政策研究室主任与集团负责同志重点就企业发展过程中遇到的问题与瓶颈进行了交流，对问题产生的深层逻辑进行了探讨。例如，虽然在整体营商环境中政府加快了研发平台建设，强化了政策扶持和资源整合，加强了企业对外合作，促进了蔬菜种业稳定、健康、持续发展，但是目前仍然存在很多瓶颈，主要是企业多但体量不大，产业大但实力不强，科研投入小，高端品种、特色品种、有市场竞争力的品种少等。针对上述问题，在调研报告《关于加快推进全市蔬菜种业发展的提案》中提出以下几点建议：一是强化种业发展保障能力；二是培育壮大种业龙头企业；三是提升种业科技创新能力；四是提升种业产业链水平；五是建立健全种业监管机制。这项提案问题意识明显，有较强的针对性，对寿光蔬菜种业的发展起到了良好的作用。

政策研究室本质上是政府的智库。智库水平的高低直接影响政策的质量和施行的结果。作为政府机构的智囊团，在新时期、新局势下会有更高标准的要求。第一，应该具有前瞻性，为国家级战略、宏观层面的发展方向建言献策，切实起到灯塔的作用，确保国家发展这条大船在行驶过程中不迷失方向。第二，对未来发展应该有正确预判、精准研判，对已经发生的事实应该进行深入分析，对当下解决不了的矛盾应该具备看穿事物本质的认知。第三，智库的有效性应该体现在各种标准的制定上，判断标准要明晰，行业规范要精细，而且在执行过程中，行动力、执行力等各方面要做到协调统一。智库的基本功能是"咨政启民"，弥合社会与政府之间的知识裂隙，找出、分析和预测国家与社会治理的问题，提供影响公共政策的调研报告。智库的价值在于发现社会问题，寻求解决之道，问题意识是智库的生命力所在。问题意识与知识结构有关，与智力水平有关，更与观念、理念有关。培养问题意识，需要有秉笔直书的求真精神。社会治理精准化、公共服务高效化，亟须国家智库强化问题意识，以准确咨询支撑科学决策，以科学决策引领社会发展。

（二）以服务意识为宗旨

调查研究的根本目的在于服务于政府、服务于企业、服务于人民。这就要求调研报告必须贴近党和政府的决策需求，主动适应党和国家事业发展的战略需求，聚焦事关全局和长远发展的重大问题，直接奔着服务党和政府决策去开展研究，拿出具有真知灼见、切实管用的研究成果。智库作用发挥得好不好，关键是看服务党和政府决策的建言质量如何。这给新型智库人才提出了明确要求：对上，智库机构要积极了解决策层的需求与愿景，主动服务；对下，智库人才要充分掌握群众、企业的困难与担忧。调研报告作为政策研究室提供的产品，起到为各种政策的调研、编撰、修改提供服务，为决策机构提供数据、论点的作用。作为直接服务于党委、政府决策的政研工作，政策研究室坚持调查研究服从、服务于市政府的中心工作，服从、服务于客观现实的需要。在调研上按照"服务决策、重在实用"的原则，创新工作思路，变被动应付为主动服务，变单项服务为决策过程全服务，针对当前发展过程中的热点、难点和焦点问题，积极开展调研，为市政府决策提供全面、准确的信息，做到研究在领导之前，参谋在领导思考之中。因此，服务意识是为人民服务的基本保障与前提。在这个方面，寿光市政府政策研究室提供了积极的参考。例如，在与蔬菜种业集团有限公司、三木种苗等企业召开的座谈会上，政策研究室传达了本年度"服务企业年"活动的宗旨，表明了市委、市政府把服务企业作为推动高质量发展的重要抓手，牢固树立"服务企业就是服务发展、服务未来"的理念。针对种业、育苗企业提出的问题、难点，建议继续积极培植本土的蔬菜种业企业，通过引进、合作等多种模式，搭建蔬菜种业创新发展平台；积极争取上级资金支持，加大本地政策扶持力度，推进蔬菜种业发展壮大；引导鼓励社会资本参与种子种业的研发和创新，形成推进寿光市蔬菜种业创新发展的合力。

尽管社会不断变革、利益关系不断变动、思想观念不断更新，但在问题意识、服务意识的合理驱动下，"管理是服务的前提，服务是管理的保障"这一普遍规律是贯彻始终的。如果没有管理这个辅助，服务将无从做起；纵使有民间组织，缺少管理的引导与规划，也会如同散沙，更无法精准到位；如果没有服务这个保障，管理就会形同虚设，没有了"为人民服务"的意志与决心。管理与服务，二者相辅相成，相互推进。

（三）以务实态度为方法

基层调研的最显著特点是务实、求真。这就要求政策研究室成员调研经验丰富，相关专业知识储备充足，业务熟练度高，分工协作，以精准化、沉浸式调研，掌握大量第一手数据与资料。这些专业素养是寿光高效服务型政府的重要一环。卓有成效的调查研究关键是注重措施的细化，调研之前要制定目标明确、逻辑严密、有针对性的调研方案，不仅要有对政策效果的调研，也要有对基层干部群众真实想法和看法的收集。因为调研不光涉及改革发展大局的大事，更包括涉及基层干部群众切身利益的小情。对此，基层调研要求逐项逐条分析调研对象各个方面存在的问题和不足，分门别类地梳理汇总后，精准拟定调研课题，有针对性地设计调查问卷，从被访者的角度换位思考，以确保调研能获得更加真实的第一手资料。

例如，在对全市农村生活污水处理情况的摸底和排查调查研究中，政策研究室在实地查看前阅读、研究了《关于印发山东省农村生活污水治理行动方案的通知》《潍坊市生态环境委员会办公室关于农村生活污水治理工作进展情况的通报》等政策法律法规，《关于农村生活污水治理有关情况的汇报》等情况概览，与生态环境局、乡镇分管相关事务的同志进行了座谈交流，然后实地查看村镇治理现场，完成了《全市农村生活污水治理工作调研报告》。此调研报告经由市领导结合市情进行综合审查、批示后，市政府出台了具有法律效应的《寿光市污水处理费征收使用管理规定》，下发至各镇人民政府、街道办事处、高新区管委会、双王城生态经济发展中心、市直各有关部门单位，各相关企业等贯彻落实。管理办法下发之后，继续对规定实施情况跟踪调查，发布《寿光市污水处理费征收情况公示表》。整个过程充分展示了调查研究是谋事之基、成事之道。在深入基层开展调查研究的基础上，实事求是地反映和分析客观事实，提出有针对性的政策建议，完成翔实、准确的基层调研报告。这些不仅有助于领导机关了解基层情况、收集意见建议，也有助于领导科学决策、解决实际问题。

三、市政府常务会议与政策制定

市政府常务会议作为市政府集体议事决策性会议，由市长主持召开，研究政府重大事项、重点项目等。政府班子成员参加，包括正副市长、秘书长、市人大、市政协有关领导、市长助理等，与议题有关的市级部门主要负责人和乡镇政府负责人列席会议。地方政府常务会议制度是具有中国特色的一项政府决策科学制度，作为地方政府公共政策决策的法定集体平台之一，决定着大量关系公众利益的公共政策，体现着政府管理的理念与水平。这项制度的运行过程，其背后是政府议程的建立、政策备选方案的制定和方案选择的逻辑关系。地方政府决策所呈现出的一般规律，对研究国家治理现代化背景下的地方政府治理、中央与地方政策之间的张力、共性与个性之间的差异化策略等，均可提供多样化的视角。

（一）突出社会管理和公共服务内容

地方政府常务会议的决策议程建立过程是法定的，制度规定常务会议议题由政府分管领导协调或审核后提出，报市长审定。上会议题贴近基层地方政府需求，直接及时满足公民的基本诉求，越来越多地把与当地居民日常生活直接相关的社会事务作为地方政府的职能重点，体现了政府职能转变的决心与态度。科学性的市政府常务会议，既要研究辖区范围内较为重大的问题，涉及范围大、覆盖面广，包括 GDP、招商引资、财政收入等经济发展指标，又要讨论与社会公众息息相关的社会管理和公共服务内容，包括废旧农用薄膜回收处置利用工作实施方案、城区住宅小区违法建设综合治理、预防未成年人溺水和冬季清洁取暖工作、蔬菜废弃物资源化利用工作实施方案、开放公共场所限时免费供市民停车的实施意见、全市户内燃气软管更新工作等，兼顾经济发展、城市建设与公共服务等内容，关乎民生事项的比例有逐渐扩大的趋势。可以看出，地方政府正积极地将政府职能向服务型政府上转变。

常务会议制度对规范地方政府决策行为，解决行政权力高度集中带来的权力垄断现象起到了规范与督导的作用，实现了政府决策从"个人"为中心向"集体"为中心的制度性转移。党的十八大提出要建设"职能科学、结构优化、廉洁高效、人民满意的服务型政府"，服务型政府提供的是公共服务，其主要服务对象为社会公众。根据市场经济的运作规律、社会转型的需求和市场经济国家普适性的政府角色规范，深化中国行政体制改革的一个关键问题就是重新配置和切实履行好地方政府的职能定位，推进地方政府的职能转变。地方政府作为其辖区公共服务的主要供给者，其职能定位应该与经济发展模式、社会结构特征、地理位置等因素相契合，以更好地回应区域发展对政府职能的需要。在区域经济竞争日趋激烈的今天，地方政府具有积极回应辖区内微观主体即公民的需求，为其提供优质公共服务的内在动力。当前，随着工业化、城镇化的快速推进，经济增长对良好的营商环境、公共基础设施和市场秩序等的要求越来越高，公民对高质量的教育、医疗、文化、卫生等公共产品的需要也日益增加，促使政府职能从原来更多地以经济建设为中心向提供优质公共服务上转变。

（二）学习型政府是未来趋势，以智为本是发展方向

地方政府常务会议体现出地方政府职能配置的一般特点，即相较于认为政府职能的转变应该是一个自主性的变迁过程，毋宁说实际情况是一种资源适应性的调整过程。对于地方政府来说，其职能定位并非源自决策层对各项复杂事物的认知，亦非整体布局下的战略问题，现实往往是政府行为偏好等便利性与有限的资源约束条件相互作用的产物，是微观层面的战术问题。地方政府职能的理论定位与职能的实际履行情况之间势必存在差异与沟壑。地方政府职能履行的好坏，首要的决定因素不是对职能认知的科学性、合理性、逻辑性，而是既定约束条件下的行为激励机制与资源配置结构。地方政府的职能配置既要体现上级政府的意志

与诉求，又要回应区域经济社会发展的需要与情势，还要体现地方决策者的行为偏好。结合先行城市的经验，未来发展的趋势是学习型政府。

寿光在建立高效服务型政府的过程中，对这一总体趋势有明确把握，从常务会议的专题发言可以窥见这一点。例如，在市政府第九次常务会议中，报告人汇报了2021—2022年能耗"双控"和煤炭消费压减工作情况。推进能耗"双控"和煤炭消费压减，是贯彻习近平生态文明思想的具体行动，是推动绿色发展、有序实现碳达峰碳中和目标的重要举措。对于以传统耗能方式为主、新旧动能转换稳步推进的县级市来讲，兰炭掺烧、节能技术改造、新能源项目建设、锅炉机组淘汰等各项任务的相关知识、操作方式等都是需要不断学习与掌握的。因此，在外部情况复杂多变的今天，在工作中学习、向工作学习，势必会是学习型政府最主要、最关键，也是最有效的方式，而学习的主要途径是研究新情况、解决新问题。

学习型政府的构建，其发展目标、发展方向必然是以人为本的智慧城市、智慧政府。为实现这一愿景，第一，各级领导应充分重视现代智库、特色智库、高端智库的建设，对于智力的重要性应有深刻的认识；第二，加强地方智库与科研院所、大学间的交流与合作，组织定期学习、培训；第三，智库人才的培养应从广大全转变为高精深，大量吸收专业人才，打造多样性强、覆盖面广、专业度高的人才储备库；第四，为人才的相应保障措施、考核方式、福利待遇等提供配套服务。政府工作的顺利运行是各部门协同合作的过程，各机构缺一不可。在众多机构之中，须有一"主脑"，担负引领整体方向，发挥前瞻性责任的作用。

如此，在党性培养、工作方法、制度保障三个基本面的合力作用下，寿光市经济运行稳中求进、屡创佳绩，群众满意度高。通过对寿光市政府的近距离观察，"寿光模式"亦有新的启发与多视角解读。"寿光模式"原本指的是具有地方特色的信贷融资等金融服务、业务流程，但保障其具体运营的，是地方政府提供的优质服务这只"有形的手"与中国特色市场运行规律这只"无形的手"联合发挥效应所带来的组合拳动能。其特点有三。第一，"寿光模式"具有开放性的特点，如同开源代码一般，每位生产者、经营者均可参与创新与改进，其主体是每位经济活动的参与者，而非政府本身。第二，其中体现出的数字化、智慧化、科技化、标准化，是未来区域经济、中等城市的发展趋向。尤其是农产品的标准化生产，可复制、可持续，由传统的设备、人才输出，升级为标准模式的输出。第三，"寿光模式"虽然兴起于第一产业，并以第一产业为支柱、为主导，但与第二产业、第三产业的联动与融合是整体均衡发展的必要条件，三产的结构分配与比例是实现共同富裕的关键所在。

"信用寿光"建设视野下的"寿光模式"

——由一则商务合作案例浅析寿光市信用应用创新平台建设

邓 定

为全面贯彻党的十九大和十九届二中、三中、四中、五中全会精神，全面落实习近平总书记关于"全国一体化大数据中心"的重要讲话精神，2020 年 12 月，国家发展改革委、中央网信办、工业和信息化部、国家能源局联合印发了《关于加快构建全国一体化大数据中心协同创新体系的指导意见》。该意见特别提出了如下发展目标："到 2025 年，全国范围内数据中心形成布局合理、绿色集约的基础设施一体化格局。东西部数据中心实现结构性平衡，大型、超大型数据中心运行电能利用效率降到 1.3 以下。数据中心集约化、规模化、绿色化水平显著提高，使用率明显提升。公共云服务体系初步形成，全社会算力获取成本显著降低。政府部门间、政企间数据壁垒进一步打破，数据资源流通活力明显增强。大数据协同应用效果凸显，全国范围内形成一批行业数据大脑、城市数据大脑，全社会算力资源、数据资源向智力资源高效转化的态势基本形成，数据安全保障能力稳步提升"。根据该意见的指导精神，对寿光市政府而言，如何结合寿光本地特色搭建一个高效安全便捷的信用应用一体化创新平台，仍是一个具有开创性的可能机遇和现实挑战。

经过前期调研，笔者了解到，寿光市向来以工业立市，以海洋化工和现代机械制造业为主，工业产业链完整，工商业以及第三产业发达，以现代物流业最为引人注目。与此同时，寿光市也是全国改革开放 30 周年 18 个重大典型之一，首创的冬暖式蔬菜大棚闻名遐迩，其蔬菜种植水平始终居于全国前沿水平，市场营销范围辐射全国乃至海外。2012 年，寿光市的蔬菜种植面积发展到 80 万亩，其中有机蔬菜 65 万亩，有 322 种农产品获得国家优质农产品认证，科技进步对农业增长贡献率达 70% 。截至 2020 年，寿光市全市人口约为 113.94 万人，耕地面积约为 141 万亩，蔬菜播种面积约为 80 万亩，蔬菜年产量约为 40 亿公斤。

不仅如此，寿光市的电商行业发展势头良好，其"推进农产品流通现代化、积极发展农村电商和产销对接"工作于 2021 年 5 月 8 日受到国务院督查激励，同时获批全国电子商务进农村综合示范县。目前，在农产品终端销售方面，寿光市不少商家充分利用网络购物平台，甚至积极借助当下流行的主播带货模式，取得了良好效果，比如曾有一家商铺，经由网红主播推销之后，当年羊角蜜的销售额比直播前翻了两番。据初步统计，截至 2020 年，寿光本地合法登记的电子商务企业达到 1000 家左右，各类网络商铺 16000 余家，从业人员 40000 余人，线上日订单量达 20 万份左右，电子商务年网络零售额约为 25 亿元，蔬菜电商及寿光市自建蔬菜电商平台的销售额约为 5 亿元。面对日益壮大的电商群体，寿光市政府如何能够实现高质量的政务管理和精准的对接服务，这是一大难题。

尽管寿光市属于经济较为发达的百强县，但是，目前仍有相当数量的小微企业面临贷款难问题。究其原因，主要归于以下三个层面。首先，当地银行对小微企业的贷款审批过于严格。由于小微企业贷款风险相对较大，当地银行在审批小微企业贷款时，要求其提供的资料更加全面，包括营业执照、税务登记证、完税证明、验资报告、财务状况说明、抵押物及相关证明资料等。审批环节多，审核过程烦琐。其次，小微企业在贷款申请准备环节也步履维艰。小微企业缺少土地等固定资产，相对大型企业来说处于绝对劣势地位，因此，一旦银行信贷政策收紧，小微企业的贷款便率先受到影响。另外，小微企业的普遍信誉危机也是影响其贷款申请的主要原因之一。当地银行会自我评估，判定贷款给小微企业风险更大，因而不愿意给小微企业放贷。最后，小微企业的贷后管理同样面临桎梏。小微企业贷后管理成本高，它们的贷款抵押标的难以市场化，一旦出现不良贷款，在责任追究上也将很难落实。

有鉴于此，无论是从为规模庞大的电商群体提供精准服务和高效管理这一角度，还是基于彻底解决小微企业贷款难问题这一立场，充分利用大数据优势加快寿光市政府信用应用一体化创新平台建设，培养懂人工智能和产业规律的技术干部和金融人才乃是当务之急。对此，王立胜、刘刚等学者曾一针见血地指出：

"当务之急，是政府部门要有懂工业革命，懂人工智能，懂产业规律的技术干部。例如，通过调研我们发现，工业智能化的关键是普及工业互联网和工业大数据。但是要让企业'肯用'工业大数据，其关键推力不取决于工业互联网企业的营销推动，而是政府部门是否'会用'工业大数据。只有我们的政府管理部门学会使用工业大数据，愿意使用工业大数据，将工业大数据变成产业政策的依据和参考，工业智能化才能真正推广起来。而要做到这一点，既懂工业大数据又懂产业政策的技术干部就成了关键。同样的道理，懂工业智能化的金融人才也是极为重要。如果我们的银行家，坚持把新旧动能与新旧产业相等同，盯着重化工业抽贷款，朝着轻工业和服务业压资金，我们是不可能抓住当下这场机遇的。"① 就此而言，寿光市目前值得探索以下一系列问题：如何强化数据中心、数据资源的顶层统筹和要素流通？如何统筹数据中心、云服务、数据流通与治理、数据应用、数据安全等关键环节，以便建设寿光市信用应用一体化协同创新体系？如何实现降低融资门槛，合理配置信用资源，扶持本地区重点产业发展，构建"政务协同、强化应用、联合奖惩"的信用监管机制？归根结底，如何不断优化寿光市产业生态和营商环境，加快"信用寿光"建设？针对这些问题，以下一则"信用寿光"建设方面的商务合作真实案例或许能够给出一些具有建设性的启示。

一、缘起：一则关于"信用寿光"建设的商务合作案例

针对寿光市的地域和经济特点，考虑其当前的实际需求，笔者有幸在寿光市商务局担任副局长期间（2020 年 10 月—2021 年 10 月），与华控智加股份有限公司 CEO 刘德广先生和中评信用管理有限公司总经理徐志鹏先生举行了多轮会谈及实地考察，旨在商讨如何通过引入该公司国际领先的人工智能和区块链技术，与寿光市商务局、发展和改革局和地方金融监管局等部门合作构建寿光市信用金融综合服务创新平台和商务综合服务创新平台，尝试从信用应用一体化创新的角

---

① 王立胜、刘刚：《把准山东身处百年工业革命"深水区"的历史方位》，《沂蒙干部学院学报》2021 年第 1 期。

度探索"寿光模式",并且发掘其新的时代内涵。

北京华控智加科技有限公司是由清华大学控股,联合清华校友基金出资设立的人工智能产业化平台,核心技术及团队均来自清华大学。该公司于 2018 年 5 月成立,公司首席科学家是清华大学电子系知名语音学者刘加教授及其教研团队成员,创始管理团队主要成员为清华毕业、具备丰富的创业及管理经验者。该公司依托清华大学的技术与市场资源,能够快速建立品牌效应,致力于成为全球领先的智能语音算法和人工智能解决方案提供商。该公司旗下的中评信用管理(北京)有限公司(国有参股企业)成立于 2016 年 2 月,主要团队同样来自清华大学,是企业征信服务与政府信用大数据平台开发机构、北京信用协会理事单位、国家级高新技术企业,同时也是清华控股下属华控智加公司的 100% 控股公司,为全国政府提供信用平台开发、信用平台运营服务。目前,中评信用管理(北京)有限公司已经与全国 12 个省、近 20 个地方政府达成合作。在陕西宝鸡市、云南普洱市等多地投资成立运营公司,多个平台已经上线运营。

通过对河北省邢台市清河县"清易融"信用服务平台、"一五一十"等电商企业办公现场以及部分小微企业的实地考察,经过与寿光商务局、发展和改革局、地方金融监管局等部门的联合磋商,政企双方均有意合作探索如何搭建具有寿光地方特色的信用应用一体化创新平台。

二、"信易融"和"信易贸":"信用寿光"建设的一种可能模式

根据《优化营商环境条例》、《国务院关于印发社会信用体系建设规划纲要(2014—2020 年)的通知》以及山东省《山东省 2020 年社会信用体系建设工作要点》等文件精神,"以信用引资金、以诚信促产业",充分发挥政府、银行和企业多方积极性,搭建多种形式的政府支持平台,降低融资门槛,合理配置信用资源,扶持寿光市重点产业发展,加快"信用寿光"建设,这是一项具有开创性和挑战性的新型政府管理模式探索。具体而言,一方面,由寿光市发展和改革局、商务局、市地方金融监管局统筹全市资源,协助和指导大数据平台公司;另

一方面，华控智加和中评信用两家公司投入资金、人才、技术和资源在寿光当地投资成立信用科技公司，委托信用科技公司开发建设"寿光信用应用大脑"，以农贸、电商等寿光市特色行业为切入点，开发运营寿光市信用应用一体化协同创新平台，形成"政府主导、职能部门推动、专业机构承建运行"多方共同推进的工作格局。这一合作模式包括"信用＋金融"应用平台建设、"信用＋贸易"应用平台建设以及金融与贸易结合的创新模式。

第一，"信用＋金融"应用平台建设。首先，筹备阶段。由寿光市地方金融监管局牵头建设"信易融"平台，研究建立相关工作制度，明确职责分工，落实工作任务。定期组织召开工作会议，对"信用＋金融"应用平台建设工作动员和部署。其次，实施阶段。编制寿光市各类市场主体和个人的信用信息归集目录、接口规范和信息安全标准等。与各信源单位签订数据归集协议，全面开展信用信息归集工作。充分利用技术手段，确保信用信息归集的及时性、准确性和完整性。最后，应用阶段。不断拓宽金融信用和商务信用应用范围，加大政府服务方式创新。这一阶段的工作任务主要包括以下几项。

一是全面整合政府各部门各类市场主体信用信息。制定寿光市各类市场主体和个人信用信息目录，建立平台建设和运行的相关数据目录、接口规范、共享机制和信息安全标准，加大信用区块链、政府大数据、云计算等新技术应用，依法依规归集政府部门和公共事业单位的各类市场主体注册登记、行政许可、行政处罚、纳税、进出口贸易、水电煤气、土地产权、社保等信息，有效支持对融资主体的"精准画像"。

二是创新信用产品和服务。以"信易融"为应用场景，结合各类市场主体以及负责人、公务员、教师、导游等关键人群信用服务的特点，提供信用监测、信用咨询、信用救助、风险预警等产品和服务。引导金融机构依托平台提供的数据，提高放贷处理能力，改进信贷工作流程，提升授信评价效率。

三是开展多类型信用培育与增信。积极开展全市各类市场主体和个人信用培育、守信评选等活动，根据融资服务的特点，推动信用增进。推动融资担保、保险机构入驻平台，开展全市各类市场主体和个人以信用为担保的"纯信用贷款"；覆盖在线信贷产品发布、市场主体信用信息查询、信贷电子合同登记、实时线上放贷、信用风险管理等信贷全流程。探索建立统一的信用担保体系，设立投贷联动、转贷续贷基金线上化、常态化，发挥其风险补偿的杠杆作用，增进企业信用，提高授信额度。

四是优化拓展融资渠道，强化金融监管力度，提升本地金融服务质量。依托"信易融"平台，搭建银企对接桥梁，提升本地金融机构服务质量，引入寿光市以外的金融资源，为企业、个人提供高质量、更广泛的线上融资服务；实现金融服务线上线下一体化，有效提高企业融资的可得性和便利性，同时为金融监管部门提供线上融资统计与监测服务，通过平台定期开展监测、评估、统计银企融资对接进展情况和成效。

第二，"信用＋贸易"应用平台建设。由寿光市商务局牵头建设"信易贸"平台，秉承大数据技术让商家"不能欺"，商务信用体系让商家"不敢欺"的准则，满足对寿光市具有代表性的蔬菜贸易、电子商务等市场主体的商务信用信息的动态管理需求，实现对商务信用状况的客观、公正评估，进而通过政务体系和金融体系将各类市场主体信用转化为信用资产，并在平台上进行流通，实现商务信用的资产化、应用化。这一平台的搭建流程设计如下。

一是动态信用体检监测。通过"信易贸"平台建立集风险监测、网上抽查、源头追溯、属地查处、信用跟踪为一体的商务信用监督机制。通过定向的、动态的、持续的监控，对信用信息数据进行甄别、清洗、聚合、归档等处理，生成各类贸易主体信用档案。具体记录商务主体守法信用、纳税信用、公德信用、借贷信用等情况，使信用状况有据可查，便于管理和监督。实时追踪寿光市各个领域主体的信用状态，确保动态信用监测的时效性与真实性。

二是信用分级分类监管。首先，基于政府、行业协会、第三方机构的商务大数据，建立各项评价指标，通过"信易贸"平台从多维度为商务主体"信用画像"，并对其进行实时动态信用评分，力争做到"比企业自身还了解企业"。其次，实时进行信用状况评分，信用评价从"守信"到"不诚信"设置 A、B、C、D 四类信用等级和 AAA、AA、A、B、C、D 六个等次。

三是深化商务信用场景应用。支持商务主体在办理行政许可、招标投标、资质审核、管理监督、贷款融资、申请政府资金支持等领域率先使用评价结果。在扶持政策精准落地方面，蔬菜贸易作为寿光市特色行业，企业获得的扶持政策较多。针对蔬菜贸易经营主体规模小且分散、政策落地缺少标准、有扶持资金但是难以精准落地的问题，平台结合"企业画像"评分，能够科学分配扶持资金额度，从"大水漫灌"到"精准细灌"。

第三，金融与贸易结合的创新模式。

一是打造寿光市"信用白名单"体系。着力解决部分金融领域行业信息化水平低下、行业人员素质混杂、行业存在"信息孤岛"、行业信用及溯源体系缺乏等问题，营造诚实守信的商务发展环境。以农贸、电商为试点，建立寿光市各领域"信用白名单"，根据"信用白名单"标准，平台可批量筛选出符合标准企业、关键人群，并提供实时的动态信用监测服务。首先，对政府各部门，对"信用白名单"公开公示，在寿光市各部门资金补助、公共服务等联合奖惩和行政管理中进行应用。其次，企业之间的商务往来，进入"信用白名单"的商务企业，在市场交易、社会管理等方面获得一定支持和便利。最后，金融机构的信贷支持，根据"信用白名单"批量授信，创新金融产品和服务。

二是依托线上平台，打造综合性的一站式线下"信用超市"。首先，产品订购：通过信用认证手段，筛选"信用白名单"企业入驻"信用超市"，构建国内外高净值客户群和安全优质产品之间的无缝对接。其次，融资办理：开展项目融资现场咨询和业务办理并实现"信用白名单"线上实时放贷，做到企业和金融机构融资撮合交易闭环，实现供应链金融、投贷联动等目标。最后，电商直播项目孵化培育：可通过"信用白名单"筛选优质农产品电商项目入驻"信用超市"，"线上＋线下"齐发力，帮助农户提高优质农特产品生产能力、解决滞销农产品线上销售，带动地区增产增收。

三是创建信用行政村（乡镇）。积极探索一体化大数据创新模式，评定"农村信用白名单"，创建信用村、信用乡镇，开展普惠授信。选择农贸主体诚信档案覆盖面超过50％的区域创建行政村（乡镇），根据"信用白名单"实际需求和信用评级结果、信用等级等，可享受相应的授信额度。"一次授信、三年有效、随借随贷、周转使用"，无须任何抵押物，由金融机构直接发放贷款，实现"应贷尽贷"，这样一来便强化了农户主动提供、完善信用信息的意识，对农村信用体系建设具有积极的促进作用。

通过上述三个平台的搭建，寿光市政府和当地企业便能够共同建设"一库、一标准、四网、四平台"的"寿光信用应用大脑"，即信用应用一体化协同创新平台。具体来说，所谓"一库"，意指寿光市信用一体化应用场景库。这个场景库能够对接发展和改革局及大数据局已经征集的各类市场主体以及关键人群的大数据库。所谓"一标准"，意指建设不同行业市场主体的信评标准。以寿光市农贸、电商行业主体信用信息为基础，建立适用的信用评价指标体系，实现各部门信用信息共享和互认。逐步扩展到寿光市其他行业，鼓励和引导各类主体积极参与信用评价、信用修复、信用贷款等应用场景。所谓"四网"，意指实现在金融、电商、外贸、农贸四个领域的大数据信用监测网，加大对违法失信主体的公示惩戒力度，建立以信用为基础的监管机制，整顿规范市场秩序，为不同行业领域营造诚实守信的发展环境。所谓"四平台"，分别包括信用信息对接子平台①、信用核查共享子平台②、信用金融子平台和信用贸易子平台。

综上所述，通过"信易融"和"信易贸"应用平台的政企合作模式，寿光市可以预期建立一个结合当地特色的信用应用一体化协同创新体系。这一体系旨在深化信用大数据在社会治理与公共服务等领域协同创新，着力解决寿光市各领域失信问题，推进政府信用监管改革，改善寿光市商务与金融服务。此外，这一模式还有助于缓解寿光市小微企业融资难问题，更好地服务寿光市各金融机构和商贸领域的小微企业、新型经营主体、农户、个体户，服务实体经济的发展。

三、从"信用寿光"建设探索新时代的"寿光模式"

2018年，习近平总书记曾两次肯定农业农村改革发展的"诸城模式""潍坊模式""寿光模式"。其中，"寿光模式"是农业农村改革中，寿光蔬菜产业化带动农业产业化，拉动区域经济全产业链发展，突出解决了个体小农经济与现代农

---

① 这个平台作为寿光市各类经济主体信用信息的应用平台，打通与大数据局、第三方机构的数据通道。
② 这个平台作为政府行政监管流程过程中，各部门对信用主体进行信用数据共享、交叉查询、联合奖惩的平台。

业整体化、规模化、产业化发展之间的矛盾，进而实现农民共同富裕、城乡融合发展的一种区域经济发展模式。[①] 总体而言，"寿光模式"的演进大致可分为如下四个阶段。[②]

第一阶段，改革开放初期到1989年左右。随着"包产到户""家庭联产承包责任制"等的推行，传统的自给半自给的农业和农村经济已不适应发展需要，农民在种好粮食作物的同时，冲破计划经济的束缚，开始种植果蔬等经济作物，根据市场导向调整农业内部结构，以建设蔬菜批发市场为突破，推动蔬菜生产走向商品经济舞台，加快农村经济市场化。

第二阶段，1989年到2000年左右。以冬暖式蔬菜大棚研制推广为标志，寿光市掀起了一场"绿色革命"，当地的蔬菜发展驶入"快车道"，逐步形成了集聚效应和规模优势，推动农村经济融入市场经济大循环，并向全国进行推广。这一时期，寿光市顺应农业组织化程度不断提升的趋势，大力发展蔬菜园区设施，蔬菜种植面积达到59.4万亩、总产量432万吨，年交易量900万吨，奠定了寿光"中国蔬菜之乡"的地位。

第三阶段，2000年到2012年左右。以中国（寿光）国际蔬菜科技博览会举办为标志，寿光市搭建起了农民与农业高新技术、农产品与市场对接的桥梁，先后有80多个国家、地区和30多个省、自治区、直辖市的客商参会，推广国内外新技术300多项，新品种1000多个，使分散经营的农户与国内外大市场更加紧密衔接，设施农业先进技术加快普及，打响了寿光蔬菜品牌，寿光蔬菜享誉国内外。

第四阶段，2012年至今，寿光市按照习近平总书记提出的"给农业插上科技翅膀""农业的出路在现代化，农业现代化关键在科技进步"的要求，全力做好种业研发、现代农业高新技术集成应用等工作，主动担起振兴民族种业责任，积极探索农业适度规模新型经营方式、组织方式，向全国输出寿光标准和集成解

---

① 李梓豪、李兴军：《"寿光模式"：地方经济与文化有机耦合的成功范式》，《古今农业》2021年第3期。
② 关于"寿光模式"四个阶段的划分，参见杨福亮《给农业插上科技的翅膀——解读"三个模式"之"寿光模式"》，《走向世界》2021年第31期。

决方案，加快向农业现代化迈进。

在过往四个阶段中，"寿光模式"主要表现为以蔬菜产业为特色的农业现代化，而农业现代化归根结底体现在农业种植方面的高科技化、数字化。日益壮大的电商群体和贷款需求剧增的小微企业对寿光市政府的高质量服务和精准管理提出了新时代挑战。面对这一实际发展现状，"信用寿光"建设迫在眉睫。这也启示我们，农业现代化是否也应包括农产品终端销售方面的现代化？倘若如此，"寿光模式"同时也能体现为农贸服务领域的高科技化和数字化，乃至包括工业互联和金融服务联网在内的高科技化和数字化，这尤其需要信用应用一体化政府创新平台作为支撑。对此，赵晋平等学者也倡导，必须推动蔬菜产业、市场交易和政府服务模式的数字化转型："寿光依托企业、大学和科研机构积累形成的技术、标准和商业模式等成果，要通过产业孵化器方式，为寿光企业实现更多新技术升级和数字化转型创造有利条件。政府应当在促进人才聚集、增加企业研发投入、缓解新兴技术产品生产成本较高、机器代替人工后用电成本增长过快等压力方面给予更多的政策支持。通过推动技术创新和数字化转型来提升寿光特色产业在当地经济、山东经济乃至全国蔬菜经济中的竞争力，是寿光高质量发展的重中之重。"①

就此而言，"信用寿光"建设旨在打造寿光市政府"信用应用大脑"，构建寿光市信用应用一体化协同创新体系，推动人工智能和区块链技术在各行业领域的融合应用。不仅如此，"信用寿光"建设还包括建成"商务服务 + 金融服务"双重应用场景，探索金融与贸易结合的创新模式，完善寿光市社会信用体系，形成联合奖惩长效机制。有鉴于此，"信用寿光"建设在某种程度上或许可被视为"寿光模式"在新时代迈向第五阶段的前奏，同时为将寿光市打造成乡村振兴齐鲁样板提供另一种可能的发展模式。

---

① 赵晋平：《保持寿光特色，加速产业融合，以创新推动高质量发展》，《中国发展观察》2021 年第 11 期。

大数据协同防疫与网络蔬菜订购

——新时代寿光市委宣传部的工作方式分析

吕　超

　　在 2021 年 12 月到 2022 年 12 月的一年时间中，笔者接受了中国社会科学院哲学研究所领导的安排，赴山东省潍坊市寿光市委宣传部挂职，任宣传部副部长一职。宣传部是市委的大部门，不仅要做好自己的分内事，还要随时配合和协助其他部门，平时的工作量比较大，任务的种类比较多，而在疫情防控这一特殊时期，宣传部的工作和任务与之前相比，在内容和流程方面都发生了一些重大的变化，作出了一些重要的调整。本文根据笔者在寿光市委宣传部挂职期间的亲身经历和实地观察写成，试图忠实地记录下笔者所看到的疫情期间县级市委宣传部门的日常运转情况，并在这份记录的基础上提出一些粗浅的建议。

　　笔者在寿光市委宣传部的工作接替的是《哲学研究》编辑部张丽丽老师的工作，正式任职之前已经通过张丽丽老师的介绍，对本部门的运转情况有了一些初步的了解。然而，真正到了宣传部报到任职，才发现这里远比想象的忙碌得多。宣传部的工作包括新闻报道、意识形态宣传、舆情监督、文明卫生城市建设等诸多板块。同事每日下班时间平均在 19 点之后 22 点之前，周末全部门轮流值班，各分管领导必须以身作则。男同事经常连夜工作，睡在宣传部的宿舍里，他们加班或是为了赶写材料，或是为了整理文件，或是为了给即将开始的视察、采访、接待、调研工作做好充分的准备。

　　根据笔者在哲学所的研究方向、身体情况及个人喜好，宣传部的领导经过慎重的考虑，给笔者安排了协助分管新闻报道和文明卫生城市建设的工作。为了全面而充分地熟悉整个部门的运转情况，笔者在挂职的头几个月，以参加会议、讲座和学习班为主。经过了几个月的学习之后，笔者开始正式承担一些视察和调研的任务。根据笔者的亲身体验和亲眼观察，在 2021 年 12 月到 2022 年 12 月这一年的疫情防控时间内，寿光市委宣传部的工作重点主要包括以下几个方面，具备如下的一系列特点。

一、宣传部积极地参与进了疫情防控的工作之中

仅在 2021 年 12 月到 2022 年 3 月的 4 个月时间里，笔者个人就代表寿光市委宣传部参加了 5 场关于疫情防控的大型会议，它们分别是全国新冠肺炎疫情防控工作视频培训会议（2021 年 12 月 16 日）、寿光市新冠肺炎疫情防控工作会议（2021 年 12 月 22 日）、全省新冠肺炎疫情防控工作视频培训会（2021 年 12 月 24 日）、潍坊市疫情防控工作视频会议（2022 年 2 月 28 日）、潍坊市全市疫情防控工作视频会议（2022 年 3 月 2 日）。特别地，由于宣传部是市委的大部门，所以每次疫情防控会议笔者都必须到场，负责记录会议的主要内容和交托给宣传部的任务，并按照省市领导的要求，在会后向寿光市委宣传部的相关负责人作出详细的汇报，之后再到办公室整理材料进行备案。

从总体上看，山东省的疫情防控工作一直做得相当不错。而潍坊市尤其如此。在笔者挂职的一年里，潍坊从未暴发过大规模的新冠病毒感染。然而，由于寿光的特殊情况，寿光的疫情防控一直面临着两个严峻的问题。一是由于农村群众的个人防护意识不足，在乡镇的老年人口中疫苗接种比例较低，导致寿光的疫苗接种率在潍坊市排名非常靠后。根据 2022 年 12 月 22 日紧急会议上的通报，寿光的疫苗接种率甚至曾连续 5 天在潍坊的 8 个县市中排名倒数第一。二是由于寿光是全国最为重要和最大规模的蔬菜生产基地，同时工业生产也相当发达，所以每日入境和出境的货车数量巨大。这恰恰意味着，当青岛等周边大城市突然暴发疫情时，寿光的防控压力便会骤然之间变得极其巨大。①

---

① 比如，2022 年 2 月底，在青岛大规模暴发疫情后，仅根据 3 月 2 日举行的潍坊市全市疫情防控工作电话紧急会议，截止到 2 月 16 日，潍坊方面就摸排了 2998 名从青岛来的人员，排查力度之强、压力之重，可见一斑。来往两地的货车和客车司机，往往感染上了新冠病毒却无法确定具体的感染时间，潍坊市有 85 个站点需要重点监控，任务十分繁重。

尤其是在元旦和春节这两个假期、在人大会议和政协会议召开期间，以及3月各大工厂开始复工之时，寿光的防疫工作经受了好几次严峻的考验。寿光市委、市政府的领导小组、疾控中心和大数据中心曾多次联合召集各部门和各乡镇的干部举行了一系列的紧急会议。特别是为了遵照山东省和潍坊市的规定，按时按量地完成疫苗接种任务，镇、村、乡、社区各级的基层"一把手"，被要求亲自走访自己管辖地界内的每户群众，带领工作人员，以挨家挨户地敲门、接种点白天夜间不停歇、24小时轮班倒的方式，给每位应该接种的群众打好疫苗。而为了激励基层干部的工作积极性，寿光市委、市政府把疫苗接种的成效与所有领导干部的年底绩效分数紧密地捆绑在了一起。

寿光市委、市政府的所有部门，均被要求抽调大量人力协助防疫工作。具体到宣传部这里，我们承接的任务有如下几个方面。

一是利用电视、报纸、网络、自媒体及人群较为密集的公共场所的各大宣传板和平面海报，大力宣传出门要佩戴口罩和随时洗手消毒等重要的个人防护措施，并且引导大家明确地意识到积极参加核酸检测及打满三针疫苗（特别是第三针加强针）的极端重要性——根据上级的要求，2022年12月25之前，寿光本地所有符合条件的居民，都必须全部接种好第三针加强针。

二是宣传部需要与各个社区和乡镇紧密联网，在每个层级的负责干部之间都建立微信信息群，按照自己所分配的辖区24小时待命，时刻准备接受、传达、追踪和汇总疫情传播的最新情况和准确的感染及密接人数。[①]

三是宣传部需要从各个科室抽调人手，协助社区和乡镇挨家挨户核酸检测和注射疫苗的突击行动，用喇叭维持排队群众的秩序及保持一米间隔距离。

四是及时全面地通过各类信息平台，向公众通报疫情的最新传播情况，既要对成绩出色的团队进行大力表扬，也要对工作不力的团队进行如实批评。

总而言之，在全国放开封控管理之前，防疫不仅是寿光市委、市政府工作重点，也是宣传部的全年工作重点。宣传部为此投入了大量人力、物力和时间，新

---

① 疫情发展情况必须每隔半天就通报在微信群里，精简和缩短程序，复杂问题简单化，重点关注青岛等疫情严重地区来往的人员，同时随时保持网络平台报道的公开性、透明性和及时性。

闻科和网络科的同事们常常以 24 小时轮班倒的方式工作，以强大的毅力和敬业的精神出色地完成了自己的任务，对寿光的防疫工作贡献了重要的力量。

二、宣传部大力协助疫情期间恢复经济生产的工作

寿光是全国最重要的现代化蔬菜生产基地，而寿光蔬菜国际博览会则是当地每年最重要的盛事，对当地的经济有极为重要的促进作用。然而由于疫情的影响，2022 年的寿光蔬菜国际博览会不得不采取线上观展的方式。除能够亲临现场购货签单的大客户之外，大量中小客户都不得不通过网络进行订货。考虑到如上困难，为了保证疫情期间菜博会销售额不会受到太大的负面影响，对这次博览会的宣传工作自然成了重中之重。而这个任务，也自然主要落在了新闻科的肩上。

在 2022 年菜博会期间，寿光市委宣传部新闻科的同事们不仅提前在各大媒体和平台上为这次盛会做好了预热工作，更在展会召开期间联合国家级和省市级的众多报纸、电台、网媒，对菜博会进行了全面而细致的每日追踪报道。本次菜博会特别采取了线上虚拟现实（VR）视频观展的形式，首日举行的预制菜发布仪式格外引人注目，因为预制菜契合了当下年轻人快节奏生活的需求，在单身群体和年轻夫妇当中具有庞大的市场前景和销售预期。

由宣传部新闻科制作的视频和图片，在包括抖音、微博、小红书等 App 在内的媒体上均得到了大批量的传播和热烈的欢迎。此外，由热门网络主播开展的推荐和带货活动，比如文诚控股集团有限公司的直播间，就长期和宣传部合作推销寿光蔬菜，也获得了大量的关注度和一致的好评。总之从网络订单的统计数据来看，这次菜博会在销售额上取得了很好的成绩。

就笔者个人而言，笔者有幸和挂职团团长韩骁前往现场，考察了这次特殊时期举行的国际蔬菜博览会（2022 年 5 月 18 日）。两人在负责干部的介绍下参观了对外开放的各个大棚，系统地了解了各种优质特色蔬菜和观赏及药用花卉、无土栽培和营养液浇灌技术、全自动化农业机械种类及潍坊科技学院师生自行培育的蔬菜品种。

恢复经济生产的另一项重要内容就是保障和促进当地毕业生的就业。众所周知，三年疫情对各地就业形势的打击很大。作为对潍坊当地税收贡献最大的地区，寿光市委、市政府的领导班子提出，一方面要积极吸引、支持和维护企业的投资与招聘，另一方面要通过基层干部和学校领导，以落实到每个身边人的方式，帮助本年度当地毕业生联系到合适的企业或事业单位，帮助每个人找到切合其个人情况的工作。

这年，笔者代表宣传部参加的促经济、保就业的会议很多，比如全市优化营商环境工作推进会议（2021年12月20日）、寿光市人才工作者培训班（2022年2月25日）、潍坊市全市企业上市工作现场推进会议（2022年5月5日）、山东省全省稳就业暨高校毕业生就业创业工作电视电话会议（2022年5月19日）。

其中给笔者印象最深刻的活动，一个是在寿光市委党校举行的长达一天的人才招聘学习培训班，各个重要的企事业单位代表都在这次学习培训班上，向寿光当地各个部门的出席人汇报了自己单位过去取得的成绩、现在承接的业务及未来预期的招聘意向和招聘计划。另外一个是一系列定点帮助大学毕业生就业的小型会议。这些会议强调了各个区县和乡镇的基层干部定点帮扶的责任，特别是对包括潍坊科技学院在内的本地毕业生提供特殊的优惠政策，并以提高工资待遇、住房待遇、子女求学待遇等诸多优厚的条件，来吸引外地甚至外国的高精尖人才常驻寿光的计划。

具体到寿光市委宣传部，主要任务是广泛而翔实地搜集、刊发，并及时传播有用的招聘信息，在就业单位和高校毕业生之间积极地牵线搭桥，增加两方的双向选择机会，满足他们各自的核心需求。

恢复经济发展也离不开对安全生产的保障和推进。根据笔者在寿光市交通局等各个部门召开的一系列会议上所了解到的情况，在春季各个工业企业逐渐复工的这段时间里，各类生产事故发生得比以往更为频繁，交通事故和人员伤亡也比以往要大。为此，相关部门多次召开了关于安全生产和交通安全的会议，在会上分析了原因，总结了教训，并及时推出了以保障安全为目的的有效措施，这些会议包括关于春运和冬奥会期间交通运输工作的特别会议（2022年1月10日）、潍坊市滨海区415道路交通事故分析暨全市道路安全情况分析视频会议（2022

年 4 月 28 日）、山东省全省安全生产视频会议（2022 年 4 月 29 日）、全国自建房专项整治电视电话会议（2022 年 5 月 7 日）、潍坊市全市生态环境保护重点工作推进视频会议（2022 年 5 月 10 日）、山东省全省企业安全总监工作视频会议（2022 年 5 月 12 日）、全市道路安全工作会议（2022 年 5 月 13 日）、寿光市道路安全工作推进会议（2022 年 5 月 13 日）。

山东公路系统的建设和维护在全国都名列前茅，路面平坦宽阔，机动车密度远远低于北上广深等超大型城市。然而在寿光本地，很多小型交通工具——自行车、电动车、三轮车的车主的交通规则和安全意识不强，在十字路口和三岔路口经常发生车流混乱的情况，非常容易发生车辆碰撞和人员伤亡。因此，对群众的道路安全教育自然就成了宣传部特别需要投入精力来做好的工作。

根据交通局的分析，宣传部被要求完成以下几项工作：第一，向司机群体大力宣传驾驶员酒驾通报制度，未来再出现酒驾必将遭到重点曝光和严厉批评；第二，加强交通安全危险信息预警，注意运用生动的案例来警示和提醒群众，尤其是通过在固定时间段内播出的电视和广播栏目提升群众的交通安全意识；第三，对涉及交通事故的舆情保持高度的敏感性，及时有效地检测、管理、引导、报告和处理突然暴发的舆情。

三、宣传部积极地参与协助保护民众生命安全、促进民生福祉、增强官民互动等项目

山东每年夏季都会面临水灾和旱灾的威胁，因此每年的防洪、防旱、防溺水工作，就成了这个时期的政府关注重点。寿光市在前两年曾经发生过大规模水灾，弥河水泛滥成灾，淹没了周边的道路，破坏了低矮的房屋，对人民群众的生命安全和经济财产造成了严重的危害。

为了预防灾情再次发生，2022 年山东省和潍坊市领导在 6 月初举行了一系列防汛、抗旱、防溺水的大型会议。笔者代表宣传部参加的比较重要的会议有：寿光市防汛抗旱指挥部办公室组织集体观看的山东省防汛抗旱工作视频会议和潍坊市防汛抗旱工作视频会议（2022 年 5 月 23 日）。

会上各级领导强调暑假期间对有中小学生的家庭一定要做好防溺水的宣传工作，防止孩子们在未做严格防护的情况下独自接近河流、湖泊、池塘等水位增高的区域，防止他们因失足溺水而造成生命危险。而这项工作自然主要落在了宣传部和教体局两个相关部门上，两个部门相互协作，通过电台、报纸、网络、自媒体及公共场所的广告牌和醒目的标语来提醒未成年人及其家长。

在促进民生方面，寿光市委市政府与相关的大型互联网企业合作，制作了全新版的《寿光民生　e 心为民》便民软件。笔者曾经有幸代表宣传部和其他部门的三位领导一起参加了《寿光民生　e 心为民》寿光民生 2.0 App 上线启动仪式暨新闻发布会（2022 年 5 月 20 日）。另外，寿光每年还大力资助白血病患者和残疾儿童，政府财政为他们发放大量的捐款，鼓励他们勇敢乐观地和病患作斗争。在笔者参加的"关爱白血病"活动救助金发放仪式（2022 年 1 月 7 日）上，副市长亲自向病人代表及他们的家属授予了捐款。对此项工作的后续跟踪报道，则由宣传部和各大媒体的记者们一起协作完成。

除了保障民生，在官民互动、加强情感连接方面，宣传部也积极地参与了寿光市委市政府与各个社区乡镇合作的共筑共建活动。其中宣传部承担的是与弥水社区的日常合作，负责为弥水社区组织各种意识形态宣讲和文艺演出活动。笔者曾受宣传部领导委托，参加了"共驻共建阳光述评会"，当场宣读了《寿光市委宣传部与弥水社区共驻共建 2021 年工作报告》，同时深入了解了其他部门共筑共建的开展情况，参与了由各个社区组织的评比、打分和年度颁奖仪式（2022 年 1 月 11 日）。

四、文明卫生城市建设一直是宣传部工作的重点

文明卫生城市的建设工作和每年的视察评奖，一直是各个地区宣传部门的工作重点。潍坊市在山东省表现非常出色，而寿光市则一直在潍坊市八个区县名列第一，多次得到上级领导的点名表彰。这项工作不仅要积极地组织市民举行各种文化艺术活动（尤其是在各大传统节日期间），要长期定时地检查市容市貌和各大公共区域及商业场所的秩序及运营状况，还要发扬本地的传统文化特色，举办

各种讲座和学习活动。

寿光市承接了山东省宣传中华优秀传统文化和传承传统美德的任务，广泛深入各个城区、乡镇和村落当中，在网络平台上和中小学校内，定期开展了中华传统美德和儒家经典著作的普及性讲座。其中比较重要的活动有由各部门的退休领导和各学校的退休教授主讲的"廉洁家风进万家"主题系列讲座、在大型微信群"寿光好家风空中讲堂"① 上组织的"新时代的君子之道""学习中华优秀传统文化——推进家庭家教家风建设""倡导新时代美德健康生活方式大讲堂"等系列性的视频讲座。

其中宣传部和新时代文明实践服务中心承担了很大一部分工作，而市委、市政府各个部门的微信公众号，也对这些活动定期进行了深入的报道，通过各种手段吸引更多的群众参与进来。笔者曾和挂职团副团长王幸华有幸参加了寿光市财政局主办的传统文化讲座系列当中的"共建美好家风"专场，并介绍了自己的研究领域（西方哲学史和现代伦理学）的主要内容（2021 年 12 月 25 日）。

此外，文明卫生城市建设还包括号召和组织各部门的干部，深入街道和乡镇的基层当中去清洁环境、发放宣传材料，在雨雪天气过后清理路面。宣传部既投入了大量人力物力来做这些事，还有专门的负责同志定期进行全城巡回检查、评估不同团队的劳动成果、全面迎接省市领导的考察。再有，对市容市貌的建设还要检查商业场所的营业状况是否合规。笔者曾有幸和从基层抽调来的同事，一起视察了各市区移动营业厅的布置和装修情况，重点查看它们是否在指定的显眼位置悬挂了营业执照、播放或展示了公益广告、出示了行业规则以供顾客参考等。

据这两位同事介绍，早在笔者来挂职之前，她们两人已经多次来到每个营业厅检查。其中有些商家非常有自觉性，仅仅提醒一次就认真进行了改进。但也有一些商家则对宣传部的巡查不太上心，必须经过多次的提醒甚至警告，才会着手整理店面，使其完全规范化。后一种情况无疑加重了宣传部同事的工作量和工作强度，需要很多耐心和沟通技巧，方能顺利地解决营业规范的问题。

---

① 寿光好家风空中讲堂，由寿光市新时代文明实践服务中心的领导老师组织和主持，每天定时上传新闻或学术材料供大家学习；同时，每周定时播出关于新时代的君子之道、寿光传说之故事轶文、家教家风、专家解读教育相关法律系列等有益的专题栏目。

五、宣传部在意识形态领域深入研究、广泛宣传、正确引导、积极教育和严密监督

意识形态领域的工作在任何时候都是宣传部要承担的最核心、最本职的工作。宣传部设置有专门的意识形态科，意识形态科的同事负责撰写各类理论文章和社会评论，也有网络运营的工作人员，负责监督和净化网上各种关于寿光本地的虚假、不良及有害信息。此外，宣传部还有定期定时派往各大企业和事业单位、学校和研究机构的检查小组，目的是实地考察这些机构成员的意识形态与个人思想近况。

笔者曾随宣传部意识形态方面的分管领导和教体局的同事，一起到寿光市职业教育中心学校和寿光市渤海实验学校，进行校园意识形态专项督查工作。这项工作的重点是关于"思政课程"和"课程思政"开展情况的实地调查。

需要指出的是，"思政课程"是一门以培养学生正确的意识形态为目标的专门的课程。与此不同的是，"课程思政"则是要求老师们将意识形态教育深入地融入各门具体学科的授课当中，让学生们在日常学习中潜移默化地建立起正确的意识形态。具体地说，在一次下基层考察活动当中，笔者首先宣读了由寿光市委宣传部交付的、省市领导所批示的关于"思政课程"和"课程思政"的指导文件——《意识形态工作专项检查见面会的讲话》，并且在会议上当场听取了两所学校的校长和书记关于本校对上述工作执行情况的总体汇报。

随后，笔者又和宣传部意识形态科的前辈同事一起，对两所学校的校领导、分管主任、年级负责人、班主任、各科的任教老师，还有从学生当中随即抽取的代表，进行了一对一的深入问询和谈话，听取了他们所观察到的"思政课程"和"课程思政"的执行情况，同时了解了疫情期间这项工作的开展所面临的具体困难和可能的解决办法[①]。

---

① 此处需要特别指出的是，疫情期间这两所寄宿制学校的外地住校生，因为无法经常性地回家，情绪波动较大，心理问题较多，对上述区别待遇也数次表达了不满和不安。于是年级组长和班主任老师必须抽出更多的精力和时间关注和安抚学生的精神，帮助他们解决各种困难，满足他们疫情期间的各项需求。总之，教职员工远比平时更为辛苦和劳累。

另外，鉴于党的二十大的召开，2022 年是一个极其重要的政治大年。各种不利于政治稳定的不安定因素——无论这些因素是已经出现在现实生活当中，还是仅仅出现在信息平台之上，都需要宣传部网络科去配合大数据中心，实时地进行监控并作出妥善的处理。在短短一年的挂职时间内，笔者就参加了数次关于信访接待、群众情绪及网络安全保障的会议。这些会议中比较重要的有寿光市信访业务培训班（2022 年 4 月 24 日）、寿光市公安局关于信访工作的会议（2022 年 4 月 29 日）、平安寿光建设领导小组公共安全全体成员会议（2022 年 5 月 13 日）、潍坊市委宣传部关于全市思想政治工作的培训会议（2022 年 5 月 13 日）、寿光市网络安全培训会议（2022 年 6 月 10 日）。宣传部被要求抽调相关的负责同志，和其他部门合作参与具体的任务。同时由于涉及机密信息，同事们还被要求时刻注意遵守保密条例。

总而言之，以上五个方面的工作，就是笔者在寿光市委宣传部挂职的一年期间里，所了解到的本部门在疫情期间的日常任务。就笔者的初步观察和体验来说，疫情期间宣传部的工作远比平日更为繁忙，增加了很多额外的工作量，原因在于要协助其他部门开展疫情防控和恢复经济生产的硬性需求。此外，疫情期间各种突发的安全问题频发，更需要宣传部投入大量人手和精力来协助处理。于是一天 24 小时轮岗，值夜班待在办公室的人数也要远远多于疫情之前。

然而，即使是在这种巨大的压力之下，宣传部的同事们仍然全体一致地保持着高度工作积极性，对于处理各种信息、撰写各种材料、安置各种文件、迎接上级领导视察和定时安排下基层调研①等工作都开展得有条不紊、保质保量完成。从宣传部的这些前辈身上，笔者实实在在地学到了很多东西，并一直为他们的敬业精神所感动，同时也常常为自己因为能力有限而无法实质性地帮助他们分担重负而感到万分惭愧。但无论如何，这次挂职对笔者来说是一段非常宝贵的人生经

---

① 比如，在接受了寿光农业农村委员会办公室负责召开的巩固脱贫攻坚成果后评估工作档案材料调度会之后，宣传部被要求于 2 天内收集好本部门在 2021 年度巩固脱贫攻坚成果工作中的贡献，由此就必须完整地收集市级以上报纸、电台、网络、媒体上发布的所有相关新闻，全部打印或复印出来，整理好放入文件夹，并以工作总结的形式，详细地列出一张成绩清单，迎接潍坊市和山东省政府的检查。上述所有工作必须在 48 小时内完成，宣传部为此抽调了好几名男同志，连夜加班才按时完成。

历，从中懂得了哲学不应当只是抽象空洞、高高在上的精英学问，而应当基于现实和关注现实，要在做好自己研究的同时亲身体会基层干部和群众在工作和生活中方方面面的辛劳与不易。只有具备了为人民群众服务这一目标的哲学，才是一门真正值得尊重的学问。在此，笔者为能够在寿光挂职一年而感到万分欣慰与荣幸。

第四编

产业经济

新发展阶段寿光蔬菜产业
战略路向研究

张　琳

　　新发展阶段为寿光蔬菜产业提供了新机遇，同时提出了新要求，需要"中国蔬菜之乡"加强战略路径明晰及创新以实现服务"两个大局"和更高质量发展。首先，我国已全面建成小康社会，经济社会发展进入全面建设社会主义现代化国家，向第二个百年奋斗目标迈进阶段。寿光蔬菜产业应适应全面推进乡村振兴的"三农"工作转换节奏，以蔬菜产业为关键抓手，拓展蔬菜产业链、价值链，推进实现寿光农业强、农村美、农民富。其次，新发展阶段要求必须坚定不移贯彻新发展理念，寿光应加大蔬菜科技、政策的创新和应用，推动寿光蔬菜产业绿色高质量发展。再次，新发展阶段的新发展格局下，寿光蔬菜应推进实现现代化升级，提升产业竞争力。充分利用"两种资源、两个市场"，以适应加快构建以国内大循环为主体、国内国际双循环相互促进的新发展格局。最后，新发展阶段居民消费不断升级，寿光蔬菜应以质量安全、产业融合发展为重点，以满足人民日益增长的美好生活需要。为此，结合在寿光市挂职期间的所见所闻所思和相关文献研究，本文尝试剖析新发展阶段寿光蔬菜产业的相关战略性问题，具体包括寿光蔬菜产业成效、寿光蔬菜产业的压力与挑战、新发展阶段下寿光蔬菜产业的战略路径等三方面内容。

一、寿光蔬菜产业的重要地位及成效

（一）以蔬菜为核心产业的乡村振兴"寿光模式"

　　蔬菜作为寿光市的城市名片，已成为区域发展，特别是乡村振兴、产业兴旺、吸纳就业、富民增收的支柱产业,[①] 成就了以蔬菜为核心的"寿光模式",这集中体现在全国最大蔬菜生产基地、全国最大蔬菜交易市场、全国范围的"开花结果"等三方面。

1. 全国最大的蔬菜生产基地

20世纪80年代末,寿光就在三元朱村探索了通过冬暖大棚调节蔬菜上市时间的实践,成为我国冬暖大棚发源地。之后大范围推广应用瓜果蔬菜冬暖大棚生产,至1995年,全市瓜菜大棚已发展到15万亩、20万个,成为北方最大的喜温性瓜菜深冬上市产销基地。经过数十年的实践,寿光市成功探索出三种类型的冬暖大棚(见表1),蔬菜生产能力明显增强。至2019年,寿光市种植蔬菜面积达60余万亩,产量达450余万吨,种苗繁育能力达17亿株/年。

表1 寿光市冬暖大棚类型[②]

寿光市冬暖大棚模式	特点/优势
第一类	三面土墙,水泥立柱,铁丝、竹竿棚架,无滴膜盖棚,竹竿铁丝穿孔压膜
第二类	三面土墙,水泥立柱,鸭蛋竹棚架,无滴膜盖棚,压膜线压膜,棚膜无穿孔,不透风漏气。保温性能好
第三类	能配套安装自动化卷帘机,墙体坚固,可承受卷帘机的压力和拉力,还可与滴灌、无土栽培相配套,利于进行蔬菜的工厂化和现代化生产

2. 全国最大的蔬菜交易市场

寿光市在蔬菜生产基础上,以蔬菜批发市场为中心,积极建设发展蔬菜流通交易体系,包括完善的交易主体设施及规范,先进的蔬菜交易结算体系和完备的分拣、加工、包装、运输等辅助性配套,吸引了全国各地的蔬菜产品及交易主体,服务范围南至海南、北至内蒙古、西至甘肃等,成为南菜北运、北菜南调的集散地[③]。此外,寿光蔬菜是首都、粤港澳大湾区"菜篮子"的重要甚至主要来源。

---

① 常兴华:《创新提升"寿光模式"》,《中国发展观察》2021年第11期。

② 《寿光年鉴(1991—1995)》,寿光市人民政府网,https://www.shouguang.gov.cn/sq/sgnj/sgnj1/sqgk/201309/t20130902_46580.html。

③ 刘涛:《打造"两个中心",做好"蔬菜文章"》,《中国发展观察》2021年第11期。

3. "寿光模式"在全国范围"开花结果"

2018 年，习近平总书记两次肯定农业农村改革发展的"诸城模式""潍坊模式""寿光模式"。其中，"寿光模式"也是农业生产现代化的典型代表，推动了"寿光模式"从侧重于输出产品、输出人才、输出技术，向输出标准、输出机制、输出体系方向转型升级，并取得了丰硕成果。"寿光模式"已在 26 个省份落地开花，全国新建蔬菜大棚中的一半以上均有"寿光元素"。[①] 由此可见，近年来在推动"寿光模式"再谋新跨越，推进更多寿光经验走出山东、走向全国、走向世界方面取得了显著的成效，为省内外、国内外的食物供给、菜篮子的丰富等作出了广泛和巨大的贡献。

（二）寿光蔬菜产业格局的新探索

近年来，寿光市根据蔬菜产业发展形势，积极尝试通过"标准化、品牌化、科技化、智慧化"等措施推动产业转型升级。[②]

1. 蔬菜产业标准化

一是制定和实施蔬菜行业标准。以全国蔬菜质量标准中心为依托，2019 年共启动 110 余项蔬菜的国标、行标和地标的研制，编制 37 种蔬菜的 54 项生产技术规范和流程，为蔬菜产业发展提供规范、规则，更好地推进了市场监管、产业化生产、流通交易等。[③] 二是积极推进设施标准化改造。2019 年通过两项日光温室大棚全产业链管理技术行标。大棚"两改"面积达到 10.3 万亩，新建改建大棚 1.6 万多个。

2. 蔬菜产业品牌化

近年来，寿光市通过"走出去、引进来"，尝试推进蔬菜产业品牌化和提升寿光蔬菜影响力、知名度。一是积极参加国内外相关展览展会、品牌宣传相关活动。二是持续开展以国际蔬菜博览会为重点的品牌活动，参与"三品一标"和

---

① 常兴华：《创新提升"寿光模式"》，《中国发展观察》2021 年第 11 期。

② 高珏晓、刘天英：《寿光蔬菜"五化"发展之路——寿光市蔬菜产业发展调研》，《中国蔬菜》2020 年第 2 期。

③ 丁发强、刘建芳、桂承德等：《寿光市蔬菜质量安全监管措施与成效》，《中国蔬菜》2018 年第 11 期。

优势农产品区域等有关认定和评选。中国（寿光）设施蔬菜品种展连续举办9届，每年展示蔬菜新品种3000多个。三是加大广告投放及寿光蔬菜品牌宣传，比如在北京南站（见图1）、列车等人员流动性密集场所，设置"寿光蔬菜"广告牌，提升区域公共品牌影响力。

图1　北京南站"蔬菜之乡·寿光蔬菜"广告牌

3. 蔬菜产业科技化

一是现代农业技术示范推广。寿光市正着力打造占地3000亩的现代农业高新技术集成示范区。目前，一期工程已完工，二期进入施工设计阶段。二是解决蔬菜"芯片"问题。突出科技创新引领，打造"蔬菜种业之都"。引入蔬菜种业跨国公司获得先进技术、理念等，[①] 同时加强自主创新，研发自主知识产权蔬菜新品种52个；发展省级以上育种研发中心6家。三是绿色科技技术。截至2021年，全市土壤改良面积累计达28万亩，推广水肥一体化20万余亩，秸秆资源化利用量达20多万吨。

4. 蔬菜产业智慧化

近年来，寿光突出产业结构调整，打造设施农业典范，同时以可持续发展

---

① 范立国、都明霞、黄向丽等：《寿光蔬菜（三）寿光市蔬菜种业现状与发展趋势》，《中国蔬菜》2018年第10期。

为方向，积极推进"互联网＋蔬菜"，打造绿色农业样板、智慧农业高地。开发中国寿光视频云校，智能管控 1.6 万个大棚。为适应疫情防控，积极推进包括蔬菜在内的农产品线上线下融合，与阿里、京东、拼多多、字节跳动等深度合作，首次以线上形式举办了第 21 届菜博会和 2020 年种博会，媒体总传播量达 6 亿人次，完成交易额 6 亿多元。2021 年，寿光市蔬菜实现线上销售近 30亿元。

二、新发展阶段下寿光蔬菜产业的压力及挑战

（一）寿光蔬菜产业融合度不高

经过数十年的发展，寿光蔬菜为区域经济发展、富民增收作出了巨大贡献。但毋庸讳言，寿光蔬菜一二三产融合发展水平有限，产业链须拓展，菜农高水平持续增收潜力有限。

1. 寿光蔬菜第一产业过大第二产业过小

寿光蔬菜产业主要围绕种植、交易或批发市场流通两大环节，产品形态以初级产品为主，加工、深加工等高附加值产品所占份额极小，[1] 仅有果蔬脆这一产品类型，缺乏消费群体广、市场潜力大的蔬菜产品的研发与推广。围绕种植、交易的相关产业，如种苗、肥料、农药、临储、冷库、交易、运输及物流体系等比较完备，但其投资大、价值链低、增值小，加上种植环节与前端的物资生产购销、后端的交易流通等纵向一体化联结不足，为蔬菜产业特别是菜农增收的贡献较小（寿光蔬菜北京市场价格普遍为菜农田头销售价格 3~5 倍，扣除成本，菜农的利润占总的利润的比重非常小）。

2. 高附加值的休闲观光产业有待开发拓展

寿光市中国国际蔬菜博览会的成功值得肯定。但在立足生产主体、带农富农显著和附加值高、产业链高端的休闲观光农业方面，成功案例较少。在社会主要矛盾已转化为人民日益增长的美好生活需要与不平衡不充分的发展之间的矛盾这

---

[1]　王彩娜：《寿光菜价高点已经过去》，《中国经济时报》2021 年 11 月 4 日。

一大背景下，如何通过蔬菜产业链延伸拓展和一二三产融合发展，从而既满足居民显著增长的休闲游憩需要，又促进以蔬菜种植为主的菜农收入的持续增加，无疑是值得探索的长期性战略性问题。

（二）寿光蔬菜绿色能力保障问题

蔬菜种植的耕地及土壤超负荷，寿光市可以发展蔬菜大棚的土地资源潜力有限。[①] 长期的化学品投入使得寿光蔬菜大棚或设施农业的耕地出现了不同程度的土壤肥力下降问题，甚至一度出现"化学品投入—有机质含量下降、土壤板结、肥力下降、病害防治难—增加化学品投入"的恶性循环。随着近年来的水肥一体化、环保酵素替代化肥、绿色防控技术、夏季休耕等措施的积极推进，这一问题有所缓解，但新发展阶段如何构建长效机制以破解耕地超负荷难题，仍需探索研究。

（三）寿光蔬菜产业品牌瓶颈

1. 品牌效应未充分发挥

寿光蔬菜区域品牌取得了毋庸置疑的地位，知名度、影响力较高。但产品品牌、企业品牌并不响亮，在信息化、消费个性化、高值化发展阶段，难以获得品牌溢价。一方面，寿光蔬菜众多，没有"章丘大葱""昌邑大姜""金乡大蒜"的拳头产品品牌。另一方面，与畜牧水产相比，受制于蔬菜消费的"新鲜、完整"属性，包括寿光在内的蔬菜产业缺乏龙头企业、知名度高的品牌企业。即使是在具有较高占有率的北京市场，寿光蔬菜也多被贴成"产地：潍坊地区"，也没有企业主导的高端菜品。

2. 寿光蔬菜面临严峻的同质竞争

一方面，山东省内"沂蒙生态""聊胜一筹"等具有鲜明特色的蔬菜区域公用品牌崛起，将对寿光蔬菜市场和消费者形成一定冲击与替代。另一方面，近年来全

---

① 李敬东：《基于"寿光模式"的设施蔬菜产业高质量发展路径探析》，《中国国情国力》2021 年第 10 期。

国许多地方都在发展蔬菜大棚，"寿光模式"也广泛开花结果，这是寿光的贡献，但一定程度上也是竞争对手的培植，寿光蔬菜产业如何开展差异化的策略，在巩固原有市场、渠道优势的基础上如何进一步获得新的竞争优势值得思考。

三、新发展阶段寿光蔬菜产业的战略思考

根据新发展阶段全面推进乡村振兴、全面贯彻新发展理念、构建新发展格局等目标和任务，结合寿光市蔬菜产业发展现状与面临的挑战，拟从三方面提出新发展阶段寿光蔬菜产业发展的初步战略建议。

（一）加强蔬菜产业三大体系建设，助力寿光全面推进乡村振兴

考虑到蔬菜产业在寿光市特别是乡村振兴中的重要地位，针对产业融合度低、组织化程度低、产业化水平不高等问题，寿光市应加强寿光蔬菜的产业、组织、经营三大体系建设，以全面推进区域乡村振兴。

1. 以增加第二、第三产业比重为方向，构建现代化的蔬菜产业体系，促进蔬菜一二三产融合发展

一是以适应居民消费便捷化、高品质特征和趋势为方向，开发简便化、绿色化蔬菜产品；促进传统蔬菜流通渠道与新零售、网络化的有机融合。二是依托已有相关资源，设计、推介和打造与蔬菜产业紧密结合的吃、住、娱、游、教、文的旅游精品路线，如双王城巨淀湖、中国（寿光）国际蔬菜科技博览会、三元朱村现代乡村振兴示范点、寿光金投田柳现代农业产业示范园区等。选择具有发展基础的乡镇或典型村（寿光的蔬菜专业村较多），试点推进共同富裕建设，供观摩学习与借鉴。① 三是充分挖掘和利用寿光市已有文旅资源以及荣誉称号（如"全国文明城市""国家生态园林城市""国家卫生城市""国家环保模范城市"等），结合蔬菜产业发展，评选一批名特优的民宿、采摘园等，进行重点打造和

---

① 周娇、王慧：《蔬菜专业村的演化及影响因素研究——以寿光市为例》，《经济研究导刊》2019年第18期。

培育，促进蔬菜产业链拓展。

2. 以蔬菜现代物质技术装备为重点，通过设施化、机械化、绿色化、数字化，推进寿光蔬菜生产体系现代化

一是加强寿光蔬菜产业设施化建设，持续推进蔬菜大棚"两改"工作，切实改善蔬菜生产条件。二是推进蔬菜产业机械化，研发推广实用高效农机，重点开展茄果类蔬菜的分拣、初加工、包装的机械化水平。三是推进寿光蔬菜产业绿色化，积极开展种养生态循环、水肥一体、环保酵素和有机肥替代化肥、农药减量等工作。四是推进寿光蔬菜产业数字化，手机通信为代表的信息化可以提升寿光蔬菜的投入产出效率。[①] 通过信息、互联网、线上销售等手段运用，开展现代智慧蔬菜产业示范区建设，打造寿光蔬菜智慧产业样板。

3. 以培育壮大蔬菜产业新型经营主体为重点，包括家庭农场、蔬菜专业合作社、社会化服务组织、龙头企业等，加快寿光蔬菜产业经营体系现代化

一是加大蔬菜规模经营者、大户、新农人的财税金融政策支持，推动寿光蔬菜相关的家庭农场高质量发展，提高区域蔬菜产业规模经营效益。二是以蔬菜中间投入购买、采摘后的分拣、初加工和销售等为关键环节，支持经营主体横向联合，形成具有市场预判、议价谈判、规模效应的蔬菜专业合作社。三是以服务蔬菜生产经营主体，特别是散小菜农为主，大力培育种子、育苗、农药、化肥购买和委托经营管理、代销等专业化社会化服务组织，甚至是经纪人。四是持续培育和做大做强蔬菜产业龙头企业，积极鼓励通过"企业＋基地"要素入股"企业＋菜农"等多种合作形式，创新和完善联农带农机制，同时实现产业链、价值链的拓展及提升。

（二）深入贯彻新发展理念，提升寿光蔬菜产业综合竞争力

1. 寿光应多措并举，提升蔬菜产业可持续发展

一是在发展理念上，寿光市蔬菜产业应深入贯彻新发展理念，可以通过绿色

---

① 闫迪、郑少锋：《现代通讯技术使用对农户要素投入的影响——基于山东省寿光蔬菜种植户的分析》，《西北农林科技大学学报》（社会科学版）2021 年第 3 期。

产业集群实现经济与效益的双赢,[①] 甚至从追求数量产量转向质量效益,包括面积、产量的增长要有所控制,重点在于优化和提升现有蔬菜种植规模及产品质量,通过质量安全提升、品牌培育、产业融合发展等多种途径,探索推广"减产增值"的高效发展路径。二是在科技研发、政策机制创新与行动上,应从增产方向转向减肥、减药方向,以及降低种植密度、种植频次和实施测土配方、化肥替代、病害绿色防控、种养结合等,提升蔬菜种植过程中的管控科学性,确保寿光市蔬菜种植生态环境承载力的恢复和不下降。三是蔬菜产业产地垃圾处理应重点针对蔬菜产中、采摘、初加工、包装及种植业废物垃圾等,采取集中无废化处理和资源化利用方式,降低不必要的污染,助力坚决打赢人居环境整治攻坚战、建设宜居宜业的乡村。四是寿光蔬菜产业应以节能减排为方向,推进智能化、信息化、"互联网＋蔬菜"建设,提升精准管控水平和能源、水肥、机械、劳动力利用效率,促进寿光市蔬菜产业节能减排。

2. 发挥区域优势和蔬菜产业竞争力优势,充分运用"两个市场"

一是蔬菜是除水产品外我国唯一具有竞争力和保持顺差的农产品,寿光蔬菜在我国蔬菜出口中占据竞争力、区域的综合优势,在世界百年未有之大变局下,寿光应坚持开放创新共享,综合施策以提升蔬菜产业竞争力,持续充分发挥和应用蔬菜产业优势,以带动区域经济特别是蔬菜产业发展。二是充分发挥比邻日韩朝鲜的区位优势,特别是随着粤港澳大湾区深入推进、《区域全面经济伙伴关系协定》(RCEP)生效和依托"一带一路"倡议等,在巩固传统优势市场的基础上,积极加强拓展对我国港、澳和东盟10国、澳大利亚、新西兰及印度、非洲、欧盟等区域(国家)的蔬菜出口。同时,鼓励本土蔬菜企业通过并购、投资、合资等方式实现走出去。

(三)瞄准蔬菜产业卡点堵点,助力构建新发展格局

寿光蔬菜产业在国内特别是超大城市占有重要市场份额,但进一步的升级和

---

① 杨阳、李二玲:《绿色农业产业集群形成机理的理论框架及实证分析——以山东寿光蔬菜产业集群为例》,《资源科学》2021年第1期。

高质量发展仍面临着一系列关键问题和痛点堵点的挑战，对此，应以新发展阶段构建新发展格局为契机，开展寿光蔬菜种业、品牌提升等工作，以助力实现寿光蔬菜的"双循环"。

1. 以打造我国蔬菜种业中心为目标，夯实寿光蔬菜产业的"芯片"基础

一是以"打赢种业翻身仗"为契机，加大蔬菜种业普查、保存工作，在此基础上，选取潜力大、市场广、亟待更新的品种，充分利用潍坊科技学院、中国农业科学院蔬菜所等科研力量，开展蔬菜种业科研创新及推广的集中攻关。二是加强蔬菜种子种苗执法监管。加强蔬菜种子种苗质量把控、种子生产经营许可证办理、种子备案、台账、考核评分、生产经营监管及种子种苗分级分类监管。严格落实好种子种苗的日常监管工作，以最严格的监管、最严谨的标准规范寿光蔬菜种业市场，以最严厉的处罚打击制假售假种子种苗违法违规生产经营行为。要求种子种苗生产经营单位务必要提高法律意识和责任意识，切实保障蔬菜用种、用苗质量安全，彻底净化种业市场，推动寿光市蔬菜种业高质量发展。

2. 以质量安全为基础，进一步提升寿光蔬菜品牌和影响力，切实满足国内居民消费升级需求

一是强化执法监管，提升蔬菜质量安全水平。民以食为天，食以安为先。作为我国最大的蔬菜交易中心、首都"菜篮子"重要保障，寿光蔬菜产业对首都乃至全国许多地方的居民合理消费需求满足、食品安全保障具有重要意义。新发展阶段，寿光应以满足居民消费质量安全为方向，通过蔬菜全产业链条的执法监管，提升蔬菜质量安全水平。二是加快蔬菜产业标准研制和应用。依托全国蔬菜质量安全中心，联合中国农业大学、中国农业科学院蔬菜所等单位，科学研制适应于寿光当地蔬菜产品急需的标准，为引领蔬菜产业规范化、标准化生产提供准则依据。三是持续推进"三品一标"认证。以蔬菜无公害、绿色、有机和地理标志产品认证为抓手，促进寿光蔬菜产地的安全化和高质量。四是加大寿光蔬菜品牌的宣传力度。针对寿光蔬菜的企业品牌相对较弱等问题，应结合经营体系现代化，加大支持龙头企业的培育和品牌打造，具体可以支持有意向、符合标准的生产主体，申报"三品一标"和参与全国性相关活动等。

健康视角下的盐文化产业研究初探

——以山东省寿光市为例

米 媛

2016 年，国务院发布《"健康中国 2030"规划纲要》，提出大力发展健康产业，在其合理膳食部分还特别提到盐摄入量的问题。无盐不成味，盐作为百味之首，是日常不可或缺的生活调味品，也是一味常用的中药材，从古至今发挥了十分重要的健康保健作用，如消炎杀菌、炮制某些中药，以及热敷等。但是由于现代科技的发展，一些传统的文化和中医药部分被淡忘，现代生活中盐的保健价值也被大部分人忽视。对中医药理论体系中盐文化相关健康产品进行挖掘和开发，可以使消费者得到价廉有效的健康产品，也有利于消费者的健康和国家健康产业的发展。

梁代名医陶弘景说："五味之本，为此不可缺。"制盐业在我国有着悠久的历史，《寿光县志》记载，至周朝初年，"齐太公以地负海，始通渔盐之利"，《寿光历史人物》一书中，也有夙沙氏煮海为盐的传说。2012 年 5 月，根据《寿光海盐生产起源与发展》研究成果，认定了夙沙氏在寿光市周边沿海煮海为盐的史实，确定了寿光是世界海盐生产的发祥地，中国盐业协会也正式命名寿光为"中国海盐之都"。

本文试以健康为视角，以河图洛书及中医相关理论为工具，在天人合一的理论框架下探究盐与人体健康的关系，并以寿光为例，探讨寿光盐文化产业的独特价值。

一、中医体系中盐的药用价值探源

（一）天纪：河图洛书的"天人合一"思想与盐文化

河图洛书是中医的理论基础，也是中华五千年"天人合一"思想的理论渊薮。明代科学家宋应星在《天工开物·作咸第五卷》说:"口之于味也,辛酸甘苦经年绝一无恙,独食盐,禁戒旬日,则缚鸡胜匹,倦怠恹然,岂非天一生水,而此味为生人生气之源哉?"也就是说,古代中医四气五味体系中,"酸苦甘辛咸"为五味,其中的"辛酸甘苦"之味,即使长期缺食也对人体的损害有限,但是咸味只要10天左右不进食,便会倦怠无力,缚鸡捉鸭都很困难,长久下去会精神萎靡。所以,宋应星才有"岂非天一生水,而此味为生人生气之源哉"之惊叹,称它为人的生气之源。

这里讲的"天一生水",出自河图洛书。河图洛书是华夏文明的源头,也是中国古老智慧对人类文明的杰出贡献。《系辞传》曰:"河出图,洛出书,圣人则之。"又曰:"天一、地二、天三、地四、天五、地六、天七、地八、天九、地十。天数五,地数五,五位相得而各有合。天数二十有五,地数三十,凡天地之数五十有五,此所以成变化而行鬼神也。"此为河图。洛书盖取龟象,故其数戴九履一,左三右七,二四为肩,六八为足。古籍中常见的河图洛书是一个二维平面图,而实际上却是一个立体结构,河图洛书表达宇宙运转的生生不息,再配以天干地支,形成古代阴阳五行运算体系。比如,丙火对应的数字是7,丁火对应的数字是2,那么对丙火和丁火对应的数字开平方,7开平方等于2.646,2开平方等于1.414,2.646/1.414等于1.871,也就是说,火星绕太阳循行一周的时间约等于1.87个地球年,这和现代天文学观测结果火星绕太阳一周的时间1.88年非常接近。其他如甲木对应的数字3,乙木对应的数字8,戊土对应数字5,己土对应数字10,庚金对应的数字是9,辛金对应数字4,壬水对应数字1,癸水对应数字6。阴阳五行体系在古代本身并不是哲学,严格来说属于天文学和数学的融合,阴阳五行起初并没有被赋予哲学意义,而是为了运算和度量,譬如古代中医方剂中对应的药物的量的设置皆源于此。也就是说,天人合一的阴阳五行学说,有其本身设定的运算和度量方法,古代中医药体系药物的升降浮沉四气五味都有其一定的度量规则,中药方剂中药物的量也都基于河图洛书的阴阳五行的度量体系。

《黄帝内经·灵枢·岁露论》中说:"人与天地相参也,与日月相应也。"天人相参的基本内涵是人为天地之气所化生,人的生命过程也与天地自然变化的规律相应，人的生命也吻合天地自然的变化规律。《黄帝内经·宝命全形论》说："人能应四时者，天地为之父母；知万物者，谓之天子。"顺应自然对养生和治病有着十分重要的意义。也就是说，人应当主动顺应天地自然变化的规律，达到天人合一的境界。所以，宋应星认为盐的应用也充分体现了天人合一，从而体现了河图洛书"天一生水"之妙。

（二）地纪：九州分野与盐文化

古人在《尚书·禹贡》中，根据洛书九宫思想，把中国从地理上分为冀州、兖州、青州、徐州、扬州、荆州、豫州、梁州、雍州。其中的青州位于东方，"海岱惟青州"。东方主春、主木，故而曰青。当时青州所辖很广，起自渤海以南、泰山以北，涉及河北和山东半岛的大片区域，当然寿光也涵盖在内。

根据阴阳五行理论，天有阴阳，行于春夏秋冬四时；地有五行，行于冀、兖、青、徐、扬、荆、豫、梁、雍九州。因此，人之五行四时，不看九州是不全面的。九州分划疆域，风、物、候全然不一，阴晴寒暖亦不同，影响当然也不同，九州各地皆有本地所产食盐，古代交通不便，衣食住行多是就地取材，而不是靠长途运输，这也是一方水土养一方人的理论依据。例如甲乙寅卯东方木，生于青州得地，生于春得时。青州之盐，润下之外，亦有天然木气，所谓肝肾同源，水木相因。所以寿光产的食盐就古中医而言，咸润之外木气得地，因而其具有独特的医疗价值。

（三）人纪：中医体系中盐与健康的关系

中医充分利用盐的功效，或以盐入药，或以盐制药，或以盐送服中药。中医十分注意用盐忌宜，盐被用来治疗疾病和修养身体，也被用来防治未病，强身健体。

1. 以盐入汤药

中医直接以盐入药，用以防病养生多有发挥。据北宋陈直《寿亲养老新书》中的《食治老人冷气诸方》记载："以盐汤方治老人冷气，卒心痛闷涩，气不来，手足冷。以盐末（一合），沸汤（一升），上以盐末纳汤中调，频令服尽。须臾当吐。吐，即瘥。"《四时通用男女妇人方》以青盐入羌活丸，用于老年人补益身体，强健筋骨。《简妙老人备急方》中也有用青盐治疗肾脏虚冷，肝膈浮热等病症的药方。此外，盐也被广泛应用于治疗、预防或缓解风热牙痛、牙宣、咽炎、眼病、脚气、虚劳、恶疮、口气、妇人腹痛等各种杂症。

古人对盐的药用价值认知很早，《周礼·天官冢宰》中说"以咸养脉"。《黄帝内经》《难经》以及后世许多医学典籍也对盐的应用有诸多记载。仅《黄帝内经》论及"盐""咸"的相关篇章就有26篇。经过千百年来的实践，逐渐形成了一整套与盐的应用相关的中药炮制、养生治病的应用体系，以盐炒制、炮制、配制的药方不断问世，以盐治病、以盐养生、以盐入药、以盐制药，使盐文化成为了中医药中的重要组成部分。而传统盐文化和中医体系的融合，也为有地域特色的盐文化应用提供了新的可能。

李时珍在《本草纲目·石部第十一卷·食盐》中阐述盐的功用时说："盐为百病之主，百病无不用之。故服补肾药用盐汤者，咸归肾，引药气入本脏也；补心药用炒盐者，心苦虚，以咸补之也；补脾药用炒盐者，虚则补其母，脾乃心之子也。"其中还说："夫水周流于天地之间。润下之性，无所不在。其味作咸，凝结为盐，亦无所不在。在人则血脉应之，盐之气味咸腥，人之血亦咸腥，咸走血，血病无多食盐，多食则脉凝泣而变色，从其类也。"正如前文所说，物产一地，必得其先天之气。寿光之盐亦如是，例如筋脉失养型肩周炎，就阴阳五行理论而言，属于肝肾亏虚，五行水木有伤，而寿光产的盐得青州之地气，承先天木气，用青州盐包热敷，辛温驱寒，兼顾水木（肝肾）之气，常得奇效。

食盐，归《本经》所载之大盐。气味咸，微辛，寒，无毒。主治肠胃结热喘逆，胸闷，呕吐。伤寒寒热，吐胸有痰浊，止心腹猝痛，杀鬼蛊邪疰毒气，下部疮，坚肌骨。除风邪，吐下恶物，杀虫，去皮肤风毒，调和脏腑。

盐是重要的调味品，也是维持人体正常发育不可缺少的物质。管子说"无盐则肿"，这是最早关于食盐保健功能的记载。《饮膳正要》载："味咸，温，无毒。主杀鬼蛊邪，症毒伤寒，吐胸中痰癖，止心腹卒痛。"古时用盐汤探吐，治疗食积痰涎，称为"盐汤探吐方"。近代著名医家程门雪先生曾经指出，妇人妊娠病小便不利，如是宿食化热的情况，可以用盐汤探吐。[①]

2. 盐的保健功能

盐除可以直接入药外，还有很好的保健功效。把盐炒热放在布袋里热敷，可以治疗风湿等疾病。古时无牙刷，富贵人家以盐水漱口，清洁口腔。现在也有医生提倡刷牙时在牙刷上撒盐，起到固齿清洁的作用。

古代医家不仅用盐治病，也用盐休养身体，防治未病。文献载，"春夜卧时，间或用热水，下盐一撮，洗膝下至足，方卧。能泄风邪脚气"，"临睡用温盐汤漱口，坚牙益肾"。又载："晨夕以梳梳头，满一千梳，大去头风，令人发不白。梳讫，以盐花及生麻油搓头顶上，弥佳"，"且欲梳洗时，叩齿一百六十，随有津液，便咽之。讫，以水漱口，又更以盐末揩齿"，"此法齿得坚净，目明无泪，永无蚤齿。"

五味之于五脏，各有所宜，若食之不节，必致亏损。《黄帝内经》曰："谨和五味，骨正筋柔，气血以流，腠理以密。"《淮南子》曰："五味乱口，使口爽，伤病也。"《导引却病歌诀》曰："厚味伤人无所知，能甘淡薄是吾师。"主张养生"淡食能多补。"古人有云：断盐不是道，饮食无滋味。此处之淡，非言弃绝五味，特指五味之厚薄，尤其代指咸味。淡对浓而言，若膏粱过度之类。书载晋桃源避世之人，盐味不通，多寿。后五味通而寿啬矣。故中医养生主张冬七十二日，宜省咸增苦，以养心气。若脾色黄，宜食咸，如大豆、豕肉、栗、藿一类。

总之，饮食中不能少盐，但是盐不能过食。"咸能胜血"，食盐过多对肾、心血管都有损害。任何事物都要适度，作为百味之首的盐也是如此。

二、寿光盐文化与产业发展

（一）寿光盐文化的历史底蕴

寿光市位于山东半岛北部，渤海莱州湾南畔，北部海岸线长 30 千米。神农

---

① 任宏丽：《健康从盐把握》，《中医健康养生》2016 年 Z1 期。

氏时期，夙沙氏首创煮海为盐，开海水制盐之先河。古籍《世本》和《事物纪原》记载："黄帝臣，夙沙氏煮海为盐。"夙沙氏是我国东部沿海的一个部族，长期生活在海滨，他们世代接触海水在沙滩上留下的盐层，首先知其味而食之。夙沙氏煮海为盐的旧址就在今天的寿光。

据《尚书·禹贡》记载，寿光的制盐历史达4100多年。2008年，中国考古协会、北京大学、山东大学对寿光的双王城水库盐田遗址进行了考古发掘，并证实早在龙山文化时期，寿光北部地区已经开始制盐，至商周时期，已经成为当时全国最大的制盐中心。春秋战国时期，齐国的宰相管仲首创盐铁专卖，依靠寿光盐业得以富国强兵，齐国称霸诸侯。之后盐业备受历朝历代重视，成为特殊重要的国家战略物资和主要的财税来源之一。经过数千年的发展，现在寿光市还遗存了一批世界级的盐业历史文化遗产，构成了一部完整的中国海水制盐发展史。

2008年中国十大考古发现之一的双王城盐业遗址群，是中国最早、世界最大的盐田遗址群，也是迄今为止，全国盐业唯一被评为十大考古发现的考古挖掘。双王城一带属于古巨淀湖东北边缘，古代曾称霜王城，也称盐城。2008年，在南水北调东线工程双王城水库勘测过程中，发现商周时期盐田遗址群，其面积之广、规模之大、数量之多、分布之密集、保存之完好，位居全国第一，在2008年度全国十大考古发现评比中名列第三。双王城盐业遗址的发现，解秘了商代山东北部沿海地带的制盐流程问题，为商王朝以国家力量在此制盐提供了重要佐证；确定了古寿光双王城一带为商周时期制盐中心的地位；填补了国内盐业考古史中的许多空白，为中国盐史记载增添了实证。此外，寿光还有元代盐志碑、盐学碑，是目前国内最早记录制盐历史和制盐工艺的遗存，也是中国千年官盐体制的实证。目前盐志碑的碑文已经基本破解，正待对外发表研究成果，对于正在兴起的盐业考古有着极高的学术价值。另外，记录寿光原盐销往全国各地路线的盐道碑和官台至小清河的盐马古道，以及与此毗邻的公积运，都用史实再现了当年东起莱州湾南岸西至无棣的官盐集运的繁华景象，确立了中国盐业最早的官方原盐集散地地位。距离公积运不远的西坨台、龙车台、胡子岭等也是重要的关于集盐、储存、运输的历史遗存。另外还有官台大使署、官台古盐井、卧铺六股路制盐用草料场、田柳制盐器具作坊等。现在羊口镇正西的方井旺和园井遗址，系明清时期的卤井制盐遗存，是研究当时制盐工艺的重要考古实证。此外，尚有民国时期和抗战时期的盐业文化遗存多处。

寿光不仅是全国唯一被正式命名"中国海盐之都"的城市，还是世界海盐的发祥地。据《中国盐业志》记载，"世界制盐莫先于中国，中国制盐莫先于山东"。据山东大学考古系王青教授发表的《夙沙氏、胶鬲与山东北部海盐业的起源》考古成果显示，活动在山东沿海的夙沙部落，就在寿光弥河两岸向东西延伸；据《尚书·禹贡》记载，这里"海滨广潟，厥田斥卤……厥贡盐絺"。在大禹时期，寿光一带盐业已十分发达，生产的盐和丝织品被作为贡品进献朝廷。这些考古挖掘和文献记载，都足以证实，寿光是盐宗夙沙氏的故乡，具有悠久的制盐历史。

此外，寿光也是最早形成盐业官营制度的地区。寿光市有记载的制盐历史最早可追溯到公元前21世纪的夏朝初期，距今已有4100多年。公元前11世纪，西周初期姜尚治齐，鉴于"负海舄卤，少五谷而人民寡"，乃兴鱼盐之利，为此专门设置了"盐人"，管理盐的使用，当时山东的海盐仍然是贡品，只供王朝的祭祀和待宾客所用，甚至连王室的膳食也不能使用，只能以其他盐代替。至春秋时期，管仲相齐，首创盐铁专卖，实行"官山府海之策""筏薪煮盐，计口授食"，使齐国迅速富国强兵，称霸诸侯，创造了一匡天下、九合诸侯的丰功伟绩。据《山东省盐业志》记载，春秋时期齐国年产盐高达36000钟（合今制1253吨），其中绝大部分为当时青州北海郡所产之盐，即今寿光市境内。至汉代，海盐生产大部由煮改为煎。明代万历年以后，制盐方法改为锅熬。晒盐始于清初，发展于乾隆，盛行于光绪时期。清末，官台盐场成为山东最大盐场。史料证明寿光自古以来就是全国重要的产盐区之一。

（二）寿光盐文化产业优势

1. 发展现状优势

寿光是中国海盐文化发展的缩影，盐文化遗存丰富而众多，历史悠久而辉煌。现在已经发展成为全国海盐的历史文化交流中心、生产制造中心、储备调节中心、物流集散中心、价格形成中心、信息汇聚中心，在全省乃至全国盐业占有举足轻重的地位。在 2012 年韩国丽水世博会上，山东推出了"孔子与和谐思想""管子与海洋生态""夙沙氏与海洋化工"三件省宝来展示山东海洋文化。寿光的历史人物夙沙氏，作为蓝色海洋经济开发的创始人和科学家，被首次推向世界，大大增强了寿光盐文化在国内外的影响力，提高了寿光的知名度，为大力发展盐文化创造了良好的环境和条件。同时，寿光古法制盐工艺在 2013 年被列入国家非物质文化遗产保护项目。

寿光作为全国重要的海盐生产基地，北部滩涂广阔，地势平坦，宜盐面积多达 400 平方千米，地下浓缩海水资源丰富，静储量 39.6 亿立方米，含盐总量 3 亿吨以上，平均浓度 12 波美度，是海水的 3～6 倍，且具有埋藏浅、储量大、易开发的特点。迄今，全市已有工商注册的规模以上制盐企业 14 家，有单独纳税资格、自主经营、自负盈亏的承包盐场企业 600 余家，从业人员 2 万人，形成原盐生产面积 150 万公亩[①]，其中有效面积 110 万公亩，年生产能力 420 万吨，加上在寿光以外控股开发的海盐产能达到 1000 万吨，约占全国海盐产能的 1/3。盐业在寿光占有特殊重要的地位，曾为寿光经济和社会各项事业发展作出过突出贡献。2010 年，全市完成地区生产总值 470 亿元，实现财政总收入 56.2 亿元，其中地方收入 32.3 亿元，位居山东省前三强。从新中国成立到 2021 年，盐业累计上交地方税收 20 亿元，占全市同期财政总收入的 54.89%。同时，2021 年全市海盐实现销售收入 10 亿元，利税 3 亿元。

寿光还是全国海盐的价格形成中心。我国自工业盐走向市场经济以来，盐价经历了两次大起大落，每次价格涨跌的起点都最早出现在寿光。寿光的盐价对全国海盐价格的形成，产生了极为深刻而重要的影响，引领全国海盐价格，甚至成为全国海盐价格的风向标。

寿光也是海盐物流储备调节中心。海盐属季节生产，受天气条件制约很大，从而形成了丰平歉年区别。在计划经济时期，为了实现以丰补歉，国家出资在寿光盐区建立了半截沟、三里沟、岔河国家储备盐坨基，保障了民食工需。走向市场经济后，由国家储备改为市场调节。为了实现工业盐的均衡供给，寿光在盐场

---

① 1 公亩 = 0.15 亩 = 100 平方米。

自存的基础上，通过筹集民间资本，创造性地建立了市场经济体制下的工业盐专业储备，诞生了三元投资、墨锐盐盟等一批在全国有影响的原盐储备调节企业。全市原盐储备调节能力达到了 300 万吨以上，为盐碱行业均衡和谐发展和合理定位盐价作出了贡献。

寿光还是盐化工业的生产基地。目前，全市盐、碱、溴、镁、医药、阻燃、感光、染料 8 大系列 100 余个品种，总生产能力 180 万吨/年（不包括工业盐），其中盐的系列产品生产能力 60 万吨/年，主要包括洗精盐、洗粉盐、加碘盐、再制盐、足浴盐、洗浴盐、营养盐、调味盐、腌制盐等。氯碱生产能力 90 万吨/年，溴素生产能力 5 万吨/年，约占全国的 40%。医药产品甲氧苄啶（TMP）生产能力 2000 吨/年，约占全国的 60%。2021 年，全市盐及盐化工实现销售收入超过 300 亿元，利税 30 亿元。

2. 未来前景优势

寿光地处山东省中北部，鲁中北部沿海平原区，具有非常良好的交通优势。距济南、青岛两大城市两小时车程，青银、荣乌、潍日三条高速穿境而过。益羊、寿平、德大、黄大、胶济五条铁路与济青高铁贯通全境。小清河由羊角沟入海，引黄济青水渠横贯市境中部，洋口港国家二类开放口岸，直通周边国家地区。良好的地理位置为寿光盐文化产业的发展提供了保障，有利于未来向周边地区进一步扩展。

寿光盐文化产业有着十分广阔的发展前景。"十四五"期间，寿光盐文化产业发展的总的指导思想是，立足全国布局，在海洋强省背景下，紧紧抓住打造山东半岛蓝色经济区、黄河三角洲高效生态经济区和胶东半岛高端产业聚集区三区开发的有利时机，立足现有基础，发挥资源优势，围绕建设盐业强市一个目标，面向国际国内两个市场，兼顾经济、社会、生态三个效益，大力挖掘盐文化历史底蕴，结合当代经济发展需要，实施"海盐＋文化""海盐＋旅游"两大战略，加快海盐文化开发，推进以市场化、资本化、金融化、信息化为主要标志的盐业现代化建设进程。主要奋斗目标是，加快打造羊口老商埠生态文旅城、侯镇古街和双王城盐业遗址开发，结合提升双王城风景区、林海生态博览园、羊口海上风情观光等文旅项目，将寿光海盐文化旅游产业项目，融入黄河三角洲一体化规划布局，到"十四五"末，实现多点联动，形成沿渤海莱州湾南畔的盐文化旅游圈，实现文旅融合的高质量发展，由盐产业大市向盐文旅强市的跨越。

同时，寿光盐文化产业应当充分利用历史文化优势，与地域文化特色相结合。例如，双王城盐业历史和盐文化是一笔巨大的财富，应把双王城盐业历史文化渗透于寿光沿海现代化的盐业产业中，把双王城的盐业文化历史同当前的沿海经济开发结合起来。最重要的是把双王城盐业历史和盐文化的价值转化为地域经济品牌这一无形资产，结合当前沿海经济开发实际，用双王城盐业遗址、莱央子盐场盐工艺品、羊口古法腌制菜等文化塑造地域经济品牌。例如塑造双王城盐业品牌、双王城化学工业品牌、双王城海洋经济品牌、双王城滨海文化旅游品牌、双王城现代农业品牌、双王城新能源品牌等。未来应当深刻挖掘双王城盐业与盐文化的渊源，塑造一个对区域经济发展起带动作用的地域品牌。

（三）盐业康养发展前景

盐自远古时期便被人类用于医疗，很多民族也有用盐预防疾病、辟邪和驱恶的传统。世界上许多国家的古老盐矿内都设有医疗保健设施，因为盐矿中含有大量对人体有益的物质，如果在盐矿的矿井中待一段时间，这些矿物会被人体自然吸收，能达到一种减缓呼吸系统疾病的功能，还可以降低血压，调节消化功能，所以盐疗在世界各地被越来越多人重视。

目前海盐健康产品种类已有很多，涉及生活的方方面面，包括消炎杀菌制剂、美容护肤品、清洁制剂、洗浴用品、热敷产品等。但是根据调研，虽然盐的保健作用认知度尚可，但只有约1/3的人使用过健康类盐产品，这与我国的产品研发和供给不足有关。从全球食盐消费趋势来看，食盐产品呈现健康化、多元化的发展趋势，如韩国食盐包括健康盐、竹盐、牛奶咖啡盐等多种健康类食盐。[①]寿光作为国内重要的海盐基地，应当充分利用区位优势，开发相关健康类盐产品发展盐文化产业。

---

① 黄桂玲、史卫红、刘红等：《健康类盐产品的消费意愿及对盐企的启示》，《盐科学与化工》2022年第11期。

如何依据古代中医学四气五味和九州分野的理论基础，针对特殊人群，充分利用寿光海盐的优势，生产药食同源的食品盐和其他使用盐的保健类产品，应当作为寿光未来盐文化产业的发展重点。针对特定人群，生产专用产品，例如治疗肩周炎的外敷盐包，高血压病人专用低钠盐，针对颈肩腰腿疼痛的中老年人群，应加强护枕、护颈、热敷等健康家居产品的研发；针对一般人群，尤其是女性群体，应加快完善和开发海盐清洁、护肤、美容、消杀等洗化产品，从产品的功能种类和工艺品质上不断提升，满足不同人群的消费需求。另外，还应开发盐道理疗、精盐餐饮、盐业科技参学基地等更多的文旅项目，以便在康养型乡村文旅的趋势中，探索出一条立足实际、彰显特色的道路。

附 表

附表 1　第一批院外挂职实践锻炼人员

序号	单位	姓名	职称或职级	挂职时间	挂职实践锻炼岗位	备注
1	图书资料室	胡士颖	副研究馆员	2019.09—2020.08	山东省寿光市委组织部副部长	团长
2	中国马克思主义哲学研究室	员俊雅	副研究员	2019.09—2020.08	山东省寿光市教育与体育局副局长	
3	《哲学研究》编辑部	刘未沫	副编审	2019.09—2020.08	山东省寿光市委办公室副主任	延期至2021.02
4	《世界哲学》编辑部	张琳	助理研究员编辑	2019.09—2020.08	山东省寿光市政府办公室副主任	
5	《哲学研究》编辑部	张丽丽	编辑	2019.09—2020.08	山东省寿光市委宣传部副部长	延期至2021.06

附表 2　第二批院外挂职实践锻炼人员

序号	单位	姓名	职称或职级	挂职时间	挂职实践锻炼岗位	备注
1	《哲学动态》编辑部	王　正	编审	2020. 10—2021. 10	山东省寿光市委组织部副部长	团长
4	东方哲学研究室	范文丽	副研究员	2020. 10—2021. 10	山东省寿光市科技局副局长	副团长
5	马克思哲学原理研究室	韩　蒙	副研究员	2020. 10—2021. 10	山东省寿光市软件园副主任	副团长
2	逻辑学研究室	贾　青	研究员	2020. 10—2021. 10	山东省寿光市人力资源和社会保障局副局长	
3	东方哲学研究室	张　捷	副研究员	2020. 10—2021. 10	山东省寿光市政府办公室副主任	
6	中国哲学研究室	陈　明	副研究员	2020. 10—2021. 10	山东省寿光市教育与体育局副局长	
7	美学研究室	何博超	副研究员	2020. 10—2021. 10	山东省寿光市文化和旅游局副局长	
8	西方哲学史研究室	邓　定	助理研究员	2020. 10—2021. 10	山东省寿光市商务局副局长	

附表3　第三批院外挂职实践锻炼人员

序号	单位	姓名	职称或职级	挂职时间	挂职实践锻炼岗位	备注
1	《哲学研究》编辑部	韩　骁	副编审	2021.12.09—2022.12.09	山东省寿光市委组织部副部长	团长
2	伦理学研究室	王幸华	助理研究员	2021.12.09—2022.12.0	寿光市软件园服务中心副主任	副团长
3	东方哲学研究室	米　媛	助理研究员	2021.12.09	寿光市文化和旅游局副局长	
4	西方哲学研究室	吕　超	副研究员	2021.12.09	山东省寿光市委宣传部副部长	
5	科学技术哲学研究室	王伟长	副研究员	2021.12.09	寿光市科学技术局副局长	